NORDPOLARMEER
Franz-Josef-Land
Sewernaja Semlja
Neusibirische Inseln
Laptewsee
Nowaja Semlja
Barents-see
Kara-see
Mittel-sibirisches Bergland
Jenissei
Lena
Werchojansker Gebirge
Beringmeer
Ladoga-see
Onegasee
Wolga
Uralgebirge
West-sibirisches Tiefland
Sibirien
Ob
ASIEN
Kamtschatka
Aleuten-becken
Ochotskisches Meer
Sachalin
Baikalsee
Amur
Aleuten
Aleutengraben
Irtysch
Altai
Dnipro
Don
Balchasch-see
Gobi
Mandschurische Ebene
Donau
Elbrus 5642 m
Schwarzes Meer
Kaukasus
Aralsee
Amudarja
Tian Shan
Hokkaido
Kurilengraben
Emperor-Seamounts
Anatolien
Kaspisches Meer
Japanisches Meer (Ostmeer)
Nordwest-pazifisches Becken
Hindukusch
K2 8611 m
Kunlun Shan
Hochland von Tibet
Huang He
Honshu
Euphrat
Tigris
Zagrosgebirge
Mount Everest 8848 m
Jangtsekiang
Kyushu
Syrische Wüste
Persischer Golf
Indus
Thar
Himalaja
Ost-chinesisches Meer
Bonin-graben
PAZIFISCHER OZEAN
Libysche Wüste
Nil
Rotes Meer
Ganges
Irawadi
Arabische Halbinsel
Dekkan
Taiwan
Arabisches Meer
Westghats
Ostghats
Golf von Bengalen
Mekong
Philippinen-see
Marianen
Marianengraben
Mikronesien
Golf von Aden
Süd-chinesisches Meer
Philippinen
IKA
Hochland von Äthiopien
Horn von Afrika
Arabisches Becken
Zentral-pazifisches Becken
Malakka-Halbinsel
Malediven
Sri Lanka
Borneo
Karolinen
Melanesien
Ubangi
Victoria-see
Kilimandscharo 5895 m
Malaiischer Archipel
Sumatra
Sulawesi
Neuguinea
Somali-becken
INDISCHER OZEAN
Bengalischer Rücken
Tanganjika-see
Seychellen
Sundagraben
Java
Mount Wilhelm (Wilhelmsberg) 4509 m
Salomon-Inseln
Nord-fidschi-becken
Ostafr. Grabenbruch
Malawisee (Njassasee)
Timor-see
Arafura-see
Tonga
Sambesi
Vanuatu
Fidschi
Madagaskar
Korallen-see
Kokos-becken
Mauritius
Réunion
Große Sandwüste
Great Barrier Reef
Neu-kaledonien
Kalahari
Straße von Mosambik
AUSTRALIEN
Great Dividing Range
Neuhebriden-graben
Große Victoriawüste
Lord-Howe-Schwelle
Kermadecgraben
Drakensberge
Darling
Westlicher Indischer Rücken
Große Australische Bucht
Murray
Nord-insel
Indisch-Antarktischer Rücken
Bass-Straße
Südaustralisches Becken
Tasmanien
Neu-seeland
Tasman-see
Süd-insel
Kerguelen-Plateau
Enderbyebene
Indisch-Antarktisches Becken
POLARMEER
Davissee
ANTARKTIKA

UNSERE WELT IN 1000 BILDERN

LÄNDER DER ERDE

Menschen, Karten und Kulturen

UNSERE WELT IN 1000 BILDERN

LÄNDER DER ERDE

Menschen, Karten und Kulturen

Autorin Andrea Mills

DK | Penguin Random House

Lektorat Carron Brown, Georgina Palffy, Anna Streiffert Limerick, Selina Wood, Sam Kennedy, Vicky Richards, Kelsie Besaw, Francesca Baines, Andrew Macintyre, Liz Wheeler, Jonathan Metcalf, Sreshtha Bhattacharya, Upamanyu Das, Shambhavi Thatte, Kingshuk Ghoshal

Gestaltung und Bildredaktion Sheila Collins, Philip Letsu, Karen Self, Shreya Anand, Noopur Dalal, Sifat Fatima, Baibhav Parida, Bhavnoor Kaur, Deepak Negi, Geetika Bhandari, Taiyaba Khatoon, Govind Mittal, Pawan Kumar, Jagtar Singh, Mohd Rizwan, Ashok Kumar

Umschlaggestaltung Sophia MTT, Suhita Dharamjit, Tanya Mehrotra

Herstellung Kavita Varma, Jude Crozier, Balwant Singh, Pankaj Sharma

Kartografie Simon Mumford, Leanne Kelman, Ed Merritt, Martin Sanders, Parnika Bagla, Subhashree Bharati, Mohammad Hassan, Zafar-ul-Islam Khan, Ashif, Suresh Kumar

3-D-Illustrationen Adam Benton, Adam Brackenbury, Simon Mumford

Für die deutsche Ausgabe:

Projektbetreuung Sebastian Twardokus

Herstellungskoordination Arnika Marx

Herstellung Evely Xie

Titel der englischen Originalausgabe:

Countries, Cultures, People & Places

Übersetzung Dr. Stephan Matthiesen

Lektorat Hans Kaiser

ISBN 978-3-8310-4261-6

5902-310480-21767-07

Druck und Bindung Replika Press Pvt. Ltd., Indien

FSC MIX Papier | Fördert gute Waldnutzung FSC® C018179 www.fsc.org

www.dk-verlag.de

INHALT

Spiral-Aloe (Lesotho)

Felsen-Nordleguan (Bahamas)

KARTENLEGENDE

0 50 km
Maßstab

Orientierungs-pfeil

Stadt

Hauptstadt

N
Nordpfeil

Gelbbrustara (Brasilien)

Baseball (Kuba)

Chihuahua (Mexiko)

Olivenöl (Spanien)

Kamelrennen der Tubu (Tschad)

Traditionelles Kupfergeschirr (Zypern)

Curanto (Chile)

Maske für das Neujahrsfest (Bangladesch)

Das Festland des US-Bundesstaats Alaska ist an einem Punkt nur 88,5 km vom Festland Russlands entfernt.

Der einzige Inselstaat der USA, Hawaii, bildet eine Gruppe von 137 Vulkaninseln im Pazifischen Ozean.

Fast die Hälfte der Bevölkerung Südamerikas lebt in Brasilien, dem Land mit der weltweit siebtgrößten Bevölkerung und der größten Stadt des Kontinents, São Paulo.

ABKÜRZUNGEN DER US-STAATEN

IN Indiana
KY Kentucky
TN Tennessee
AR Arkansas
MS Mississippi
AL Alabama
PA Pennsylvania
WV West Virginia
VA Virginia
NC North Carolina
SC South Carolina

Weltkarte

Die **sieben großen Kontinente** auf der Erdoberfläche zeigen unterschiedlichste Landschaften, etwa **Berge**, **Ebenen**, **Steppen**, **Wälder**, **Wüsten** oder **Tundren**. Die Kontinente gliedern sich in **196 Länder**, in denen **7,7 Milliarden Menschen** wohnen. In jedem Land haben die Menschen ihre eigene Art zu arbeiten, ihre Freizeit zu genießen und das Leben zu gestalten.

Landfläche: 148,94 Millionen Quadratkilometer
Wasserfläche: 361,13 Millionen Quadratkilometer
Weltbevölkerung: 7,7 Milliarden

Nordamerika
Gesamtfläche: 24,71 Millionen Quadratkilometer
Bevölkerung: 592 Millionen
Länder: 23

Südamerika
Gesamtfläche: 17,84 Millionen Quadratkilometer
Bevölkerung: 430 Millionen
Länder: 12

Afrika
Gesamtfläche: 30,37 Millionen Quadratkilometer
Bevölkerung: 1,3 Milliarden
Länder: 54

Russland erstreckt sich teils in Asien und teils in Europa, wobei über drei Viertel der Landfläche in Asien liegen.

Die über 10 000 im Pazifischen Ozean verstreuten Inseln bezeichnet man als Ozeanien. Gruppenweise bilden sie mehrere Inselnationen.

Afrika ist der Kontinent mit den meisten Ländern – insgesamt 54. Das größte ist Algerien, und das kleinste auf dem afrikanischen Festland ist Gambia.

Der Eiskontinent Antarktika hat keine sesshafte Bevölkerung. Aber zeitweise leben dort Wissenschaftler und arbeiten auf Forschungsstationen.

LÄNDERABKÜRZUNGEN

BEL. *Belgien*
BOS. U. HERZ. *Bosnien und Herzegowina*
CH *Schweiz*
GB *Großbritannien*
KOS. *Kosovo (umstritten)*
LIECH. *Liechtenstein*
LUX. *Luxemburg*
MON. *Montenegro*
NL *Niederlande*
N-MAZ. *Nordmazedonien*
ÖSTERR. *Österreich*
SM *San Marino*
SLWN. *Slowenien*
USA *Vereinigte Staaten von Amerika*
VAE *Vereinigte Arabische Emirate*
VAT.-ST. *Vatikanstadt*

Europa

Gesamtfläche: 10,18 Millionen Quadratkilometer

Bevölkerung: 747 Millionen

Länder: 46

Asien

Gesamtfläche: 44,58 Millionen Quadratkilometer

Bevölkerung: 4,6 Milliarden

Länder: 47

Australien und Ozeanien

Gesamtfläche: 8,56 Millionen Quadratkilometer

Bevölkerung: 42 Millionen

Länder: 14

Antarktika

Gesamtfläche: 14,2 Millionen Quadratkilometer

Bevölkerung: 1000–5000

Länder: 0

NORD-AMERIKA

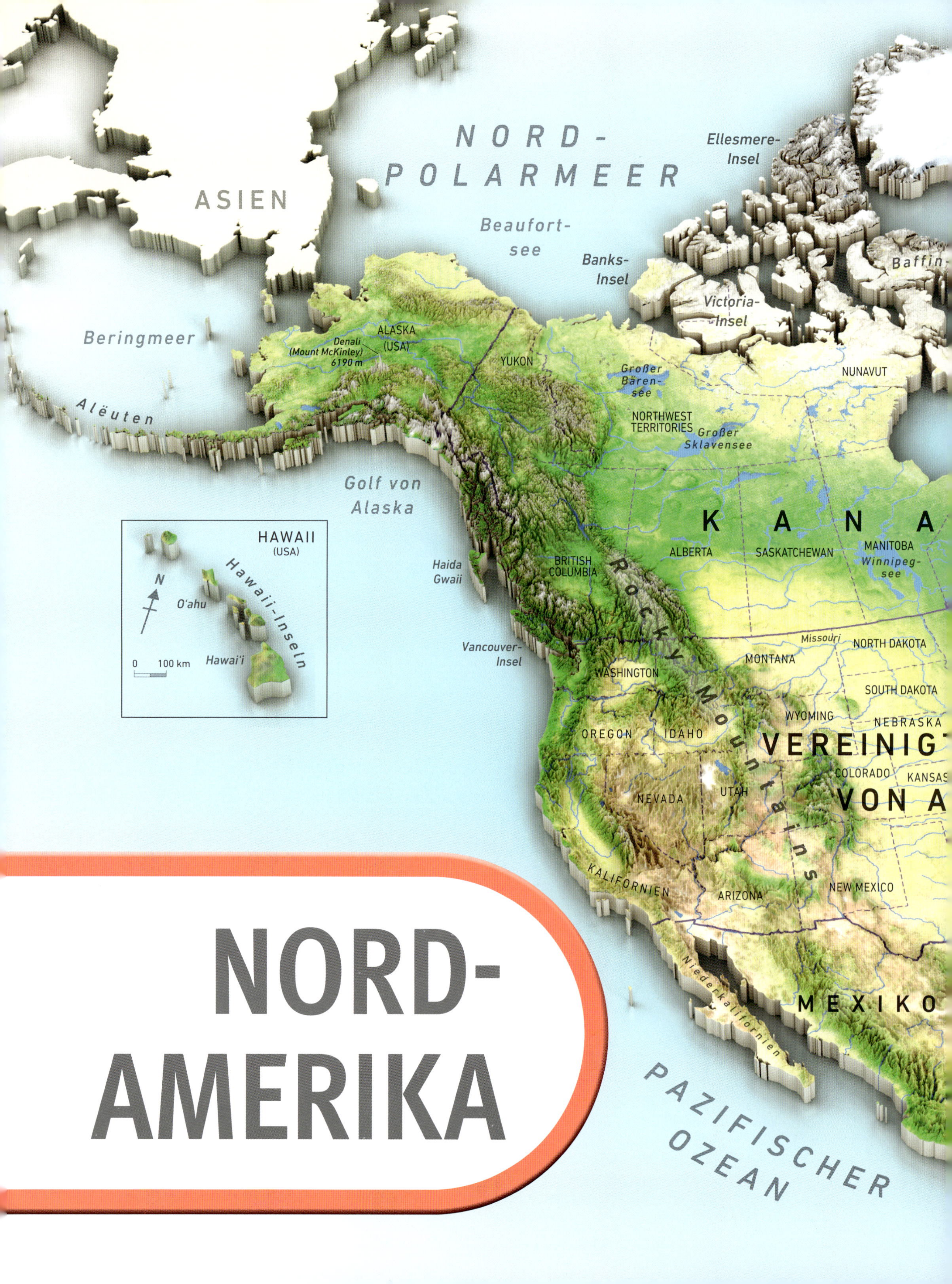

Grönland
(Dänemark)
Dänemarkstraße
Davisstraße
Labrador-
see
ATLANTISCHER
OZEAN
NEWFOUNDLAND
UND LABRADOR
Saint-Pierre und Miquelon
(Frankreich)
udson
Bay
QUÉBEC
PRINCE EDWARD ISLAND
NEW BRUNSWICK
NOVA SCOTIA
ONTARIO
MAINE
NEW HAMPSHIRE
VERMONT
MASSACHUSETTS
RHODE ISLAND
CONNECTICUT
NEW YORK
Oberer
See
Huron-
see
Ontario-
see
Erie-
see
Michigan-
see
MICHIGAN
WISCONSIN
ESOTA
NEW JERSEY
PENNSYLVANIA
DELAWARE
MARYLAND
OHIO
Ohio
WEST
VIRGINIA
VIRGINIA
INDIANA
ILLINOIS
IOWA
KENTUCKY
NORTH CAROLINA
STAATEN
MISSOURI
TENNESSEE
SOUTH
CAROLINA
ERIKA
GEORGIA
ALABAMA
ARKANSAS
Mississippi
MISSISSIPPI
AHOMA
XAS
LOUISIANA
FLORIDA
0
500 km
N
Anguilla
(Großbritannien)
Britische
Jungferninseln
(Großbritannien)
SAINT KITTS UND NEVIS
ANTIGUA UND BARBUDA
Montserrat (Großbritannien)
Guadeloupe (Frankreich)
Jungferninseln
(USA)
Turks-Inseln und
Caicos-Inseln
(Großbritannien)
BAHAMAS
Puerto
Rico
(USA)
DOMINICA
Martinique (Frankreich)
SAINT LUCIA
BARBADOS
GRENADA
TRINIDAD UND
TOBAGO
DOMINIKANISCHE
REPUBLIK
SAINT VINCENT UND
DIE GRENADINEN
KUBA
HAITI
Golf von
Mexiko
JAMAIKA
Navassa-Insel
(USA)
Guantanamo
Bay
(USA)
Cayman-Inseln
(Großbritannien)
Curaçao
(NL)
Bonaire
(NL)
Aruba
(NL)
Karibisches
Meer
SÜDAMERIKA
BELIZE
HONDURAS
GUATEMALA
NICARAGUA
PANAMA
EL SALVADOR
COSTA
RICA

Kanada

Diese kanadische Münze zeigt einen Biber.

Land des Bibers

In den Seen in ganz Kanada leben viele Biber. Der Biber ist das Nationaltier Kanadas.

Yukon ist das kleinste und bevölkerungsärmste Territorium mit unberührten Gebirgen und Gletschern.

Totempfähle im Stanley Park in Vancouver

Totempfähle

Kanada ist berühmt für Totempfähle mit handgeschnitzten Symbolen der indigenen Völker zum Gedenken an frühere Gemeinschaften. Die Totempfähle im Bild gehören dem First-Nations-Volk der Kwakwaka'wakw.

Tal der zehn Gipfel

Zehn majestätische Berggipfel erheben sich an diesem malerischen Ort über dem Morainesee in der Provinz Alberta.

Wapiti

Der Wapiti ist die größte aller Hirscharten. Er lebt in großen Herden im Wald. In Nordamerika gibt es etwa eine Million Wapitis.

Als **zweitgrößtes Land** der Erde erstreckt sich **Kanada** von den **Eiswüsten** nördlich des Polarkreises und den schneebedeckten **Rocky Mountains** hin zu den Grasebenen der **Prärien**. Es hat eine **längere Küste** und mehr Seen als jedes andere Land. Die enorme Fläche ist in **10 Provinzen und 3 Territorien** gegliedert.

- 9984670 Quadratkilometer
- 37,7 Millionen
- Ottawa
- Englisch, Französisch, 7 weitere Sprachen

Inuit

Die Ureinwohner Nordkanadas, die Inuit, haben sich gut an ein Leben in der Kälte angepasst. Mit einem Schlitten (Qamutiik) reisen sie über Schnee und Eis.

Ahornblatt

Ahornbäume sind in Kanada weit verbreitet. Das Land erzeugt 75 % der Weltproduktion an Ahornsirup, hergestellt aus dem Saft der Bäume. Ein Ahornblatt ziert die kanadische Flagge.

Eishockey

Der populärste Sport in Kanada ist Eishockey. Mit 20 olympischen Medaillen, davon 13 aus Gold, ist Kanada die erfolgreichste Nation in dieser Sportart.

Niagarafälle

Die Gruppe von drei Wasserfällen mit einer Fallhöhe von 51 m liegt an der Grenze zwischen Kanada und den USA. Etwa 30 Mio. Touristen besuchen die Niagarafälle jedes Jahr.

Québec ist die größte Provinz Kanadas. Hier leben die meisten französischsprachigen Kanadier.

Poutine

Dieses Gericht aus Pommes frites mit Käsestücken und Bratensoße entstand in der Provinz Québec, wird aber heute im ganzen Land serviert.

Der CN Tower ist 553 m hoch und hat eine Besucherplattform mit weitem Blick über Toronto.

Skyline von Toronto

Die größte Stadt Kanadas liegt am Ufer des Ontariosees und bietet eine beeindruckende Silhouette aus Wolkenkratzern.

Geografie: Ein Drittel Kanadas ist eisiges Land nördlich des Polarkreises. Im Süden gibt es Gebirge, Prärien, Wälder und Seen.

Geschichte: Kanada wurde als Staat 1867 gegründet, doch indigene Völker (Inuit, First Nations) bewohnen es seit 10 000 Jahren.

Kultur: Trotz des eher kalten Klimas lieben Kanadier Freiluftaktivitäten. Wandern und Wintersportarten sind populär.

Naturwunder: Von den atemberaubenden Rocky Mountains bis hin zu den Niagarafällen besitzt Kanada spektakuläre Landschaften.

Tierwelt: In Kanada leben unter anderem Braunbären, Eisbären, Wölfe, Vielfraße, Karibus, Wapitis, Robben und Wale.

Essen und Trinken: Die meisten Kanadier essen typisch westliche Gerichte mit Fleisch, Fisch, Milchprodukten und Gemüse.

Vereinigte Staaten von Amerika

Grizzlybär
Der Nordwesten der USA ist für die Wildpopulationen von Grizzlybären bekannt. Sie jagen u. a. Lachse, die flussaufwärts wandern.

Hawaii
Der im Pazifik liegende US-Bundesstaat Hawaii besteht aus 137 Vulkaninseln.

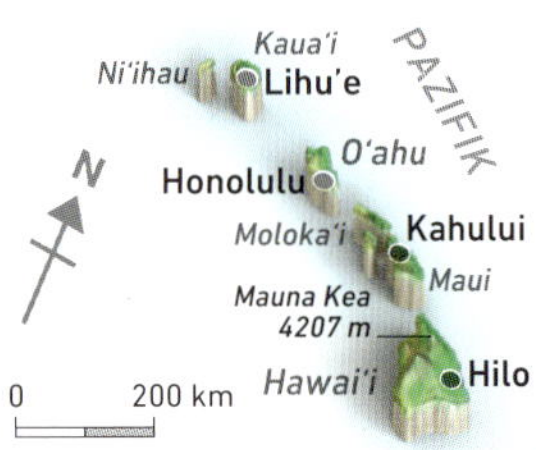

Ukulele
Auf diesem Saiteninstrument aus Hawaii kann man viele Musikstile spielen, auch Jazz.

Erforschung des Weltraums
Das US-Unternehmen SpaceX baut wiederverwendbare Raketen, mit denen man Menschen und Ladung günstiger ins Weltall transportieren kann. 2020 brachte die Falcon-9-Rakete Astronauten zur Internationalen Raumstation (ISS).

American Football
Dieser in den USA seit 1880 gespielte schnelle Teamsport ist heute die populärste Sportart des Landes.

Wahrzeichen mit Kultstatus
Der berühmte Schriftzug thront über Hollywood, dem Stadtteil von Los Angeles, der das Zentrum der US-Filmindustrie bildet.

Die **Vereinigten Staaten von Amerika (USA)** erstrecken sich von der Ostküste bis zur Westküste Nordamerikas. Die **50 Bundesstaaten** sind geprägt von unterschiedlichen **Menschen**, **Landschaften** und **Kulturen**. **Unterhaltungsindustrie** und innovative **technische Produkte** sind weltweit erfolgreich.

- 9 833 517 Quadratkilometer
- 332,6 Millionen
- Washington
- Englisch, Spanisch, 9 weitere Sprachen

Alaska
Der flächenmäßig größte US-Bundesstaat ist vom Rest der USA durch Kanada getrennt.

Nationalmonument Mount Rushmore
Das in Keystone (South Dakota) in eine Felswand gemeißelte Denkmal zeigt die Gesichter von vier historisch wichtigen US-Präsidenten.

Volksvertreterin
Die USA sind ethnisch sehr vielfältig. 2019 wurde Sharice Davids für Kansas in den US-Kongress gewählt. Sie ist indigener Abstammung und ebnet in der Politik neue Wege für Frauen mit unterschiedlichstem Hintergrund.

Die Statue besteht aus Kupfer.

Freiheitsstatue
Die 93 m hohe Statue im Hafen von New York feiert die Unabhängigkeit der USA. Sie war ein Geschenk Frankreichs.

Mardi Gras
Zum Mardi Gras in New Orleans, dem größten Karneval der USA, gehören farbenfrohe Umzüge.

New York City
Die berühmte Stadt liegt auf mehreren Inseln. Manhattan ist das kulturelle Zentrum mit bekannten Orten wie dem Times Square, dem Central Park und dem Empire State Building.

Geografie: Die Rocky Mountains dominieren den Westen und erheben sich über die Great Plains.

Geschichte: Indigene Völker hatten hier seit 15 000 Jahren gelebt, als ab dem 17. Jh. immer mehr europäische Siedler einwanderten. Die USA wurden 1776 gegründet.

Kultur: Dieses multikulturelle Land hat viele Feste und Traditionen, darunter etwa Thanksgiving und Halloween.

Naturwunder: Der Grand Canyon in Arizona und die Everglades in Florida sind Beispiele für Naturschönheiten des Landes.

Tierwelt: Pumas, Kojoten, Bären, Bisons und Elche sind in den USA heimisch.

Essen und Trinken: Die USA sind für Fast Food wie Hamburger oder Hotdogs berühmt.

Mexiko

Monarch-Wanderung
Jährlich wandern Millionen von Monarch-Schmetterlingen über 4800 km von den USA nach Mexiko.

Tag der Toten
Bei diesem jährlichen Fest gedenken Menschen ihrer verstorbenen Familienmitglieder und Freunde. Dazu gehören Altäre, Gebete und Umzüge mit ausgefeilten Kostümen und Verkleidungen.

Diese winzige Hunderasse ist nur 15 bis 25 cm groß.

Chihuahua
Dieser kleine Hund wurde ursprünglich in Mexiko gezüchtet. Der Name der Hunderasse leitet sich vom mexikanischen Staat Chihuahua ab.

Guatemala

Guatemala-Stadt
Die Hauptstadt liegt fast 1500 m über dem Meeresspiegel. Im Zentrum dieser alten Stadt befindet sich die Kathedrale, die viele Erdbeben überstanden hat.

Rigoberta Menchú
Die Menschenrechtsaktivistin Rigoberta Menchú kämpft dafür, das Leben der indigenen Völker zu verbessern. Dafür erhielt sie 1992 den Friedensnobelpreis.

Maya-Keramik
Die Maya sind für ihre Tonkeramik bekannt, die teils sehr aufwendig dekoriert ist.

- 108 889 Quadratkilometer
- 17,2 Millionen
- Guatemala-Stadt
- Quiché, Mam, 3 weitere Sprachen

Der **mittelamerikanische Staat Guatemala** liegt südlich von Mexiko. Er ist für **Vulkane** und **Regenwälder** bekannt sowie für die Bauten der alten **Zivilisation der Maya**, deren Ruinen man noch vielfach findet.

Marktplätze
In ganz Mexiko kauft man Alltagswaren – von Obst und Gemüse bis hin zu Kleidung – am besten auf örtlichen Märkten.

Frida Kahlo
Die Malerin Frida Kahlo (frühes 20. Jh.) ist für ihre vielen Selbstporträts und Arbeiten bekannt, die die mexikanische Kultur aufgreifen.

Tacos
Ein beliebtes Gericht ist der traditionelle Taco, eine mit scharf gewürztem Fleisch und Salat gefüllte Tortilla.

Chichén Itzá
Im Zentrum der alten Mayastadt Chichén Itzá liegt der Tempel von Kukulcán, ein monumentaler Stufenpyramidentempel.

- 1 964 375 Quadratkilometer
- 128,6 Millionen
- Mexiko-Stadt
- Spanisch, 8 weitere Sprachen

Mexiko ist das **drittgrößte Land** in **Nordamerika**. Viele **alte Zivilisationen** haben hier Städte errichtet. Touristen besuchen ihre **Ruinen**, aber auch die prächtigen **Strände** des Landes.

Belize

Schwarze Orchidee
Die Nationalblume von Belize ist die schwarze Orchidee. Die in Mittelamerika heimische Art gedeiht in tropischen Wäldern und Sümpfen.

Tag der Garifuna-Ankunft
Dieser offizielle Feiertag am 19. November gedenkt der Ankunft der afrikanisch-karibischen Volksgruppe der Garifuna an diesem Tag im Jahr 1832. Man feiert mit Straßenumzügen mit Musik und Tänzen.

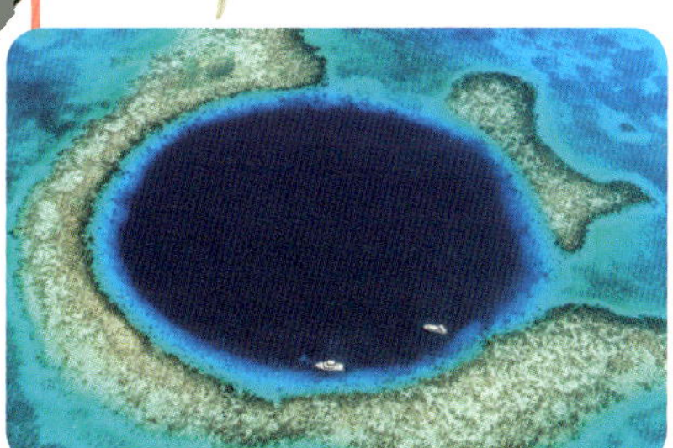

Great Blue Hole
Diese riesige Unterwasserdoline (300 m Durchmesser und 124 m tief) im Barriereriff von Belize ist bei Tauchern beliebt.

Das am **Karibischen Meer** gelegene Belize ist ein kleines Land an der Ostküste **Mittelamerikas**. Es hat dichte **tropische Wälder**, und vor der Küste liegt ein fast 300 km langes **Korallen-Barriereriff**.

- 22 966 Quadratkilometer
- 399 600
- Belmopan
- Englisches Kreol, Spanisch, 3 weitere Sprachen

El Salvador

Schwimmer mit Panzer
Die Lederschildkröte – die größte Schildkrötenart – lebt vor der Küste. Ihr Name bezieht sich auf die Haut auf dem Rückenpanzer.

Monumento al Divino Salvador del Mundo
Diese Jesusstatue steht seit 1942 in San Salvador.

Xuc-Tänze
Dieser lebhafte Volkstanz, der ursprünglich die Zuckerrohrernte feierte, wird heute beim Karneval aufgeführt.

- 21 041 Quadratkilometer
- 6,5 Millionen
- San Salvador
- Spanisch

Das kleine El Salvador ist das **am dichtesten besiedelte Land** Mittelamerikas. Die meisten Bewohner leben um die Seen im Landesinneren. Das Land hat **mehr als 20 aktive Vulkane** und es gibt häufig **Erdbeben**.

Honduras

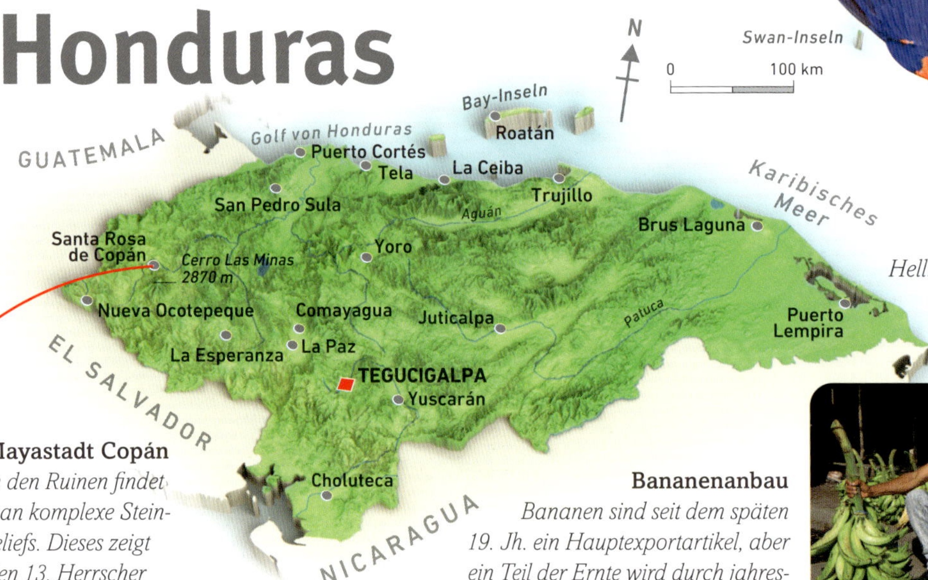

Hellroter Ara
Der Nationalvogel ist der Hellrote Ara, einer der größten Papageien der Erde.

Mayastadt Copán
In den Ruinen findet man komplexe Steinreliefs. Dieses zeigt den 13. Herrscher der Stadt.

Bananenanbau
Bananen sind seit dem späten 19. Jh. ein Hauptexportartikel, aber ein Teil der Ernte wird durch jahreszeitlich auftretende Hurrikane zerstört.

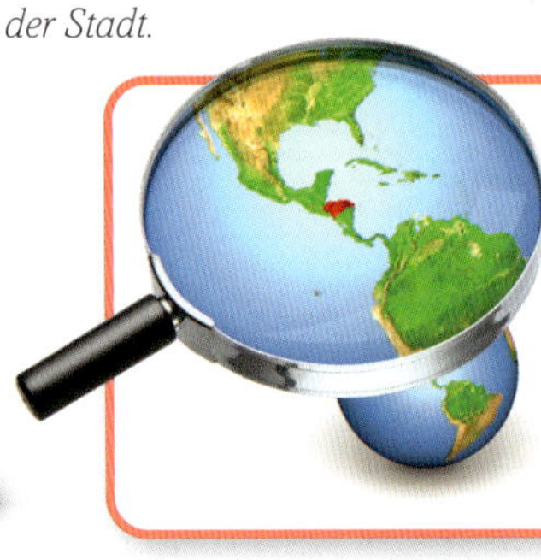

- 112 090 Quadratkilometer
- 9,2 Millionen
- Tegucigalpa
- Spanisch, weitere 2 Sprachen

Honduras liegt zwischen dem **Karibischen Meer** im Norden und dem **Pazifischen Ozean** im Süden. Im Westen des Landes liegen die Ruinen der alten **Mayastadt Copán** aus dem **5. Jh. n. Chr.**

Oben und unten
Langsame Faultiere leben hoch in den Wipfeln, während der Waldboden von Käfern und anderen Insekten wimmelt.

Costa Rica

Costa Rica hat eine reiche **Tierwelt**: Über eine **halbe Million Arten** leben in den **Nebelwäldern**, **Regenwäldern**, **Mangrovensümpfen**, **Trockenebenen** und **tropischen Gewässern**. Ein Drittel des Landes steht unter **Naturschutz**.

- 51 100 Quadratkilometer
- 5 Millionen
- San José
- Spanisch, weitere 3 Sprachen

Boruca
Die Boruca, eine indigene Volksgruppe, sind für ihre geschickt geschnitzten Teufelsmasken aus Balsaholz bekannt.

Ometepe
Auf der größten Insel im Nicaraguasee, Ometepe, liegen zwei Vulkane, von denen sich einer weit über das Wasser erhebt.

Nicaragua

Dennis Martínez
Einer der berühmtesten Sportler Nicaraguas ist Dennis Martínez, ein Pitcher in der Baseball-Spitzenliga der USA in den 1970er- bis 1990er-Jahren.

Kaffee aus Nicaragua
Kaffee ist eines der wichtigsten Produkte Nicaraguas. Die Bäume wachsen in den Vulkanböden der Hochländer am besten. Die Samen der reifen roten Früchte werden getrocknet und geröstet.

- 130 370 Quadratkilometer
- 6,2 Millionen
- Managua
- Spanisch, weitere 2 Sprachen

Dieses mittelamerikanische Land hat eine **spektakuläre Landschaft** mit **Vulkanen** und vielen **Seen**. Der **Nicaraguasee** ist mit über 8000 Quadratkilometern der **größte**.

Panama

Blau und Rot repräsentieren die größten politischen Parteien des Landes.

Etwa 14 000 Schiffe fahren jedes Jahr durch den Kanal.

Abkürzung
Der etwa 82 km lange Panamakanal wurde 1914 eröffnet. Er ermöglicht Schiffen, die lange und oft stürmische Reise um Südamerika zu vermeiden.

Festkleidung
Mädchen in Panama erhalten im Alter von 16 Jahren ihre erste Pollera. *Dieses dekorative Kleid mit bunten Stickarbeiten wird auf Festen getragen.*

- 75 420 Quadratkilometer
- 3,9 Millionen
- Panama-Stadt
- Englisches Kreol, 3 weitere Sprachen

Das auch die „**Kreuzung Amerikas**“ genannte Panama liegt auf der engen **Landbrücke**, die **Mittel- und Südamerika** verbindet. Ein künstlich angelegter **Kanal** führt durch das Land und verbindet den **Pazifik** mit dem **Atlantik**.

Kuba

Der Stern symbolisiert die Unabhängigkeit Kubas von Spanien (1898) und von den USA (1902).

Farbige Schnecken
Schnecken der Gattung Polymita *gibt es nur auf Kuba.*

Kubanische Hauptstadt
Havanna ist die größte Stadt in der Karibik und ein bedeutender Hafen. Die historische Altstadt ist bei Touristen sehr beliebt.

Farbige Häuser mit bröckelndem Putz sind in den älteren Vierteln von Havanna häufig.

Oldtimer-Autos
Jahrelang war der Autoimport nach Kuba verboten. Es gibt viele amerikanische Oldtimer – oft als Taxis genutzt.

- 110 860 Quadratkilometer
- 11,1 Millionen
- Havanna
- Spanisch

Kuba ist die **größte Insel** der **Karibik** und eine der wenigen **sozialistischen Republiken** der Erde. **Tourismus** und **Landwirtschaft** sind die wichtigsten Wirtschaftszweige. Exportprodukte sind vor allem **Zucker**, **Tabak** und **Zitrusfrüchte**.

Bahamas

Schwarz steht für die Stärke der Menschen dieser Inseln.

Piratenhafen
New Providence war im 17. Jh. eine Piratenbasis.

Felsen-Nordleguan
Der Bahamaische Felsen-Nordleguan ist eine von 7 Leguanarten auf den Bahamas.

Ausgelassenes Junkanoo
Jedes Jahr am ersten Weihnachtstag und am Neujahrstag wird das Junkanoo-Fest gefeiert, zu dem man in bunten Kostümen durch die Straßen tanzt.

- 13 880 Quadratkilometer
- 337 750
- Nassau
- Englisches Kreol, 2 weitere Sprachen

Die Bahamas sind ein Staat aus **700 winzigen Tropeninseln** im Karibischen Meer. Nur **30** davon sind **bewohnt**. Die meisten Menschen wohnen auf der Insel New Providence.

Musikkultur
Von traditionellen Son-Stücken auf der Gitarre bis hin zu fröhlichen lateinischen Rhythmen wie Salsa oder Rumba ist Musik ein wichtiger Teil des Lebens.

Beliebter Sport
Kubas Nationalsport ist Baseball, das in den 1860ern von Studenten eingeführt wurde, die aus den USA zurückkehrten. Baseball spielt man in Schulen, auf den Straßen und in Stadien.

Zucker
Das tropische Klima ist perfekt für den Anbau von Zuckerrohr, sodass Zucker einer der wichtigsten Exportartikel Kubas ist.

Bienenelfe
Mit nur 6 cm ist die Bienenelfe (Hummelkolibri) der kleinste Vogel der Erde.

Jamaika

Jerk Chicken
Ein beliebtes Gericht in Jamaika ist ein mit einer scharfen Gewürzmischung mariniertes gegrilltes Hähnchen.

Superläufer
Der „Lightning Bolt" („Blitzschlag") genannte Sprinter Usain Bolt ist der schnellste Mann der Welt. Er hält den 100-m-Rekord mit 9,58 Sekunden.

Geburtsort des Reggae
Reggae ist ein langsamer, rhythmischer Musikstil, der in den 1960ern in Jamaika entstand und bald weltweit populär wurde. Einer der berühmtesten Stars war der Sänger und Songwriter Bob Marley.

Marley ist hier an den Wänden des Bob-Marley-Museums in Kingston dargestellt.

Haiti

Tap-Tap
Auffällig bemalte Busse, die man Tap-Taps nennt, dienen in Port-au-Prince als Taxis für Pendler.

Zitadelle Laferrière
Die imposante Festung wurde im 19. Jh. an der Nordküste Haitis gebaut, um das unabhängig gewordene Land gegen französische Invasionen zu verteidigen.

- 27 750 Quadratkilometer
- 11,1 Millionen
- Port-au-Prince
- Haitianisch (französisches Kreol), Französisch

Die Republik Haiti umfasst das **westliche Drittel** der **Insel Hispaniola**. Die einstige französische Kolonie **wurde 1804 unabhängig**. Nach einem **Erdbeben**, das 2010 die Hauptstadt **Port-au-Prince** verwüstete, ist das gebirgige Land immer noch im Wiederaufbau begriffen.

Blue Mountains
Nebelschwaden hängen über dem größten Gebirge Jamaikas. Der Kaffee aus den dortigen Plantagen ist einer der besten der Welt.

Die Hauptstadt Kingston ist auf drei Seiten von Bergen umgeben.

Jamaikanische Roselle
Die Blüten dieser als gesundheitsfördernd geltenden Hibiskusart werden für Soßen, Salate und Tees genutzt.

Karibik-Einsiedlerkrebs
Diese Landkrebse schützen ihren Weichkörper mit den leeren Schalen anderer Tiere.

Bildung von Mädchen
Früher erhielten viele Mädchen in Jamaika keine Bildung, aber heute besuchen die meisten eine Schule und über ein Drittel geht zur Universität.

- 10 991 Quadratkilometer
- 2,8 Millionen
- Kingston
- Patois (englisches Kreol), Englisch

Jamaika ist die **drittgrößte Insel** der Karibik. Sie ist 234 km lang und bis zu 80 km breit. Dank seiner tropischen Strände ist der Tourismus der wichtigste Wirtschaftszweig.

Dominikanische Republik

Dominikanischer Karneval
Im Februar wird in dem Land gefeiert. Zum jährlichen Karneval gibt es bunte Umzüge und Veranstaltungen, die die örtlichen Traditionen wiedergeben.

Wasserfall El Limón
Der von tropischem Regenwald umgebene Wasserfall El Limón fällt über 50 m in ein Becken, das bei Badenden beliebt ist.

Die Dominikanische Republik stellt den **Ostteil** der **Insel Hispaniola** dar. In diesem Land liegt der **höchste Berg der Karibik**, der **Pico Duarte**, und der **tiefste Punkt**, der **Enriquillosee**.

- 48 670 Quadratkilometer
- 10,5 Millionen
- Santo Domingo
- Spanisch, französisches Kreol

St. Kitts und Nevis

Felszeichnungen
Prähistorische Kunst des indigenen Volks der Kalinago entdeckte man auf Felsgestein.

Gespensterpflanze
Die immergrüne Pfeifenblumenart gedeiht in den Tropenwäldern auf St. Kitts. Sie fängt Insekten, damit diese den Pollen verbreiten.

Bergfestung Brimstone
Die im 18. Jh. von afrikanischen Sklaven der britischen Siedler gebaute Bergfestung Brimstone im Nordwesten von St. Kitts liegt hoch über der Karibik. Sie sollte die Insel gegen Angriffe Frankreichs verteidigen.

St. Kitts und Nevis sind **zwei Inseln** im **östlichen Karibischen Meer**, getrennt durch einen engen Kanal, den man „**The Narrows**" („Die Enge") nennt. Der schwarze Sand auf beiden Inseln stammt von den Gesteinen des Vulkans **Liamuiga**.

- 261 Quadratkilometer
- 53 820
- Basseterre
- Englisch, englisches Kreol

Dominica

Boiling Lake
Eine große heiße Quelle bildet den Boiling Lake östlich der Hauptstadt Roseau. Das Wasser wird durch heiße Dämpfe und Gase aus der Erdkruste erhitzt.

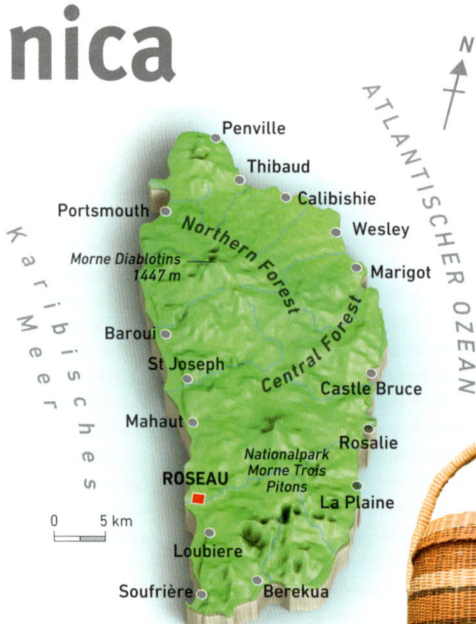

Walbeobachtung
In den warmen karibischen Gewässern vor Dominica kann man gut Wale beobachten. Hier finden sich über 10 Walarten, darunter auch der Pottwal (oben).

Kalinago-Körbe
Kunsthandwerker des Volks der Kalinago flechten traditionelle Körbe von Hand für den Verkauf.

Die Insel Dominica ist auch als die „**Naturinsel der Karibik**" bekannt. Etwa zwei Drittel sind von **Regenwäldern** bedeckt, in denen z. B. Papageien und Frösche leben. Dominica ist durch **tropische Wirbelstürme (Hurrikane)** gefährdet.

- 751 Quadratkilometer
- 74 240
- Roseau
- Französisches Kreol, Englisch

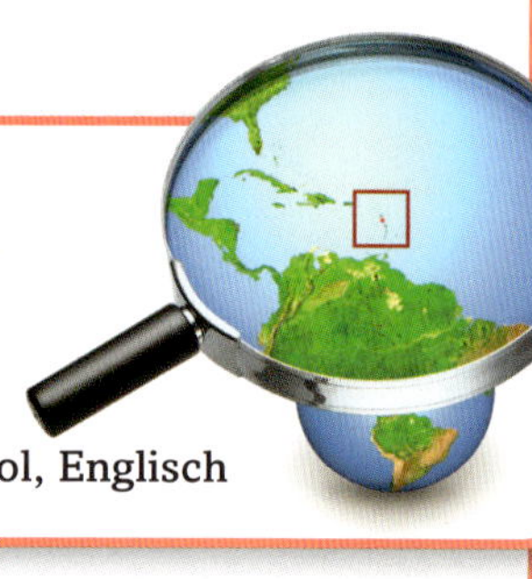

Antigua und Barbuda

Vogelparadies
Der Nationalpark Codrington Lagoon auf Barbuda ist ein natürlicher Lebensraum für Tausende Fregattvögel.

Der hellrote Kehlsack des männlichen Fregattvogels lockt Weibchen an.

- 443 Quadratkilometer
- 98 180
- St. John's
- Englisch, Patois (englisches Kreol)

Zwei große Inseln und viele kleinere bilden den **karibischen Staat** Antigua und Barbuda. Antigua allein hat 365 **Sandstrände** und ist ein bedeutendes Zentrum für **Jachten**. 2017 wurde Barbuda durch den starken **Hurrikan Irma** schwer verwüstet.

St. John's ist die Hauptstadt und der wichtigste Hafen.

Jachtregatta
Die Antigua Classic Yacht Regatta fand erstmals 1967 in English Harbour statt. Heute nehmen Jachten aus der ganzen Welt an dem Rennen teil.

St. Lucia

Zwei Dreiecke in der Flagge stellen die Pitons dar.

Geschäftige Stadt
Castries, die Hauptstadt von St. Lucia, wird von vielen Kreuzfahrtschiffen besucht.

Julien Alfred
2018 gewann die junge Sprinterin Julien Alfred die erste Goldmedaille für ihr Land bei der Jugendolympiade.

Die Pitons
Zwei hohe Berge, die Pitons, bilden das berühmte natürliche Wahrzeichen von St. Lucia.

Gros Piton ist der höhere der beiden Pitons. Er ist 798 m hoch.

- 616 Quadratkilometer
- 166 485
- Castries
- Englisch, franz. Kreol

St. Lucia ist für seine **hohen Berge**, **vulkanischen Strände** und **Korallenriffe** voller Meerestiere bekannt. Die **Wirtschaft** der Insel beruht auf **Tourismus**, **Bananen** und **Kokosnüssen**.

Barbados

Die Flagge von Barbados zeigt den Dreizack des Neptun, des römischen Meeresgotts.

Strandleben
Palmengesäumte Strände und das warme Meer ziehen Millionen Besucher nach Barbados.

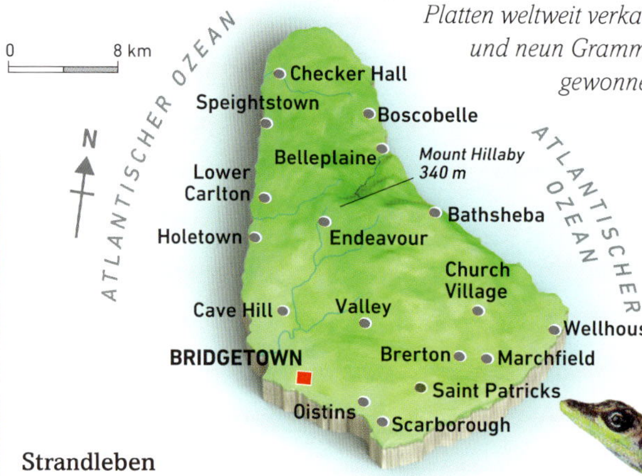

Globaler Superstar
Die auf Barbados geborene Popsängerin Rihanna hat Millionen Platten weltweit verkauft und neun Grammys gewonnen.

Saumfingerechse Anolis
Diese grünen Echsen sind im Blattwerk der Regenwälder der Insel gut getarnt.

Mit Haftsohlen hält sich Anolis an Zweigen fest.

- 430 Quadratkilometer
- 294 560
- Bridgetown
- Bajan (englisches Kreol), Englisch

Barbados wurde im 17. Jh. **britische Kolonie** und 1966 wieder ein **unabhängiger Staat**. Mit ihren **weißen Sandstränden** und dem klaren, **türkisblauen Wasser** ist die **sonnige** Karibikinsel bei **Touristen** beliebt.

Grenada

Duftende Gewürze
Grenada ist einer der größten Produzenten von Muskat. Das süße Gewürz, das links auf der Nationalflagge dargestellt ist, wurde von Händlern 1843 auf Grenada eingeführt.

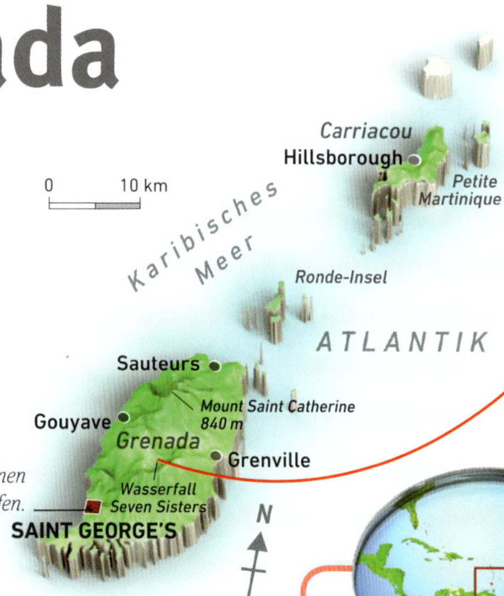

St. George's besitzt einen hufeisenförmigen Hafen.

Wasserfallkaskade
Der Wasserfall Seven Sisters ist eines der Naturwunder im Nationalpark Grand Etang auf der Insel Grenada.

- 344 Quadratkilometer
- 113 100
- St. George's
- Englisch, engl. Kreol

Grenada ist für seine **Gewürze** und die **malerischen Strände** bekannt. Das gebirgige tropische Land besteht aus **einer größeren Insel**, Grenada, und **sechs kleineren Inseln**.

St. Vincent und die Grenadinen

Duftende Frangipani
Diese süß riechende Blume gedeiht im tropischen karibischen Klima gut.

Drei Rauten in V-Form symbolisieren „St. Vincent“.

- 389 Quadratkilometer
- 101 390
- Kingstown
- Englisch, englisches Kreol

Der **Karibikstaat** St. Vincent und die Grenadinen besteht aus **32 Inseln** und ist für seine **Vulkane, Wasserfälle** und **Korallenriffe** berühmt. **Calypso** und **Reggae** sind hier beliebte Musikstile.

Kingstown ist ein wichtiger Hafen und beliebter Anlaufpunkt von Kreuzfahrten.

Mittelpunkt
Die geschäftige Stadt Kingstown, hat viele historische Gebäude mit bunten Fassaden und gepflasterte Straßen.

Trinidad und Tobago

Pikant
Der nur in Trinidad und Tobago angebaute Trinidad Scorpion gehört zu den schärfsten Chilisorten der Welt.

Caroni-Sumpf
Viele Vogelarten nisten im Sumpf und Mangrovenwald an der Westküste von Trinidad.

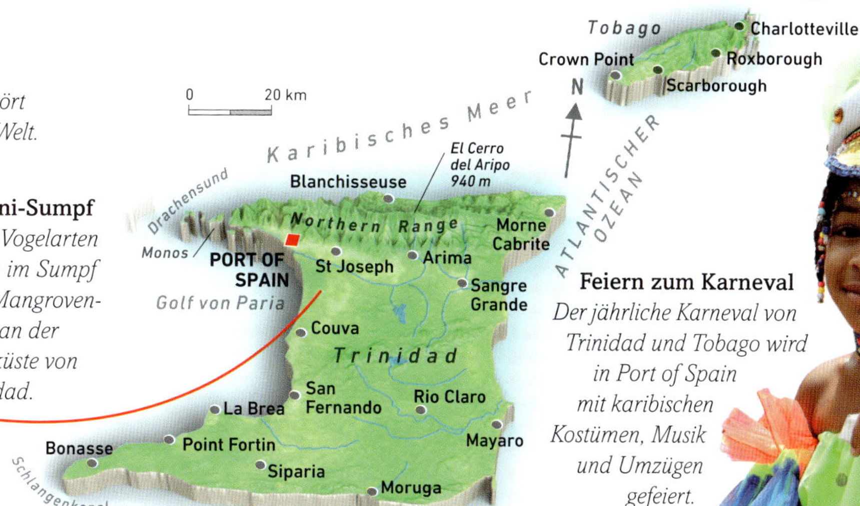

Feiern zum Karneval
Der jährliche Karneval von Trinidad und Tobago wird in Port of Spain mit karibischen Kostümen, Musik und Umzügen gefeiert.

- 5128 Quadratkilometer
- 1,2 Millionen
- Port of Spain
- Englisches Kreol, 4 weitere Sprachen

Zwei Hauptinseln (Trinidad und Tobago) sowie **mehrere kleinere Inseln** bilden diese karibische Nation vor der Nordostküste Venezuelas. Das Land ist reich an **Erdgas** und **Erdöl**.

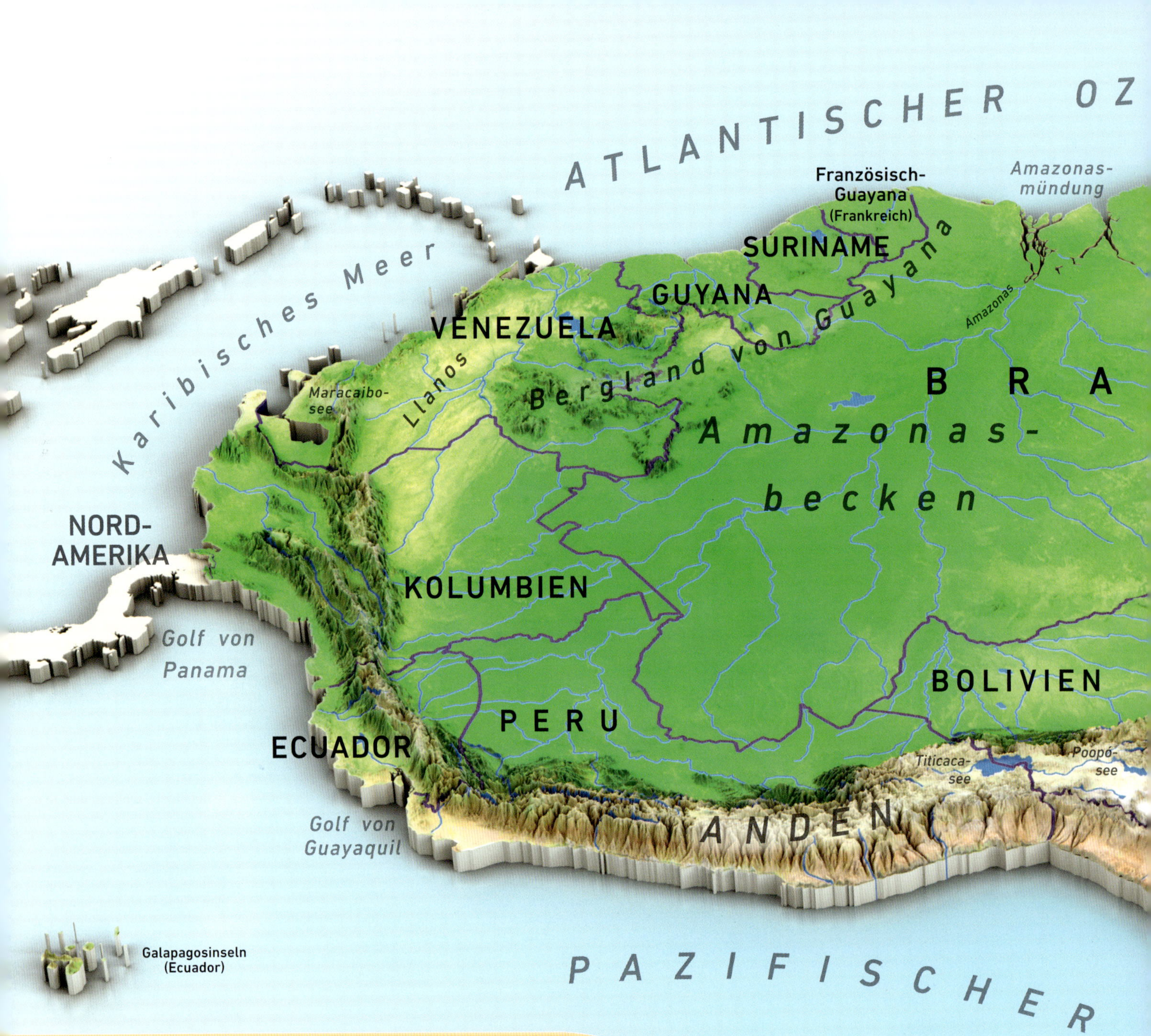
ATLANTISCHER OZ
Französisch-
Guayana
(Frankreich)
Amazonas-
mündung
SURINAME
GUYANA
VENEZUELA
Karibisches Meer
Bergland von Guayana
Amazonas
BRA
Maracaibo-
see
Llanos
Amazonas-
becken
NORD-
AMERIKA
KOLUMBIEN
Golf von
Panama
BOLIVIEN
PERU
ECUADOR
Titicaca-
see
Poopó-
see
ANDEN
Golf von
Guayaquil
Galapagosinseln
(Ecuador)
PAZIFISCHER

SÜD-
AMERIKA

N
0 400 km
N
Brasilianisches Bergland
Sobradinho-Stausee
São Francisco
ILIEN
ATLANTISCHER OZEAN
Plateau von Mato Grosso
Gran Chaco
PARAGUAY
Paraná
URUGUAY
ANDEN
ARGENTINIEN
Pampa
Aconcagua 6961 m
OZEAN
CHILE
Patagonien
San-Jorge-Golf
Falklandinseln (GB)
Bahía Grande
Chiloé
Kap Hoorn

Venezuela

Wasserfall Salto Ángel
Mit einer spektakulären Fallhöhe von 979 m ist der Angelfall der höchste Wasserfall der Erde.

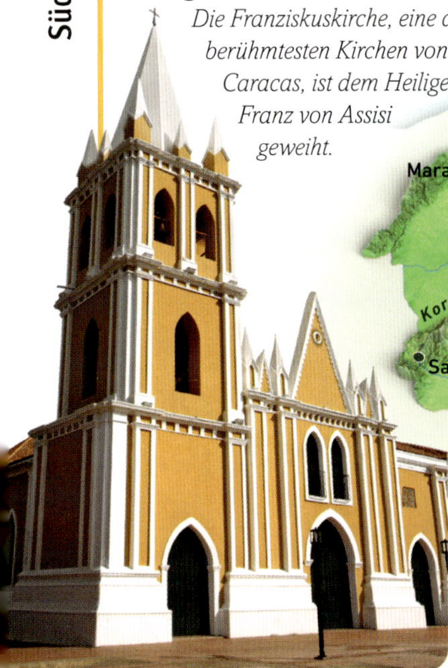

Iglesia de San Francisco
Die Franziskuskirche, eine der berühmtesten Kirchen von Caracas, ist dem Heiligen Franz von Assisi geweiht.

Kakaobohnen
Venezuela ist bekannt für feine Schokolade aus Kakaobohnen, die in Plantagen wachsen.

Größtes Nagetier der Erde
Das Capybara oder Wasserschwein gehört zur Familie der Meerschweinchen. Es kann gut schwimmen und lebt in Seen und Flüssen.

Tanzende Teufel
Zu den Festen am jährlichen katholischen Feiertag Fronleichnam verkleiden sich die Menschen als maskierte Teufel und tanzen durch die Straßen.

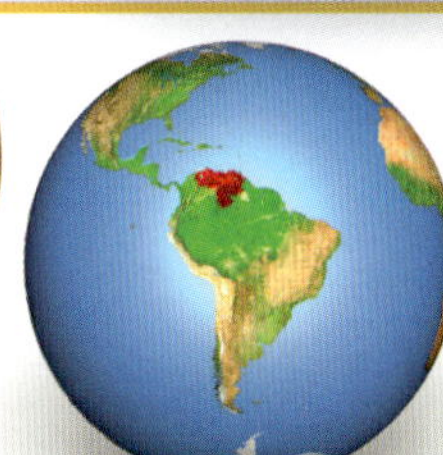

- 912 050 Quadratkilometer
- 28,6 Millionen
- Caracas
- Spanisch, amerindische Sprachen

Das an der **karibischen Nordküste Südamerikas** gelegene Venezuela besitzt **Strände**, **Gebirge** und **tropische Wälder**. Das Land ist reich an **Bodenschätzen**, unter anderem **Erdöl**.

Suriname

Totenkopfaffen
In den tropischen Regenwäldern leben diese baumbewohnenden Affen. Sie bilden große Gruppen und fressen Früchte und Insekten.

In Paramaribo, der größten Stadt, wohnt fast die Hälfte der Bevölkerung des Landes.

Kreolen
Kreolen nennen sich in Suriname die Nachfahren afrikanischer Sklaven und niederländischer Kolonialisten. Ihre Sprache heißt Sranan-Tongo.

- 163 820 Quadratkilometer
- 609 560
- Paramaribo
- Sranan (englisches Kreol), 7 weitere Sprachen

Als **eines der kleinsten Länder Südamerikas** liegt Suriname an der **Nordostküste** des Kontinents. Die ehemalige **niederländische Kolonie** wurde **1975 unabhängig**.

Nashornkäfer
Sowohl männliche als auch weibliche Käfer dieser großen, seltenen Art tragen das namensgebende Horn auf dem Kopfschild.

Guyana

Mit dem enormen Schnabel greift der Tukan nach Früchten.

Riesentukan
Der in Südamerika heimische bunte Vogel lebt in tropischen Regenwäldern. Er fliegt nicht sehr gut und hüpft eher von Baum zu Baum.

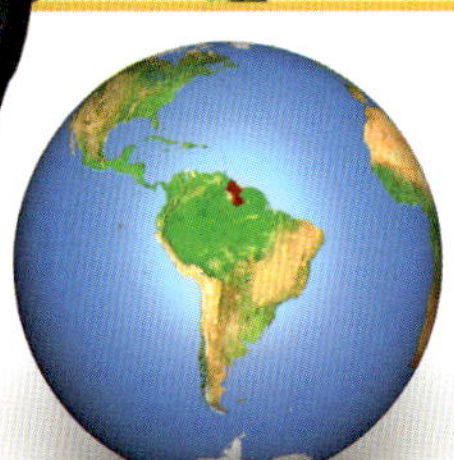

- 214 969 Quadratkilometer
- 750 200
- Georgetown
- Englisches Kreol, 4 weitere Sprachen

Guyana im Nordosten Südamerikas ist großteils von **tropischem Regenwald** bedeckt. Die frühere britische Kolonie wurde **1966 unabhängig**. Es ist das einzige Land in Südamerika, dessen **Amtssprache Englisch** ist.

Kricketlegende
Sir Clive Hubert Lloyd ist ein legendärer Kricket-Schlagmann aus Guyana, der als Kapitän das Team Westindiens zu zwei Weltcupsiegen (1975 und 1979) führte.

Kolumbien

Fünf-Farben-Fluss
Der Fluss Caño Cristales in Zentralkolumbien ist für seine seltenen Wasserpflanzen berühmt, die ihn in verschiedene Farben tauchen – einige Monate im Jahr in ein spektakuläres Rot!

Changua
Eine Suppe aus Eiern und Milch, die Changua, *ist in der Andenregion des Landes ein beliebtes Frühstück.*

Lisztaffe
Der in den Wäldern Nordwestkolumbiens heimische Affe heißt so, weil seine flauschigen Kopfhaare an die Frisur des Komponisten Franz Liszt erinnern.

Obstverkäuferin
Seit Generationen bieten bunt gekleidete Händlerinnen, die Palenqueras, *in der Stadt Cartagena Obst an. Sie balancieren eine große Schale voller Früchte auf dem Kopf.*

Goldmuseum
Die Ureinwohner Kolumbiens, die Muisca, stellten kunstvolle Figuren und Schmuck aus Gold her. Im Goldmuseum in Bogotá gibt es über 55 000 Ausstellungsstücke, die viele Jahrhunderte alt sind.

Nationalsport
Dieses moderne Denkmal stellt Chaquén dar, den Gott des Sports der Muisca-Kultur, der das traditionelle Wurfspiel Tejo *spielt.*

Die **Anden** und zwei Flüsse, der **Río Cauca** und der **Río Magdalena**, verlaufen durch Kolumbien. Wichtige Wirtschaftsprodukte des Landes sind **Kaffee**, **Bananen**, **Schmucksteine** und **Kohle**.

- 1 138 910 Quadratkilometer
- 49,1 Millionen
- Bogotá
- Spanisch, 3 weitere Sprachen

Altstadt von Quito

Die Spanier gründeten Quito im 16. Jh. an der Stelle einer früheren Stadt der Inka. Heute noch ist im Stadtzentrum die historische spanische Architektur erhalten.

Ecuador

Wurzelknollen

Ein kartoffelähnliches kleines Wurzelgemüse, die Olluco, wächst in den Anden und wird in Ecuador in Salaten, Suppen und Eintöpfen verwendet.

Drusenköpfe

Nur auf den Galapagosinseln leben Drusenköpfe (Galapagos-Landleguane, links) und einzigartige Meeresleguane, die sich von Algen ernähren.

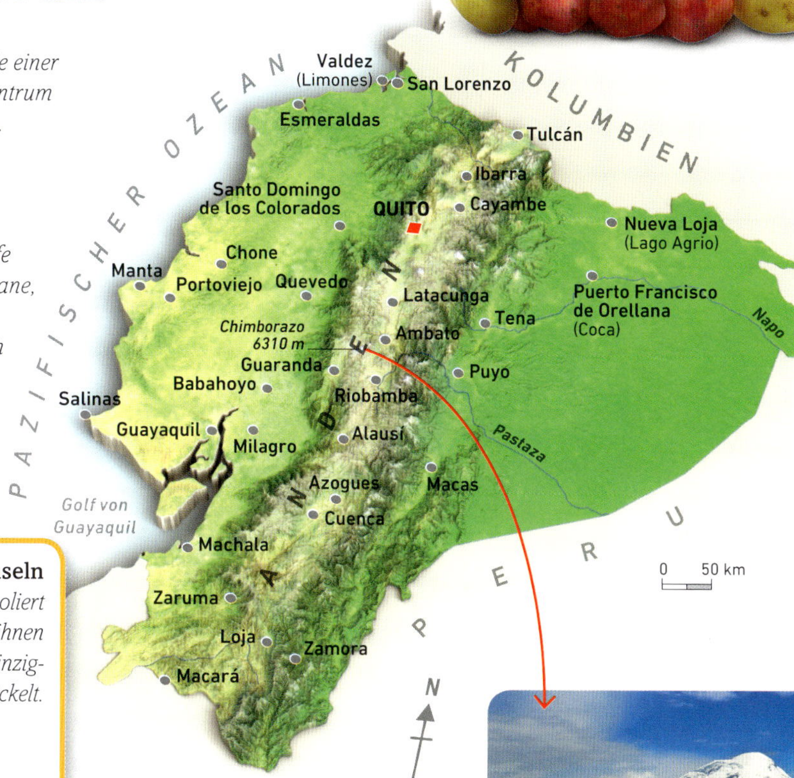

Galapagosinseln

Da diese 19 Inseln isoliert liegen, hat sich auf ihnen durch Evolution eine einzigartige Tierwelt entwickelt.

Chimborazo

Der höchste Berg in Ecuador ist mit 6310 m Höhe der Chimborazo, ein ruhender Vulkan, dessen Gipfelregion stets von Schnee bedeckt ist.

Stoffmarkt

In einer Stadt nahe von Ibarra im Norden Ecuadors webt man bunte Wollstoffe. Sie werden auf dem örtlichen Markt verkauft, aber auch weltweit exportiert.

283 561 Quadratkilometer

17 Millionen

Quito

Spanisch, 2 weitere Sprachen

Ecuador, das genau am **Äquator** liegt, ist von den **Anden** sowie flachen **Küstenregionen** geprägt. Die etwa 1000 km weiter westlich im Pazifik gelegenen **Galapagosinseln** gehören ebenfalls zu Ecuador.

Brasilien

Modernes Meisterwerk
Die römisch-katholische Kathedrale der Hauptstadt Brasília ist groß genug für 4000 Gottesdienstbesucher. Sie wurde von dem berühmten brasilianischen Architekten Oscar Niemeyer entworfen.

Größte Schlange der Erde
Die bis zu 250 kg schwere und 5 m lange Große Anakonda lebt im Amazonasregenwald und im Pantanal, einem riesigen Feuchtgebiet.

Der Amazonasregenwald bedeckt 3,2 Mio. Quadratkilometer Fläche in Brasilien.

Karneval von Rio
Der erste Karneval in Rio de Janeiro wurde 1723 gefeiert. Seit damals ist das jährliche Ereignis zu einem der größten Straßenfeste der Welt geworden, das Millionen Besucher anzieht. Bei den Umzügen tanzen Künstler in spektakulären Kostümen zu rhythmischen Sambatakten.

Fußballfieber
Die Brasilianer lieben Fußball. Die Nationalmannschaft war 5-mal Weltmeister – so oft wie kein anderes Land.

Brasilien umfasst beinahe die Hälfte Südamerikas und ist damit **das größte Land des Kontinents**. Das Land wurde nach dem Brasilholzbaum benannt, der im **Amazonasregenwald** wächst. Dieser bedeckt noch über **35 Prozent** des Landes. Dank vieler **Rohstoffe** ist Brasilien wirtschaftlich stark. **Kaffee** und **Soja** sind wichtige **landwirtschaftliche Exportprodukte**.

- 8 515 770 Quadratkilometer
- 211,7 Millionen
- Brasília
- Portugiesisch, Amerindische Sprachen, weitere 4 Sprachen

Indigene Völker im Amazonasgebiet
Der größte Regenwald der Erde ist die Heimat Hunderter indigener Völker. Die Xingu, zu denen viele Volksgruppen gehören, leben und fischen am Fluss Xingu.

Gelbbrustara
Der Amazonasregenwald ist der Lebensraum dieser großen, bunten Papageienart, die im Blattwerk der Bäume lebt und die reichlich vorhandenen Früchten frisst.

Rio de Janeiro
Die 30 m hohe Statue Cristo Redentor („Christ der Erlöser") blickt auf Rio, seine Strände und den Zuckerhut, einen Kegelberg.

Kaffeeproduktion
Ein Drittel der Kaffeebohnen der Welt werden in Brasilien angebaut. Traditionelle Produzenten trennen die reifen Früchte mit einem Sieb von Zweigen und Blättern.

Akrobatische Kampfkunst
Capoeira *ist eine Kampfkunst, die Selbstverteidigung, Akrobatik und Tanz verbindet. Sie wurde im 16. Jh. von afrikanischen Sklaven entwickelt.*

Geografie: Die Landschaft prägen der enorme Amazonasregenwald und der Amazonas, der zweitlängste Fluss der Erde.

Geschichte: In Brasilien lebten seit Jahrtausenden indigene Völker. Von 1500 bis 1825 war das Land eine portugiesische Kolonie.

Kultur: Brasilien hat eine reiche Kultur verschiedener Religionen, Karnevals, Tänzen und Musik, mit Stilen Stile wie Bossa nova und Samba.

Naturwunder: Neben dem tropischen Regenwald gehören der Zuckerhut und die Iguaçufälle zu den Naturschönheiten.

Tierwelt: Etwa 10 Mio. Tierarten, darunter Jaguare, Piranhas und tropische Vögel, leben im Regenwald.

Essen und Trinken: Die Küche ist vielfältig mit Fisch- und Fleischeintöpfen, gegrilltem Fleisch und schwarzen Bohnen.

Bolivien

Schmetterlingszoo
Diese Würfelfalterart ist eine von Hunderten Schmetterlingen Boliviens. Das Biozentrum Güembé in Santa Cruz ist eine der größten Forschungs- und Zuchtstationen dieser Insekten weltweit.

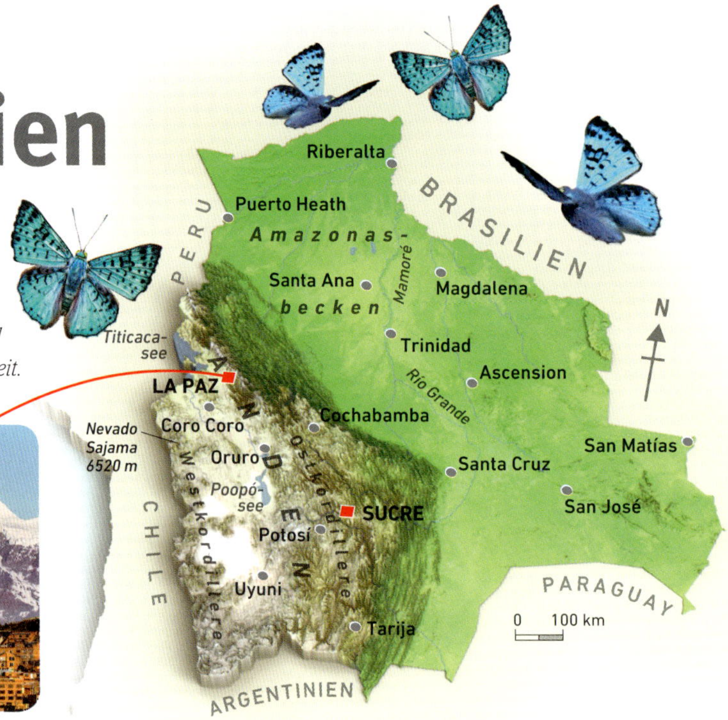

Der Befreier
Der Militärführer Simón Bolívar kämpfte gegen die spanische Armee für die Unabhängigkeit von 6 mittel- und südamerikanischen Staaten. Bolivien wurde 1824 unabhängig.

Hoch gelegen
Mit 3650 m über dem Meeresspiegel ist La Paz die höchstgelegene Hauptstadt der Erde.

- 1 098 580 Quadratkilometer
- 11,6 Millionen
- Sucre und La Paz
- Aymara, Quechua, Spanisch

Das ganz im **Binnenland** von Südamerika gelegene Bolivien reicht von den **Anden**, dem **Altiplano** (Hochebene) und der Wüste **Atacama** bis zum **Amazonasregenwald**. An der Grenze zu Peru liegt der **Titicacasee**, der größte See Südamerikas.

Peru

Machu Picchu
Die Inka bauten im 15. Jh. hoch in den Bergen der Anden die erstaunliche Stadt Machu Picchu.

Quechua
Die überwiegende Mehrheit der indigenen Peruaner gehört zum Volk der Quechua mit eigenen Traditionen und einer eigenen Sprache.

- 1 285 216 Quadratkilometer
- 31,9 Millionen
- Lima
- Spanisch, Quechua, Aymara

Zu der beeindruckenden Landschaft Perus gehören die **Pazifikküste**, die majestätischen **Anden** und der **Amazonasregenwald**. Die **Inka** bewohnten einst die peruanischen Bergregionen. Ihr Erbe sind die **Ruinenstädte**, die heute von vielen Touristen besucht werden.

Chile

Seltene Blüte
Die Atacama ist die trockenste Wüste der Erde. Hier regnet es nur etwa alle sechs Jahre, aber dann keimen die Samen in der Erde sehr schnell und bilden eine bunte Blumendecke.

Osterinsel
Die abgelegene Vulkaninsel wird von den Bewohnern Rapa Nui genannt.

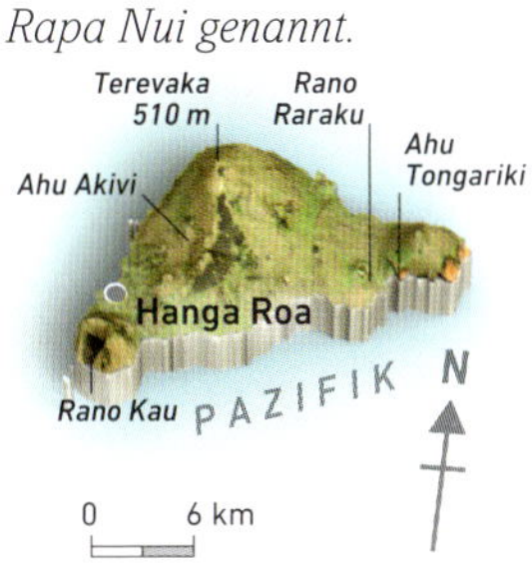

Paranal-Observatorium
Diese in der Atacama gelegene Sternwarte betreibt einige der leistungsfähigsten Teleskope zur Beobachtung des Nachthimmels.

Untergrundmahlzeit
Das traditionelle Gericht Curanto en hoyo *(„geräuchert im Loch") aus Fleisch, Fisch und Gemüse wird auf heißen Steinen in einem tiefen Erdloch gekocht.*

Lamas
Das Lama ist ein beliebtes Lasttier in Chile, doch man nutzt auch die Wolle. Diese domestizierte Kamelart ist robust und kann in großen Höhen leben.

Steinstatuen
Zu den berühmtesten Monumenten Chiles gehören die Steinfiguren der Osterinsel. Die Moai *(„Statuen") wurden ab etwa 1000 n. Chr. gemeißelt.*

Mapuche
Etwa 10 % der chilenischen Bevölkerung gehören zum indigenen Volk der Mapuche. Sie stellen hübsche Stoffe und Kleidung wie Ponchos in Handarbeit für den Verkauf her.

Mit einer Länge von 4300 km ist der südamerikanische Staat das **längste und schmalste Land** der Erde. Im Osten wird es durch die **Anden** begrenzt und im Westen durch den **Pazifischen Ozean**, in dem 3680 km entfernt die **Osterinsel** liegt.

- 756 102 Quadratkilometer
- 18,2 Millionen
- Santiago
- Spanisch, amerindische Sprachen

Argentinien

Die Sonne repräsentiert die Mairevolution von 1810, als Argentinien von Spanien unabhängig wurde.

Lionel Messi
Argentinien ist fußballbegeistert. Der Kapitän der Nationalmannschaft, Messi, hat 6-mal den Ballon d'Or, den Preis für den weltbesten Fußballspieler des Jahres, gewonnen.

Die Hauptstadt Buenos Aires liegt am Ufer des Río de la Plata.

Ceiboblüten
Der Ceibo oder Korallenbaum wächst im ganzen Land. Die roten Blüten sind seit 1942 ein Nationalsymbol.

Argentinischer Tango
Der Tango ist ein dramatischer Tanzstil, der im 19. Jh. in Buenos Aires entstand und heute in der ganzen Welt beliebt ist.

Perito-Moreno-Gletscher
Der 30 km lange Perito-Moreno-Gletscher endet im größten See des Landes, dem Lago Argentina.

Empanadas
Dieses beliebte Gebäck wird mit vielen verschiedenen Füllungen angeboten. In Argentinien ist Rindfleisch populär.

Farbenfrohes La Boca
La Boca, ein traditionelles Viertel von Buenos Aires, ist für die bunten Häuser, die Straßenmusikanten und die geschäftigen Marktstände berühmt.

- 2 780 400 Quadratkilometer
- 45,5 Millionen
- Buenos Aires
- Spanisch, Italienisch, amerindische Sprachen

Argentinien ist das **zweitgrößte Land Südamerikas**. Das Zentrum des Landes bildet ein riesiges **Grasland**, die **Pampa**. Südlich davon liegt eine **trockenere Region**, **Patagonien**.

Paraguay

Paraguayische Harfe
Die zuerst bei traditionellen Volksmusikanten in ländlichen Gebieten populäre Harfe wurde zum Nationalinstrument Paraguays.

Ñandutí-Spitzenhandwerk
Die Spanier brachten traditionelles Spitzenhandwerk nach Paraguay, aus dem sich Ñandutí („Spinnennetz") entwickelte. Heute stellen Kunsthandwerker damit auffällige Kleidung her.

Brillenkaiman
Flüsse und Sümpfe sind die Heimat dieses Kaimans. Er wurde einst intensiv gejagt, ist aber heute geschützt.

- 406 752 Quadratkilometer
- 7,2 Millionen
- Asunción
- Guaraní, Spanisch, Deutsch

Wälder, Hügel, Grasländer und Feuchtgebiete finden sich in Paraguay, einem **von 3 Ländern umgebenen Binnenstaat**. Zu den Exporten gehören **Kaffee**, **Baumwolle** und **Ölsamen**.

Uruguay

Die blauen und weißen Streifen symbolisieren die neun ursprünglichen regionalen Departements von Uruguay.

Zähe Hirten
Seit dem 18. Jh. schon treiben berittene Hirten, die Gauchos, Rinder und Schafe über die Grasebenen von Uruguay.

Seelöwenkolonie
Eine der größten Seelöwenkolonien Südamerikas lebt im Nationalpark Cabo Polonio an der Ostküste Uruguays.

Mate wird traditionell mit einem Metallstrohhalm getrunken, der die Blätter ausfiltert.

Aufgussgetränk
Das Nationalgetränk von Südamerika ist Mate, ein teeartiger Aufguss der getrockneten Blätter des Mate-Strauchs.

Uruguay ist das **zweitkleinste Land** des Kontinents und hat eine **herrliche Küste** und **fruchtbare Grasländer**. Die Hälfte der Bevölkerung lebt in der **Hauptstadt Montevideo**.

- 176 215 Quadratkilometer
- 3,4 Millionen
- Montevideo
- Spanisch

EUROPA
Mittelmeer
Nildelta
ÄGYPTEN
Atlasgebirge
TUNESIEN
Libysche Wüste
LIBYEN
ATLANTISCHER OZEAN
ALGERIEN
MAROKKO
Ahaggar
Tibesti
Madeira (Portugal)
Kanarische Inseln (Spanien)
Sahara
NIGER
TSCHAD
Massif de l'Aïr
Tschad-see
West-sahara (von Marokko verwaltet)
MALI
Sahel
MAURETANIEN
Taoudenni-becken
NIGERIA
Niger
BURKINA FASO
BENIN
KAP VERDE
SENEGAL
TOGO
KAMERUN
GAMBIA
GUINEA
CÔTE D'IVORE (ELFENBEIN-KÜSTE)
GHANA
KONG
ÄQUATORIAL-GUINEA
GABUN
GUINEA-BISSAU
SIERRA LEONE
LIBERIA
SÃO TOMÉ UND PRÍNCIPE
Cabinda (Angola)
ATLANTISCHER OZEAN

AFRIKA

ASIEN
Rotes Meer
Nil
Nubische Wüste
ERITREA
DSCHIBUTI
Horn von Afrika
SUDAN
Hochland von Äthiopien
ÄTHIOPIEN
SOMALIA
Sudd
SÜDSUDAN
KENIA
Ostafrikan. Grabenbruch
ZENTRAL-AFRIKANISCHE REPUBLIK
UGANDA
Albertsee
Victoriasee
Kilimandscharo 5895 m
Kongo
Kongobecken
RUANDA
BURUNDI
Tanganjikasee
Ostafrikanischer Grabenbruch
DEM. REP. KONGO
TANSANIA
Malawisee (Njassasee)
MALAWI
MOSAMBIK
ANGOLA
SAMBIA
Sambesi
SIMBABWE
BOTSUANA
NAMIBIA
Kalahari
Namib
LESOTHO
ESWATINI (früher Swaziland)
SÜD-AFRIKA
Oranje
Kap der Guten Hoffnung
SEYCHELLEN
INDISCHER OZEAN
KOMOREN
Mayotte (Frankreich)
Straße von Mosambik
MADAGASKAR
MAURITIUS
Réunion (Frankreich)
N
0
500 km

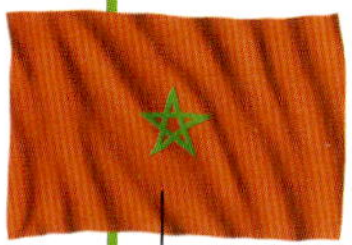

Marokko

Das Rot der Flagge steht für Stärke und Mut.

Das Atlasgebirge erstreckt sich über 2500 km von Marokko durch Algerien nach Tunesien.

Tajine
Tajine nennt man sowohl diesen Tontopf als auch das Fleisch- und Gemüsegericht, das man langsam in ihm schmort.

Tal der Rosen
Dieses Tal des Flusses M'Goun am Atlasgebirge ist die Heimat wilder Rosen. Bis zu 4000 Tonnen werden hier jedes Jahr für die globale Parfümproduktion angebaut.

- 446 550 Quadratkilometer
- 35,6 Millionen
- Rabat
- Arabisch, Tamazight (Berber), Französisch

Marokko besitzt eine **Mittelmeerküste** und eine **Atlantikküste** sowie Sanddünen in der **Wüste**. Die Städte sind berühmt für die ummauerten labyrinthartigen **Medina-Viertel**, während in den hohen **Gebirgen** traditionelle Dörfer und Skiressorts liegen.

Algerien

Der Halbmond mit Stern ist ein Symbol des Islams.

- 2 381 740 Quadratkilometer
- 43 Millionen
- Algier
- Arabisch, weitere 4 Sprachen

Algerien ist das **größte Land** Afrikas und liegt zwischen dem **Mittelmeer** und der **Sahara**. Es hat enorme Vorkommen von **Erdöl** und **Erdgas** und ist weltweit einer der größten Produzenten von **Datteln**.

Wüstenfuchs
Der Fennek oder Wüstenfuchs lebt in der Sahara und jagt nachts. Die großen Ohren strahlen die Körperwärme ab, damit er in der heißen Wüste nicht überhitzt.

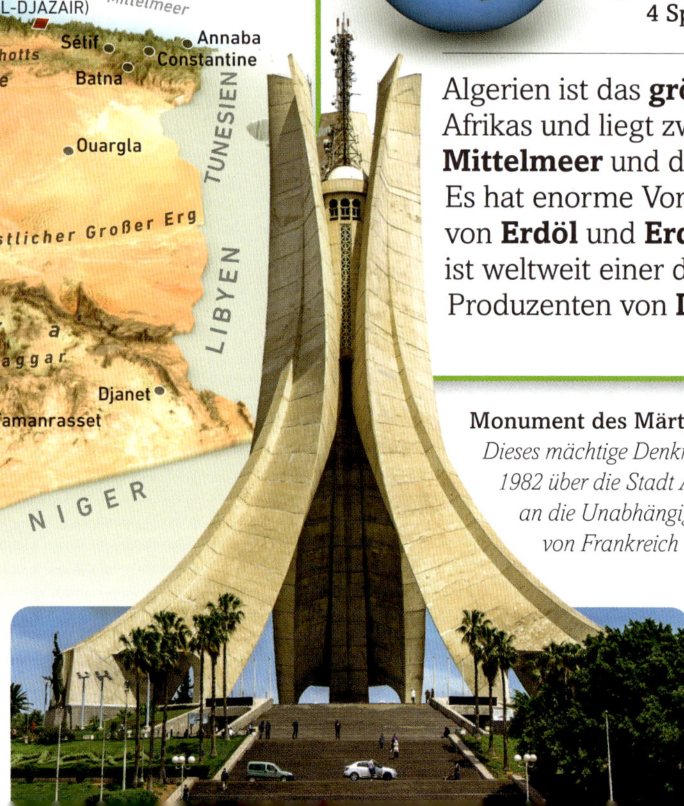

Monument des Märtyrers
Dieses mächtige Denkmal erhebt sich seit 1982 über die Stadt Algier. Es erinnert an die Unabhängigkeit Algeriens von Frankreich 1962.

Wichtige Moschee
Das Zentrum des muslimischen religiösen Lebens in der Hauptstadt Tunis ist die El-Zitouna-Moschee, deren 44 m hohes Minarett sich hoch über die Altstadt erhebt.

Tunesien

- 163 610 Quadratkilometer
- 11,7 Millionen
- Tunis
- Arabisch, Französisch

Tunesien ist ein **kleines Land**, dessen größter Teil **Wüste** ist, aber es gibt auch **fruchtbare Gebiete** mit **Getreide**, **Olivenbäumen** und anderen Pflanzen. Traditionelle Lebensmittel und Handwerksarbeiten handelt man auf Märkten, den **Suqs**.

Römisches Mosaik
Tunesien war Teil des Römischen Reichs. Es gibt viele Funde wie dieses Mosaik einer Eule aus El Djem.

Beliebter Sport
Fußball ist in Tunesien sehr populär. Der Junge mit dem gestreiften Trikot unterstützt Club Africain, eine Erstligamannschaft aus Tunis.

Libyen

Die Farben stehen für die drei klassischen Regionen Libyens: Fessan, Kyrenaika und Tripolitanien.

Kamelreiter
Die Tuaregs sind ein nomadisches Volk, das in der Sahara lebt. Ihre Traditionen und ihre Folklore sind noch sehr lebendig, etwa dieses Kamelrennen durch Wüstendünen während des Festivals von Ghat.

Frühe Kunst
In den Sandsteinfelsen des Tadrart Acacus, eines Gebirges nahe der Stadt Ghat, finden sich prähistorische Felszeichnungen mit Wildtieren, Kamelen und jagenden Menschen.

- 1 759 540 Quadratkilometer
- 6,9 Millionen
- Tripolis
- Arabisch, Tuareg

Libyen wird von den **Sandflächen** der **Sahara** dominiert. Frühe Menschen schufen vor etwa 10 000 Jahren **Felszeichnungen**, und **griechische** und **römische Ruinen** liegen entlang der Küste. Das Land ist reich an **Erdöl** und **Erdgas**.

Ägypten

Stadt der Minarette
Die inmitten antiker Orte erbaute, geschäftige Hauptstadt Kairo ist über 1000 Jahre alt. Ein Beispiel für die islamische Architektur im Stadtzentrum ist die Sultan-Hassan-Moschee aus dem 14. Jh.

Am Ball
Der ägyptische Superstürmer Mohamed Salah wurde 2-mal zum Afrikanischen Fußballer des Jahres gewählt.

Die Libysche Wüste ist eine überwiegend felsige weite Fläche, die zwei Drittel Ägyptens bedeckt.

Süße Früchte
Datteln werden in Ägypten seit der Antike angebaut und genossen. Mit über 15 % der Welternte ist Ägypten einer der wichtigsten Produzenten.

Großartige Schätze
Vor über 5000 Jahren entstand eine große Zivilisation an den Ufern des Nils. Wir wissen viel über das Leben im alten Ägypten dank vieler außerordentlicher archäologischer Entdeckungen – etwa dieses gut erhaltenen Sargs einer älteren Frau namens Nesmaatneru.

Als Hieroglyphen bezeichnet man eine alte ägyptische Schrift, die Schriftzeichen als Bildsymbole darstellt.

Segeln auf dem Nil
Ägypten hängt vom Nil als Wasserquelle für die Landwirtschaft ab. Jahrtausendelang war der Fluss auch der wichtigste Verkehrsweg des Landes. Heute machen Touristen Fahrten mit hölzernen Segelbooten, den Feluken.

Das in der **Nordostecke** Afrikas liegende Ägypten ist zu **90 % Wüste**. Die meisten Ägypter leben im **fruchtbaren Tal des Nils**. Vor Tausenden Jahren war Ägypten der Ort einer der ersten großen **Zivilisationen** der Menschheit.

- 1 001 450 Quadratkilometer
- 104,1 Millionen
- Kairo
- Arabisch, Englisch, Französisch, Berbersprachen

Arabische Akazie
Dieser blühende Baum wächst überall in Ägypten. In der Antike wurden aus dem Holz Schiffe und Möbel gemacht.

Tauchen im Roten Meer
Taucher lieben die Unterwasserwelt des Roten Meers mit Schiffswracks, Korallen und vielfältigen Meereslebewesen – darunter Weißspitzen-Riffhaie.

Ramadanlaternen
Im islamischen heiligen Monat Ramadan hängt man eine bunte Laterne, die man Fanous nennt, im Haus und an öffentlichen Plätzen auf.

Abkürzung für Schiffe
Der Suezkanal ist ein 193 km langer Wasserweg, der das Mittelmeer mit dem Roten Meer verbindet. Er wurde in den 1860ern von Frankreich als direkter Seeweg zwischen Europa und Asien gebaut, gehört aber heute Ägypten.

Geheimnisvolle Gräber
Die Pyramiden von Giseh, eines der antiken sieben Weltwunder, sind über 4500 Jahre alt. Sie wurden als riesige Grabstätten für die ägyptischen Pharaonen (Herrscher) erbaut.

Geografie: Ägypten hat riesige Wüstenflächen, grüne Flusstäler, Gebirge und die Küsten des Mittelmeers und des Roten Meers.

Geschichte: Die alte Zivilisation bestand etwa 3000 Jahre lang. Seit Mitte des 7. Jh. wird Ägypten von muslimischen Arabern beherrscht.

Kultur: Der Alltag dreht sich vor allem um familiäre und muslimische Traditionen. Es gibt eine aktive Medien- und Kunstszene.

Naturwunder: Der Nil ist der längste Fluss der Erde – er fließt über eine Entfernung von mehr als 6600 km.

Tierwelt: Schakale, Fenneks (Wüstenfüchse) und Skorpione leben in der Wüste. Vipern und Kobras sieht man manchmal im Niltal.

Essen und Trinken: Die Küche vereint Gewürze, Linsen und Reis zu vielfältigen Gerichten, oft mit gegrilltem Lammfleisch.

Mali

Dama der Dogon
Das Volk der Dogon fertigt kunstvolle Masken für die Tanzzeremonie Dama, *mit der die verstorbenen Dorfältesten geehrt werden.*

Bògòlanfini *zeigt oft auffällige geometrische Muster.*

Gemusterte Stoffe
Bògòlanfini *oder* Bogolan *ist ein handgewebtes Baumwollgewebe. Die kräftigen farbigen Muster werden mit Naturfarben aus Flussschlamm und örtlichen Pflanzen erzeugt.*

Ein altes arabisches Manuskript über Astronomie aus Timbuktu

Wertvolle Manuskripte
Timbuktu ist berühmt für viele alte Manuskripte über Themen wie Medizin, Kunst und Religion, die bis ins 13. Jh. zurückgehen.

Große Moschee von Djenné
Die erhabene Moschee von Djenné bildet einen spektakulären Hintergrund für den Wochenmarkt, auf dem es Lebensmittel, Brennstoffe und Haushaltswaren gibt.

Die Große Moschee wurde 1907 aus Lehmziegeln erbaut.

- 1 240 192 Quadratkilometer
- 19,6 Millionen
- Bamako
- Bambara, Fulani, 3 weitere Sprachen

Das zwischen der **Wüste** und der tropischen **Savanne** gelegene Mali ist ein großes, **flaches Land**. Der **Niger**, der das Land durchzieht, wird für den **Fischfang** und als **Verkehrs- und Handelsroute** genutzt. Die wichtigsten Exporte sind **Gold** und **Baumwolle**.

Die Große Moschee ist ein Wahrzeichen von Nouakchott.

Mauretanien

Aufsteigende Metropole
Nouakchott, das 1960 noch ein Küstendorf war, ist rapide zur größten Stadt des Landes mit weiten Boulevards und prächtigen Häusern gewachsen.

Wüstenrock
Die Sängerin, Dichterin und Musikerin Noura Mint Seymali kombiniert mauretanische Volksmusik mit modernem Rock.

Die Ardin ist ein mauretanischer Harfentyp.

- 1 030 700 Quadratkilometer
- 4 Millionen
- Nouakchott
- Arabisch, weitere 3 Sprachen

Das von der **Sahara** dominierte Mauretanien ist ein heißes, trockenes Land an der **Atlantikküste** Westafrikas. Viele Einwohner sind Bauern oder Hirten. **Fischfang**, **Bergbau** und **Erdölförderung** sind wichtige Industrien.

Diese Pyramiden stehen in dem Dorf Malbaza. Die bei Besuchern beliebte Tradition wird heute wiederbelebt.

Niger

Erdnusspyramide
Erdnüsse sind ein wichtiges Produkt Nigers. Säcke voller Erdnüsse werden als Wohlstandssymbol zu hohen Pyramiden gestapelt.

Brunnen
Da es in Niger wenig regnet, nutzen die Wüstennomaden Grundwasser. Manche Gruppen schließen sich zusammen und bauen Gemeinschaftsbrunnen.

- 1 267 000 Quadratkilometer
- 22,8 Millionen
- Niamey
- Hausa, Zarma, 4 weitere Sprachen

Das **Saharaland** ist nach dem Fluss Niger benannt, der durch die Hauptstadt **Niamey** fließt. **Nomadische Hirten** halten auf dem Land **Rinder**, **Schafe**, **Ziegen** und **Kamele**. Sie nutzen und verkaufen Milch, Fleisch und Häute.

Tschad

N'Djamena ist ein Hafen am Fluss Chari und die größte Stadt des Landes.

Kunst der Vorzeit
Prähistorische Felszeichnungen, etwa Hunderte Darstellungen von Kamelen und Rindern, findet man im Tibesti.

Kamelrennen
Das Hirtenvolk Tubu in den Bergen des Tibesti hält Kamelrennen ab, um die geschicktesten Reiter zu finden.

Ennedi-Massiv
Über lange Zeiten hat die Erosion durch Wind und Wasser in diesem Sandsteinplateau im Norden des Tschad bizarre Gesteinsformen geschaffen.

- 1 284 000 Quadratkilometer
- 16,9 Millionen
- N'Djamena
- Französisch, Sara, Arabisch, Maba

Der Tschad liegt im **Herzen Nordafrikas** und grenzt an sechs andere Länder. Die **Sahara** liegt im Norden des Landes. Die meisten Menschen leben im **tropischen Süden** und betreiben dort Landwirtschaft.

Eritrea

Kaktusfeige
Trotz ihres stachligen Äußeren bringt die Opuntie süße orange oder rote Früchte hervor, die man roh essen kann.

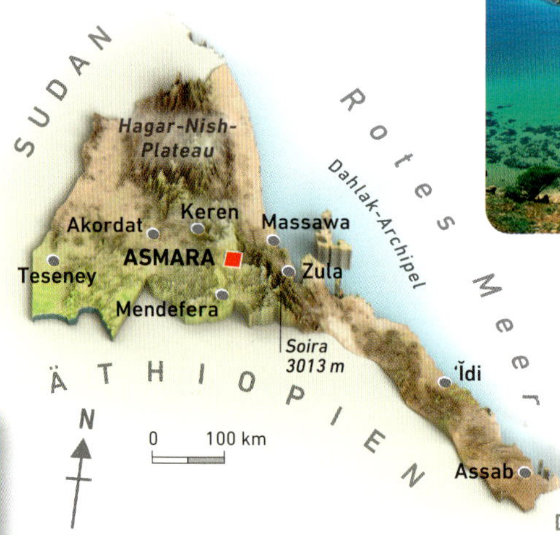

Ferieninsel
Der Dahlak-Archipel besteht aus vielen kleinen Inseln vor der Küste Eritreas. Touristenboote und Taucher besuchen das klare Wasser und die Korallenriffe.

- 117 600 Quadratkilometer
- 6 Millionen
- Asmara
- Tigrinya, Englisch, 8 weitere Sprachen

Das Gebirgsland am **Roten Meer** in **Nordostafrika** leitet seinen Namen von dem griechischen Wort für „Rotes Meer“ ab. Eritrea wurde 1993 von Äthiopien **unabhängig**, doch Konflikte hielten bis 2018 an.

Wahrzeichen mit zwei Türmen
Die farbenfrohe Kathedrale Enda Mariam liegt auf einem Hügel in der Hauptstadt Asmara. Christentum und Islam sind die beiden größten Religionen in Eritrea.

Tanzender Derwisch
Der Islam ist die größte Religion im Sudan. Jeden Freitag treffen sich in Omdurman muslimische Mystiker, die Derwische, um gemeinsam zu singen und zu tanzen.

Sudan

1 861 484 Quadratkilometer

45,6 Millionen

Khartum

Arabisch, Nubisch, Bedscha, Fur, Englisch

Der Sudan hat eine unruhige Geschichte, und 2011 **spaltete er sich in zwei Nationen**. Die Bevölkerung besteht aus vielen **ethnischen Gruppen**. Die Hauptstadt Khartum liegt am Zusammenfluss des **Blauen Nils** und des **Weißen Nils**.

Wand aus Sand
Ein kräftiger Sandsturm, der Habub, fegt oft durch den Sudan. Er trägt Sand aus der Sahara mit hoher Geschwindigkeit ins Land.

Südsudan

Sudanesische Küche
Bauern bauen viele Getreidesorten an, darunter Sorghum, Mais und Hirse, für beliebte lokale Gerichte.

Kisra *ist ein Fladenbrot aus Sorghum und Weizen.*

Boma-Nationalpark
Als einer der größten Nationalparks in Afrika bietet Boma Graslandgebiete für Antilopen, Elefanten, Giraffen und Löwen.

644 329 Quadratkilometer

10,6 Millionen

Juba

Arabisch, Dinka, 6 weitere Sprachen

Nach langem Bürgerkrieg stimmte der Südsudan 2011 dafür, vom Sudan **unabhängig** zu werden. Das Land ähnelt stärker Subsahara-Afrika als dem arabisch geprägten Sudan. Die **Grasebenen** und **Feuchtgebiete** sind Tierparadiese.

Rinderhirten
Das Volk der Dinka führt im Südsudan ein traditionelles Hirtenleben.

Langhornrinder sind sehr geschätzt.

Äthiopien

Sprudelnde Thermalquellen
Lufttemperaturen um 50 °C sind in der Tiefebene der Afar-Senke oder Danakil-Senke nicht selten. Dort gibt es Vulkangesteine, einen Lavasee und heiße Tümpel (hier im Dallol-Gebiet) mit sehr saurem Wasser.

Dschelada
Im Hochland leben die grasfressenden Dscheladas oder Blutbrustpaviane. Der herzförmige rote Fleck der Männchen soll Weibchen anlocken.

Addis Abeba, was „Neue Blume" bedeutet, liegt im Herzen von Äthiopien.

Hirtenvolk
Das Volk der Mursi lebt nomadisch im Tal des Flusses Omo. Sie halten Rinder als Milch- und Fleischquelle.

Hauptsitz der Afrikanischen Union
Die Afrikanische Union, die die Zusammenarbeit auf dem Kontinent fördert, hat ihren Hauptsitz in Addis Abeba.

***Mesob*-Körbe**
Frauen flechten diese Körbe mit flachem Boden und Deckel in bunten Farben. Sie dienen als Vorratsbehälter für Lebensmittel oder auch als Esstisch.

- 1 104 300 Quadratkilometer
- 108 Millionen
- Addis Abeba
- Amharisch, Tigrinya, 5 weitere Sprachen

Äthiopien gehört zum **Horn von Afrika** und wird in der Afar-Region vom **Ostafrikanischen Grabenbruch** durchzogen. Es ist eine der **ältesten Kulturen** der Welt und der einzige Teil Afrikas, der **niemals kolonialisiert** wurde. Äthiopien ist das Ursprungsland der **Kaffeepflanze**: Kaffee wird im **Hochland** angebaut und ist der Hauptexportartikel.

Dschibuti

Salzseen
Salz wird aus dem Assalsee gewonnen, dem größten Salzlager der Erde. Mit 155 m unter dem Meeresspiegel ist er der tiefste Punkt Afrikas.

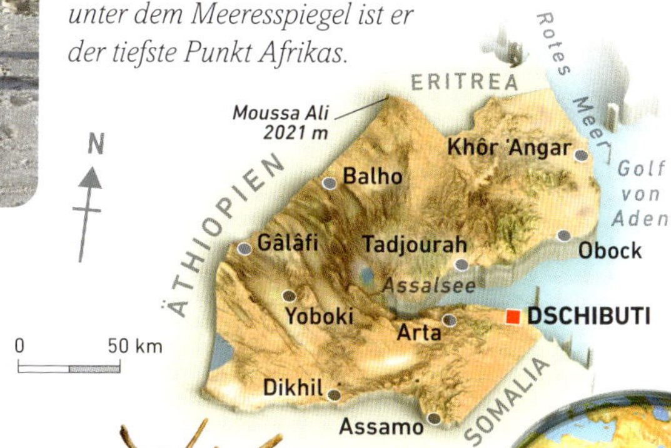

Walhai
In den Korallenriffen von Dschibuti leben Walhaie. Tauchen mit dem riesigen, aber harmlosen Hai ist bei Touristen beliebt.

Kamelkarawanen
Schwere Waren werden zum Verkauf mit Kamelen zu Märkten transportiert.

23 200 Quadratkilometer
921 800
Dschibuti
Somali, Französisch, Afar, Arabisch

Das kleine Land Dschibuti hat eine wilde Landschaft mit **Korallenriffen**, **Vulkanen** und **Salzseen**. Der Großteil der Bevölkerung lebt in der Hauptstadt **Dschibuti** an der Küste. Diese wachsende **Hafenstadt** liegt an einer der verkehrsreichsten **Schiffsrouten** der Welt.

Somalia

Handelshafen
Die Hauptstadt Mogadischu ist eine Hafenstadt am Indischen Ozean. Sie ist eine der am dichtesten besiedelten städtischen Regionen Afrikas.

Hölzerne Kopfstütze
Somalische Nomaden verwenden Kopfstützen zum Schlafen. Sie sind aus Holz geschnitzt und kunstvoll verziert.

637 657 Quadratkilometer
11,8 Millionen
Mogadischu
Somali, Arabisch, Englisch, Italienisch

Somalia verläuft an der **Ostküste** des **Horns von Afrika**. Das Land ist heiß und trocken. Manche halten es für das **legendäre Land Punt**, ein antikes Reich, in dem wertvolle Waren wie **Gold**, **Myrrhe** und **Weihrauch** gehandelt wurden.

Traditioneller Tanz
Dhaanto *ist ein Volkstanz, den man in Gruppen zu lokaler Musik tanzt.*

Senegal

Gegen den Klimawandel
Senegal nimmt an dem Projekt „Große Grüne Wand“ teil, das die trockene Sahel-Zone fruchtbarer macht, und hat im Norden des Landes 11,4 Mio. Bäume gepflanzt.

Monument der afrikanischen Renaissance
Dieses 49 m hohe Denkmal wurde 2010 zum 50. Jahrestag der Unabhängigkeit des Senegals von Frankreich errichtet.

Würziger Eintopf
Mafé ist ein Ragout aus Tomaten, Paprika und Erdnüssen mit Rind- oder Lammfleisch und ausgeprägt würzigem Geschmack.

Kap Verde

Pico do Fogo
Mit 2829 m Höhe ist der Pico do Fogo der höchste Berg in Kap Verde. Dieser aktive Vulkan brach zuletzt 2015 aus.

Praia, die größte Stadt, liegt auf der Insel Santiago.

Mindelo
Um die Hafenstadt Mindelo liegen spektakuläre Berge. Mindelo ist berühmt für den tiefen natürlichen Hafen, den schönen Strand und den bunten Karneval.

Das vor der Küste Nordwestafrikas liegende Kap Verde besteht aus **10 Inseln** und vielen **kleineren Inselchen**. Zur Landschaft gehören **bewaldete Berghänge**, **Strände** und **aktive Vulkane**. Das Land ist bekannt für seine **einzigartige Musik**, die man *Morna* nennt.

- 4033 Quadratkilometer
- 583 255
- Praia
- Portugiesisches Kreol, Portugiesisch

Rosafarbener See
Der Retbasee bei Dakar ist durch Algen rosa gefärbt, die im extrem salzigen Wasser gedeihen. Am Ufer sammelt sich kristallines Salz.

Junge Diola-Trommler
Das Volk der Diola im Süden des Senegals spielt Trommeln, die man Bougarabou *nennt, bei örtlichen Festen und Feiern.*

- 196 722 Quadratkilometer
- 15,7 Millionen
- Dakar
- Wolof, Pulaar, 6 weitere Sprachen

Senegal hat **Grassavannen** im trockenen Norden und **Regenwälder** im Süden. Der westlichste Punkt des afrikanischen Festlands liegt nahe der Hauptstadt Dakar. **Musik**, **Tanz** und **Wrestling** gehören zur abwechslungsreichen Kultur.

Gambia

Senegalracke
Die Senegalracke lebt in Wäldern und Savannen. Auf Bäumen sitzend hält sie Ausschau nach ihrer Beute, großen Insekten und kleinen Nagetieren.

Steinkreise von Senegambia
Steinkreise, die teils bis ins 3. Jh. v. Chr. zurückgehen, finden sich vielerorts in der Region um den Fluss Gambia herum.

Ringerwettkampf
Wie im Senegal ist das traditionelle Wrestling ein bedeutender Sport und ein kulturelles Ereignis.

- 11 300 Quadratkilometer
- 2,2 Millionen
- Banjul
- Mandinka, 5 weitere Sprachen

Das **schmale Land**, das dem **Fluss Gambia** folgt, ist vom Senegal umgeben. Gambia hat trotz seiner kurzen Küste viele schöne Strände. Es gibt im Land Hunderte verschiedener **Vogelarten**.

Sierra Leone

Schmetterling
Der Afrikanische Riesenschwalbenschwanz in den Wäldern Sierra Leones hat eine Flügelspannweite von bis zu 23 cm.

Stern von Sierra Leone
Der 1972 in einem Bergwerk nahe von Koido entdeckte riesige Diamant mit 969 Karat (193 g) ist der viertgrößte Rohdiamant von Schmuckqualität, der je gefunden wurde.

Hilfe für Überlebende
1991–2002 tobte in Sierra Leone ein Bürgerkrieg. Mariatu Kamara, der damals als Kind die Hände abgehackt wurden, gründete 2009 eine Stiftung, um Opfer zu unterstützen.

Die Hauptstadt Freetown hat einen großen Hafen und beliebte Strände.

Der Baumwollbaum in Freetown
Dieser enorme Baumwollbaum steht seit Jahrhunderten in Freetown. Heute ist die Stelle ein geschützter, friedvoller Ort mit historischer und spiritueller Bedeutung.

Frauen verarbeiten Garri in einer Fabrik.

Herstellung von *Garri*
Ein Grundnahrungsmittel ist die Maniokwurzel. Sie wird zu einem Mehl namens Garri *gemahlen und in vielen Gerichten verwendet.*

Kunstvolle Frisur

Steinskulptur
In Sierra Leone findet man eine Vielfalt von Masken und andere Formen traditioneller Kunst. Dieser in Stein gemeißelte Kopf stammt wohl aus dem 15. Jh.

Sierra Leone („**Löwengebirge**“) ist nach einem Gebirgszug nahe der Hauptstadt Freetown benannt. Das Land hat einige der **höchsten Berge** Westafrikas und prächtige **Strände**. Wirtschaftlich wichtig sind **Landwirtschaft** und **Bergbau**.

- 71 740 Quadratkilometer
- 6,6 Millionen
- Freetown
- Mende, Temne, Krio (engl. Kreol), Englisch

Guinea-Bissau

Cashews
Ein wichtiger Export aus Guinea-Bissau sind Cashewnüsse, die Samen des Cashewbaums.

Flusspferd im Salzwasser
Auf der Insel Bubaque im Bissagos-Archipel kühlen sich Flusspferde ab, indem sie ins Meer und in Sümpfe waten.

Bissau
Die geschäftige Hafenstadt an der Mündung des Flusses Gêba wurde 1687 gegründet. Das Denkmal vor dem Präsidentenpalast ist den Helden der Unabhängigkeit gewidmet.

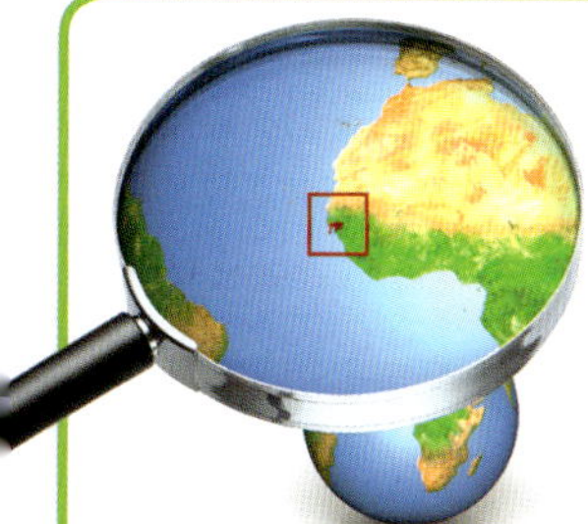

- 36 125 Quadratkilometer
- 1,9 Millionen
- Bissau
- Portugiesisches Kreol, Balante, 3 weitere Sprachen

Der kleine westafrikanische Staat hat viel **flaches Schwemmland**, in dem die Gezeiten weit ins Binnenland reichen. In der **Flussmündungslandschaft** gibt es **Mangroven** und **Nationalparks**. Die Hälfte der Bevölkerung lebt an der Küste.

Guinea

Grüne Mamba
Diese wendige Schlange, die sich meist auf Bäumen in den Wäldern Guineas aufhält, ist scheu, aber schnell. Ihr Gift ist tödlich.

- 245 857 Quadratkilometer
- 12,5 Millionen
- Conakry
- Pulaar, Malinké, Soussou, Französisch

Von **Savannen** im Binnenland bis zu **Mangroven** an der Küste reicht das Landschaftsbild. In den **Gebirgen** entspringen **22 Flüsse**. Guinea ist reich an **Bauxit** (einem Aluminiumerz) und **Gold**, aber die meisten Menschen sind **Gemüsebauern**.

Goldlagerstätten
Die vielen Goldminen in Nordostguinea nahe Siguiri produzieren etwa 15 Tonnen Gold pro Jahr.

Conakry
Die auf einer langen, schmalen Insel liegende Hauptstadt Conakry hat einen großen Handelshafen sowie einen kleinen bunten Fischereihafen.

Côte d'Ivoire

Fußballlegende
Afrikas 2-maliger Fußballer des Jahres Didier Drogba nutzt seine internationale Bekanntheit, um Bewusstsein für wichtige Themen Afrikas zu schaffen.

Basilika Notre-Dame-de-la-Paix
Die in den 1980er-Jahren gebaute riesige katholische Basilika in der Hauptstadt Yamoussoukro hat eine 149 m hohe Kuppel.

Das westafrikanische Côte d'Ivoire, im Deutschen auch Elfenbeinküste genannt, ist einer der **größten Kakaoexporteure der Welt**. **Landwirtschaft**, **Fischfang** und **Tourismus** sind die wichtigsten Industrien. Das Land besitzt enorme Graslandebenen und lange Sandstrände.

- 322 463 Quadratkilometer
- 27,5 Millionen
- Yamoussoukro
- Akan, Französisch, Kru, Gur (Voltaisch)

Liberia

Fufu **kochen**
Fufu *ist ein beliebtes Gericht in Westafrika. Aus Maniokknollen wird sorgfältig ein feiner, klebriger Brei gemacht und mit würziger Soße gegessen.*

Eingeweichtes Maniok wird durch ein Sieb gedrückt – ein Schritt bei einer der vielen Zubereitungsarten von Fufu.

Hauptstadt an der Küste
Monrovia an der Atlantikküste ist die Hauptstadt und größte Stadt Liberias sowie ein wichtiger Hafen. Ein Drittel der Bevölkerung lebt hier.

Besonderer Löffel
Zeremonielle Kellen, Wakemia genannt, werden seit Jahrhunderten kunstvoll aus Holz handgeschnitzt. Sie werden als Ehrenzeichen für große Gastfreundschaft vergeben.

Burkina Faso

Tour du Faso
Burkina Faso richtet dieses 10-tägige Fahrradrennen über 1300 km seit 1987 aus. Es gehört seit 2005 zur UCI Africa Tour, einer kontinentalen Rennserie.

Traditionelle Architektur
In vielen Dörfern in Burkina Faso gibt es traditionelle Kornhäuser mit einem runden Holzfundament und strohgedecktem Dach.

- 274 200 Quadratkilometer
- 20,8 Millionen
- Ouagadougou
- Mossi, 5 weitere Sprachen

Der **flache**, von sechs Ländern umgebene Binnenstaat lebt von der **Landwirtschaft**. Landschaftlich dominiert die **Savanne**, und die meisten Einwohner leben im zentralen Hochland. Die zweijährliche **Kunst- und Handwerksmesse** ist für ganz Afrika bedeutend.

Joseph Jenkins Roberts
Der afroamerikanische Händler, der 1829 in Liberia ankam, wurde 1848 der erste Präsident des Landes.

Der Senegal-Liest
Diese Eisvogelart erkennt man an den blauen Federn, dem leuchtenden Schnabel und dem schnellen Flug durch die Wälder Liberias.

Surfen
Immer mehr Surfer reiten die Wellen vor Robertsport, einer Küstenstadt, die als einer der besten afrikanischen Orte für das Surfen gilt.

- 111 369 Quadratkilometer
- 5,1 Millionen
- Monrovia
- Kpelle, Vai, Bassa, 6 weitere Sprachen

Benannt wurde das Land („Freiheit“) von **befreiten afroamerikanischen Sklaven**, die dort siedelten. Liberia wurde 1848 unabhängig. Als erstes afrikanisches Land hatte Liberia ein **weibliches Staatsoberhaupt**, Ellen Johnson Sirleaf (2006–2017).

Ghana

Abeiku Jackson
2016 nahm der 16-jährige Abeiku Jackson als einer der beiden ersten Schwimmer aus Ghana an der Olympiade teil.

Kente
Kleider aus Kente, einem feinen, bunten Stoff, der in auffälligen Mustern gewoben wird, durften ursprünglich nur Könige tragen.

Ritualmaske
Kunstvoll geschnitzte Masken wie diese vom Volk der Ashanti repräsentieren bei rituellen Tänzen die Geister der Ahnen.

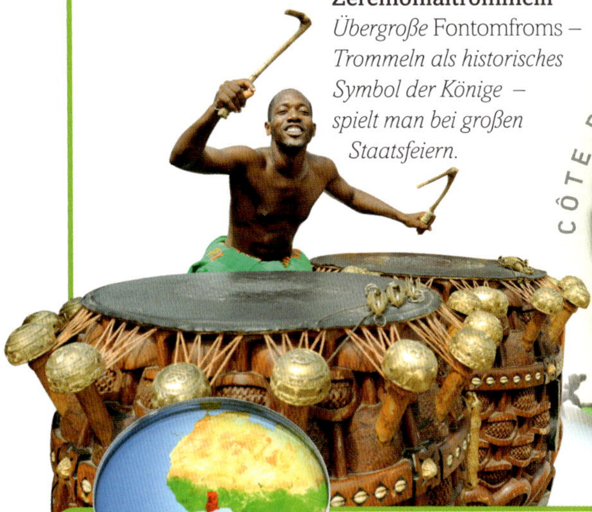

Zeremonialtrommeln
Übergroße Fontomfroms – Trommeln als historisches Symbol der Könige – spielt man bei großen Staatsfeiern.

- 238 533 Quadratkilometer
- 29,3 Millionen
- Accra
- Twi, Fante, Ewe, Ga, 4 weitere Sprachen

Die moderne Nation Ghana wurde nach dem großen **mittelalterlichen Handelsreich** benannt, das in der Region bis ins 13. Jh. bestand. Heute besitzt das Land eine der am **schnellsten wachsenden Wirtschaften** in Afrika dank des Exports von **Kakao**, **Gold**, **Holz** und **Öl**.

Kunstvolle Särge
Die Sargherstellung ist in Ghana eine Kunst mit einzigartigen Designs.

Strand von Labadi
Der belebteste Strand in Ghana liegt nahe der Hauptstadt Accra, deren Bewohner nach Labadi strömen, um das Meer zu genießen.

Togo

Westliche Buschviper
Die grüne, schuppige Haut tarnt diese Giftschlange im blättrigen Buschwerk der Wälder Togos.

Takienta (Lehmhäuser)
Die Batammariba in der Region Koutammakou bauen Turmhäuser mit Strohdach.

Wissenschaft lehren
Das Projekt MoLab ist ein mobiles Labor, das Kindern mit Experimenten und Aktivitäten hilft, Wissenschaft und Technik zu erlernen.

- 56 785 Quadratkilometer
- 8,6 Millionen
- Lomé
- Ewe, Kabiyé, Gurma, Französisch

Togo an der Westküste Afrikas ist ein **schmales** Land. An der kurzen Küste gibt es **Sandstrände** vor dem Hintergrund **sanfter Hügel**. Die Hauptstadt Lomé ist eine **geschäftige Küstenstadt**.

Benin

Fon-Silberarbeit
Im 18. und 19. Jh. schufen Handwerker vom Volk der Fon exquisite Objekte aus Silber, etwa diesen Büffel.

Angélique Kidjo
Die gefeierte Sängerin aus Benin ist in ganz Afrika populär. Sie hat für ihre Musik drei Grammys gewonnen.

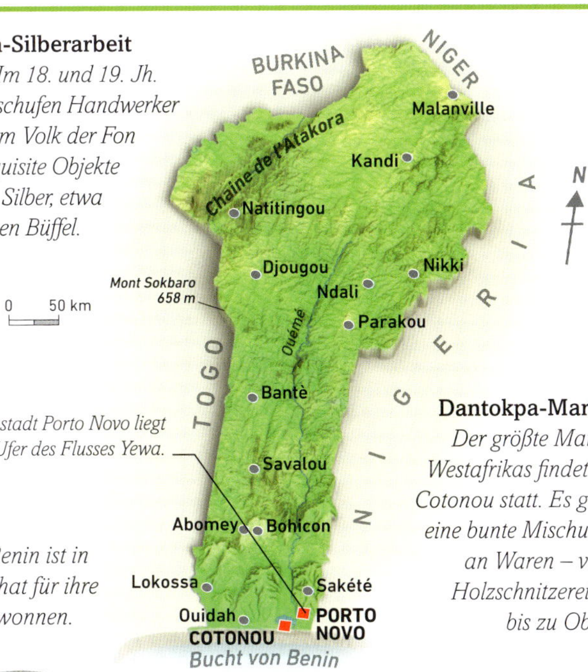

Die Hafenstadt Porto Novo liegt am Ufer des Flusses Yewa.

Dantokpa-Markt
Der größte Markt Westafrikas findet in Cotonou statt. Es gibt eine bunte Mischung an Waren – von Holzschnitzereien bis zu Obst.

- 112 622 Quadratkilometer
- 12,9 Millionen
- Porto Novo
- Fon, Bariba, weitere 5 Sprachen

Berge, **Wälder** und **Strände** bilden die vielfältige Landschaft von Benin. Historisch ist das Land für **meisterhafte Handwerker** bekannt, die kunstvolle Gegenstände aus **Holz**, **Elfenbein** und **Silber** schufen.

Nigeria

Benin-Bronzen
Das historische Reich Benin im heutigen Nigeria war für kunstvolle Metallarbeiten berühmt. Über 1000 Tafeln und Skulpturen aus Bronze und Messing verzierten einst den Königspalast.

Diese Tafel aus einer Bronze-Messing-Legierung zeigt den Oba (König) mit seinen Begleitern.

Vierhornchamäleon
Das in Nigeria und im benachbarten Kamerun heimische Chamäleon erkennt man an den vier auffälligen Hörnern auf der Schnauze. Mit der leuchtend grünen Haut tarnt es sich mühelos im Blattwerk.

Digitale Medien
In Nigeria gibt es Hunderte von Zeitungen sowie Fernseh- und Radiosender, doch neue Medien, die man mit Laptops oder Smartphones nutzt, übernehmen vor allem in den Städten die Führung.

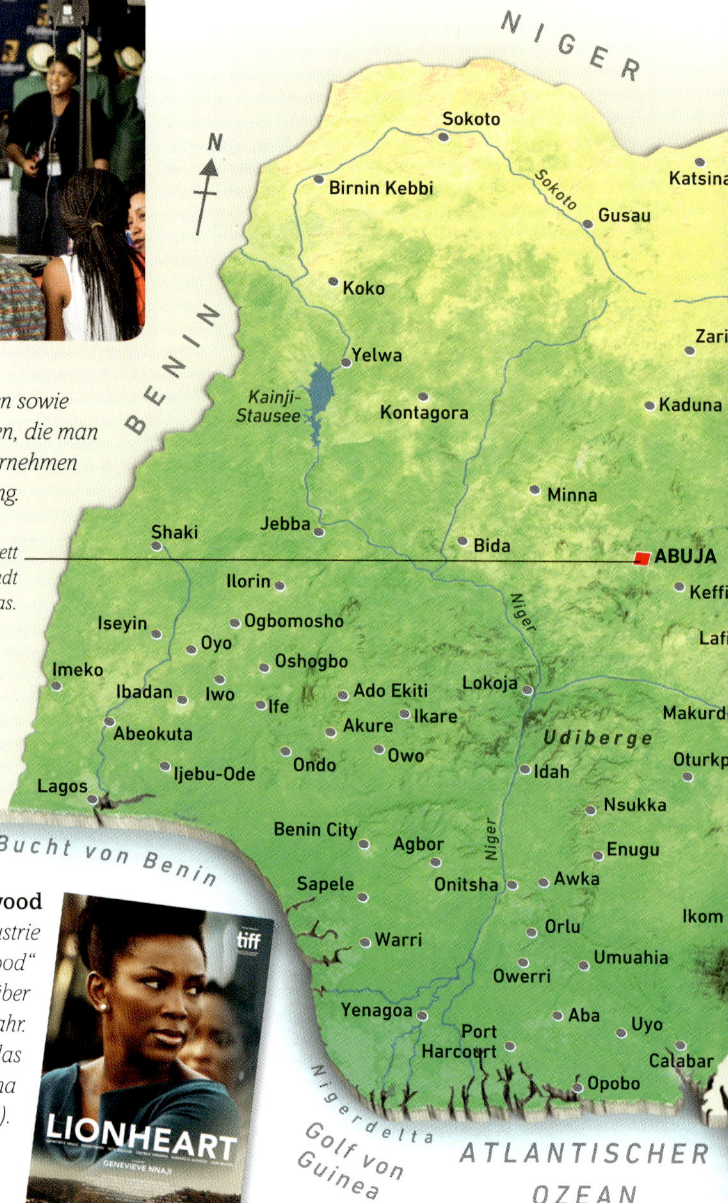

Abuja ist die am Reißbrett entworfene Hauptstadt im Zentrum Nigerias.

Hakeem Olajuwon
Der in Nigeria geborene Hakeem Olajuwon spielte in der National Basketball Association (NBA) der USA von 1984 bis 2002 und sicherte sich einen Platz in der Naismith Memorial Basketball Hall of Fame.

Nollywood
Die produktive Filmindustrie Nigerias, als „Nollywood" bekannt, produziert über 1500 Filme jedes Jahr. Ein Beispiel ist das Comedy-Drama Lionheart *(2018).*

- 923 768 Quadratkilometer
- 214 Millionen
- Abuja
- Hausa, Englisch, Yoruba, Ibo

Nigeria hat die **größte Bevölkerung** und die **höchste Wirtschaftsleistung** aller afrikanischen Staaten. Die **Ölindustrie** um Port Harcourt im **Nigerdelta** trägt dazu viel bei. Die Hälfte der Bevölkerung lebt in Städten. Lagos, die **größte Stadt Afrikas**, liegt an der Küste, während die **kleinere Hauptstadt Abuja** in den 1990ern im **Binnenland** gegründet wurde.

Megastadt
Die Geschäfts-, Industrie- und Hafenstadt Lagos ist auch ein blühendes kulturelles Zentrum mit vielen Universitäten. Sie erstreckt sich über mehrere Inseln einer Lagune und hat zwei große Handelshäfen.

Jollof-Reisgericht
Der nach dem Volk der Wolof (oder Jollof) benannte westafrikanische Reistopf enthält Fleisch, Tomaten, Zwiebeln, Paprika und Gewürze. Er wird oft auf Märkten angeboten.

Palmöl
Das Öl aus der Frucht der Ölpalme wird in vielen Teilen Afrikas zum Kochen genutzt. Nigeria ist einer der größten Palmölproduzenten der Welt.

Nigerianische Takte
Von dem legendären Fela Kuti bis zu heutigen Afrobeats-Stars wie Burna Boy (rechts) ist die nigerianische Musik weltweit erfolgreich.

Die Pferde sind wie ihre Reiter für die Straßenumzüge in vornehme Kostüme gekleidet.

Durbar-Festival
Das in nordnigerianischen Städten wie Kano gefeierte islamische Jahresfest markiert das Ende des Ramadan, des heiligen Monats. Es ist für die farbenfrohen Paraden und Pferdereiter bekannt.

Geografie: Vielfältige Landschaften reichen von trockener Savanne hin zu tropischen Wäldern und dem sumpfigen Nigerdelta.

Geschichte: Vor Tausenden von Jahren entstanden hier antike afrikanische Reiche. Nigeria wurde 1960 unabhängig.

Kultur: Über 250 ethnische Gruppen mit Hunderten Sprachen erhalten die traditionelle Kultur. Kunst, Literatur und Musik florieren.

Naturwunder: Dazu gehören das riesige Nigerdelta, die Ogbunike-Höhlen, Wasserfälle, die Thermalquelle von Ikogosi und Wildparks.

Äquatorialguinea

Ein Kapokbaum, auch Wollbaum genannt, ziert die Flagge.

Am Rand des Vulkans
Die Hafenstadt Malabo, die am Fuß eines Vulkans auf der Insel Bioko gebaut wurde, exportiert Kakao, Holz und Kaffee.

Sozialer Affe
Die nach den Menschenaffen größte Affenart, der Mandrill, lebt in großen Horden im Regenwald. Er ernährt sich von Früchten und Bodeninsekten.

Afrikameisterschaft
Fußball ist in Äquatorialguinea beliebt. Die Nationalmannschaft hat sich 2-mal für den Afrika-Cup qualifiziert.

Fünf Inseln und das Festlandsterritorium **Mbini** (auch **Río Muni** genannt) bilden Äquatorialguinea. Ein Ölboom war Auslöser für den Bau eines neuen Regierungssitzes, Ciudad de la Paz, im Regenwald.

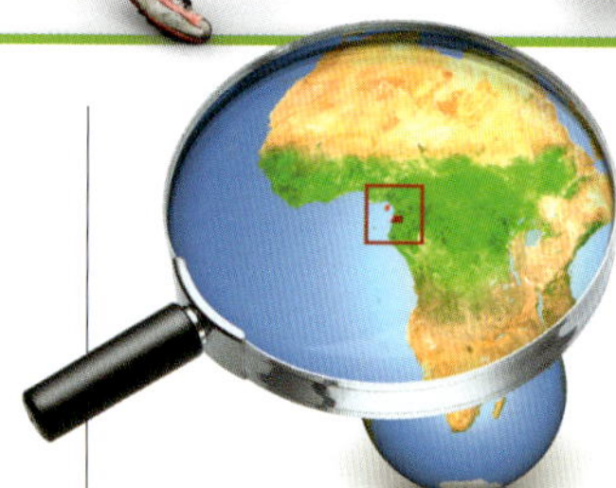

- 28 051 Quadratkilometer
- 836 000
- Malabo
- Spanisch, Fang, Bubi, Französisch

São Tomé und Príncipe

Schokoladeninseln
Schokoladenhersteller haben Kooperativen zum Anbau von Kakao gegründet, um die Nachfrage nach fair gehandelter Schokolade hoher Qualität zu decken.

Kakaofrucht

Pico Cão Grande
Der nadelförmige Pico Cão Grande („Große Hundespitze") ist ein Wahrzeichen der Insel São Tomé. Dieser vulkanische Berg erhebt sich 386 m über das Umland.

- 964 Quadratkilometer
- 211 000
- São Tomé
- Portugiesisches Kreol, Portugiesisch

Die beiden **bergigen Inseln** São Tomé und Príncipe und die umgebenden **Inselchen** liegen vor der Westküste Afrikas. Die **Regenwälder** sind voller **endemischer Vögel** wie dem Riesennektarvogel. Die **Hauptstadt** liegt auf der größeren der beiden Inseln.

Ekom-Nkam-Fälle
Der doppelte Wasserfall Ekom des Flusses Nkam im Herzen des üppigen Regenwalds Kameruns bei Nkongsamba hat eine Fallhöhe von 80 m.

Kürbisrassel
Dieses örtliche Instrument, Sekere *genannt, erzeugt einen Ton ähnlich einer Rassel.*

Kamerun

Goliathfrosch
Dieser in Kamerun und Äquatorialguinea heimische Frosch ist mit bis zu 1 m Länge die größte Froschart der Erde.

- 475 440 Quadratkilometer
- 27,8 Millionen
- Yaoundé
- Bamileke, Fang, 3 weitere Sprachen

Unter den vielfältigen Landschaften Kameruns sind **Vulkangebirge**, **tropische Regenwälder** und **Wüsten**. Es gilt als „Scharnier Afrikas", weil es West- und Zentralafrika verbindet und **kulturell sehr divers** ist.

Wächterfigur
Die Kota in Gabun fertigten kunstvoll verzierte Figuren an, Mbulu-Ngulu *genannt, die über die sterblichen Überreste der Ahnen wachen.*

Die Beine dieser Figur sind mit Messing überzogen.

Gabun

Mont-Bouët-Markt
Auf dem riesigen Markt im Stadtteil Mont-Bouët in Libreville gibt es alles – von Obst und Gemüse bis hin zu traditionellen Stoffen.

Schutz der Tierwelt
Der Loango-Nationalpark südlich von Omboué ist ein Schutzgebiet für viele Tiere – auch für das Westafrikanische Panzerkrokodil.

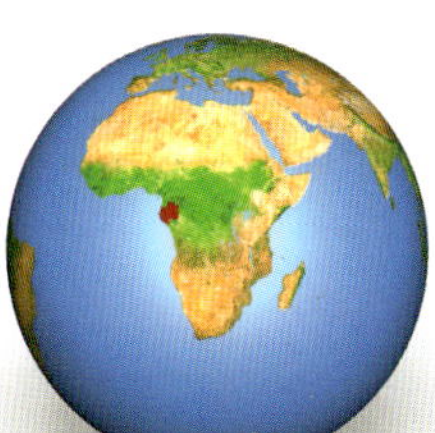

- 267 667 Quadratkilometer
- 2,2 Millionen
- Libreville
- Fang, Französisch, Punu, Sira, Njebi, Mpongwe

Das **bewaldete** Land an der **Westküste** Afrikas bemüht sich um Erhaltung und Schutz der Umwelt. Auf einem **Zehntel der Landfläche** sind Tiere und Pflanzen **geschützt**.

Zentralafrikanische Republik

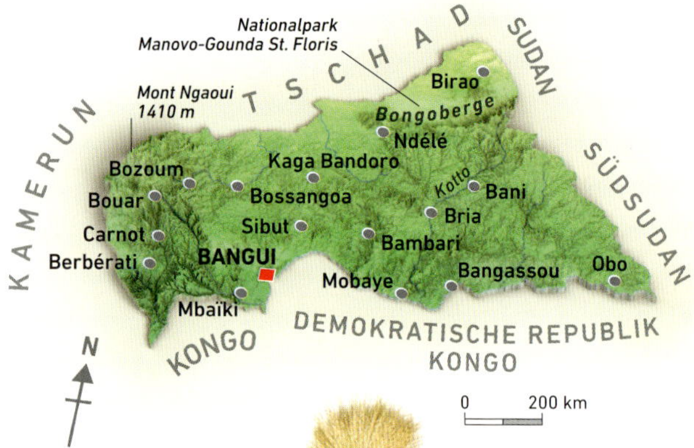

Flussfischerei
Der Fluss Ubangi liefert reichlich Nahrung. Die Männer fangen mit langen Netzen Fische und die Frauen bringen den Fang zum Markt.

Prächtiges Gefieder
Der Kronenkranich lebt in Feuchtgebieten im Norden des Landes, etwa dem Nationalpark Manovo-Gounda St. Floris südlich von Birao.

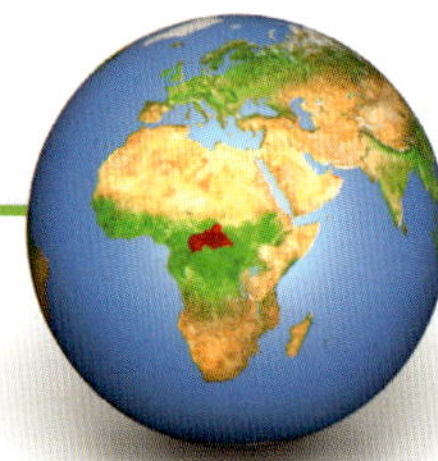

- 622 984 Quadratkilometer
- 6 Millionen
- Bangui
- Sango, Banda, Gbaya, Französisch

Die Zentralafrikanische Republik liegt im **Herzen Afrikas**. Die vielen **Flüsse** dienen als **Transport- und Verkehrswege**. In der Savanne im Norden liegt der Nationalpark **Manovo-Gounda St. Floris** mit Elefanten, Geparden und seltenen Spitzmaulnashörnern.

Kongo

Gefährdete Antilope
Der Bongo ist eine große Antilope mit gestreiftem Fell und langen Hörnern. Wegen der Waldzerstörung leben nur noch wenige in freier Natur.

Einzigartiger Sport
Nzango *ist ein hochenergetischer Sport mit zwei konkurrierenden Teams, der Gymnastik und Tanz vereint. Er entstand aus einem Kinderspiel.*

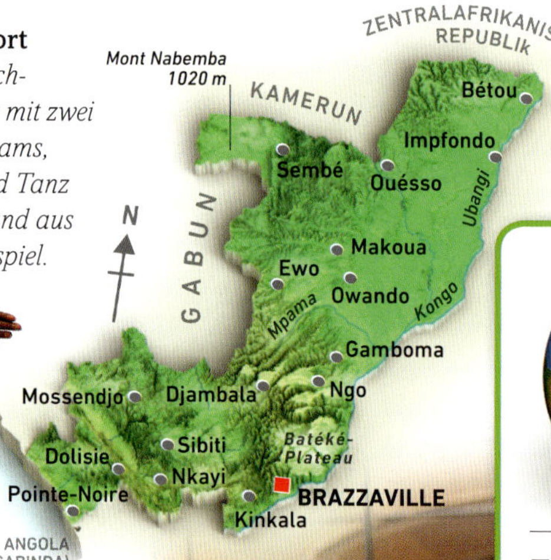

- 342 000 Quadratkilometer
- 5,3 Millionen
- Brazzaville
- Kongo, Teke, Lingála, Französisch

Etwa zwei Drittel des Landes sind **dichter Regenwald**. Die meisten Einwohner leben in Siedlungen und Städten an den Flüssen. Die Hauptstadt **Brazzaville** liegt am Kongo gegenüber von **Kinshasa**, der Hauptstadt der Demokratischen Republik Kongo.

Demokratische Republik Kongo

Einfach, aber robust
In einigen Landesteilen leben junge Leute vom Warentransport mit dem Chukudu – einem zuverlässigen, selbst gebauten Gefährt.

Das günstige Zweirad wird aus Holz und recyceltem Material gebaut.

Musikalische Metropole
Kinshasa, das mit 11 Mio. Einwohnern schnell wächst, ist die Wiege der kongolesischen Rumba-Tanzmusik.

Nyiragongo
Dieser aktive Vulkan im Ostafrikanischen Grabenbruch brach zuletzt 2002 aus. Im Krater hat sich ein Lavasee gebildet.

Verzierte Trommel
Eine Tradition im Volk der Vili, die in ganz Zentralafrika leben, sind diese einzigartigen Trommeln auf kunstvoll geschnitzten Figuren.

Die Menschenfigur, die die Trommel trägt, sitzt auf einem Leoparden.

Gesellige Affen
Die nur in den üppigen Regenwäldern entlang des Kongo lebenden Bonobos bilden friedfertige Gemeinschaften von 30 bis 100 Tieren.

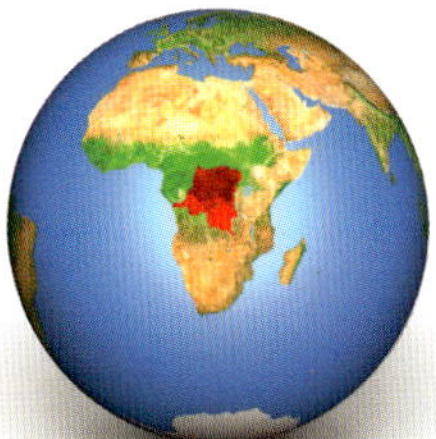

- 2 344 858 Quadratkilometer
- 101,8 Millionen
- Kinshasa
- Swahili, Tshiluba, 3 weitere Sprachen

Die früher offiziell Zaire genannte Demokratische Republik Kongo ist das **zweitgrößte Land Afrikas**. Es liegt am Äquator und hat ein warmes, **tropisches Feuchtklima** mit dem größten noch erhaltenen **Regenwald** Afrikas.

Einheimische Fischer
Nahe Kisangani fangen die Wagenya Fische in Reusen, die an Pfosten in den Stromschnellen des Kongo aufgehängt sind.

Burundi

Drei Sterne repräsentieren die großen Volksgruppen Burundis: Hutu, Tutsi und Twa.

Zentrum des Handels

Die größte Stadt, Bujumbura, ist eine Hafenstadt am Tanganjikasee für den Handel mit den Nachbarstaaten.

Chamäleon

Kinyongia rugegensis

Diese erst kürzlich entdeckte Chamäleonart lebt nur in den dichten Wäldern des Hochlands von Rugege im Nordwesten Burundis.

Die Trommeln macht man aus hohlen Baumstämmen und Tierhäuten.

Heilige Trommeln

Karyenda *sind heilige Instrumente. Sie symbolisieren die historische Königsmacht und werden bei Zeremonien wie Hochzeiten oder Trauerfeiern eingesetzt.*

- 27 830 Quadratkilometer
- 11,9 Millionen
- Gitega
- Kirundi, Swahili, Französisch

Das kleine Land wird vom **Tanganjikasee** begrenzt, einem tiefen See des Grabenbruchs. Die neue Hauptstadt **Gitega** ist auch das **kulturelle Zentrum**. Wichtige Produkte sind **Kaffee** und **Baumwolle**.

Königspalast

Dieses bienenkorbförmige, strohgedeckte Gebäude ist eine Rekonstruktion der traditionellen Residenz des Königs von Ruanda in Nyanza bei Nyabisindu, wo sich der Königshof 1899 niederließ.

Ruanda

Die Sonne steht für das Licht, das allmählich das Volk von Ruanda erleuchtet.

Kigali erstreckt sich über mehrere Hügel und Täler.

- 26 338 Quadratkilometer
- 12,7 Millionen
- Kigali
- Kinyarwanda, Swahili, Französisch, Englisch

Im **hügeligen Terrain** Ruandas liegen die **Virunga-Vulkane**. Üppige **Regenwälder** bedecken die Hänge. Sie sind der Lebensraum vieler **Affenarten**, darunter **Schimpansen**, **Goldmeerkatzen** und die seltenen **Berggorillas**.

Frauen, die in Kollektiven Kaffeebohnen sammeln, teilen den Gewinn.

Macht der Frauen

Frauen haben in Ruanda mehr Macht als in jedem anderen Land der Welt. Sie stellen 62 % der Parlamentsabgeordneten. 2020 lag Ruanda weltweit auf Rang 6 in Bezug auf Gleichberechtigung von Frauen und Männern.

Uganda

Am Ufer des Victoriasees
Kampala („Berg des Impala") erstreckt sich über mehrere Hügel am Ufer des Victoriasees. Es ist eine der am schnellsten wachsenden afrikanischen Städte.

Berggorilla
In den Regenwäldern des Landes leben etwa 450 seltene Berggorillas, die meisten im Nationalpark Bwindi Impenetrable im Südwesten des Landes.

Ruwenzorigebirge
Das an der Grenze zwischen Uganda und der Demokratischen Republik Kongo liegende Gebiet schneebedeckter Berge und Gletscher trägt auch den Spitznamen „Mondberge".

Klimaprotest
Vanessa Nakate ist eine Aktivistin aus Uganda, die weltweit Bewusstsein für die Gefahren von steigenden Temperaturen und Dürren für die Landwirtschaft und Nahrungssicherheit in Afrika schafft.

Victoriasee
Der See gehört anteilig zu den Ländern Uganda, Tansania und Kenia. Das Wasser ist reich an Fischen wie dem Nilbarsch.

- 241 038 Quadratkilometer
- 43,3 Millionen
- Kampala
- Luganda, Nkole, Chiga, Lango, Acholi, 3 weitere Sprachen

Uganda liegt zwischen dem **Albertsee** und dem **Eduardsee** im Nordwesten und dem **Victoriasee** – dem größten See Afrikas – im Süden. Der **Mount Stanley** im **Ruwenzorigebirge** ist der **dritthöchste Berg Afrikas**.

Tansania

Daressalam
Daressalam am Indischen Ozean ist die größte Stadt und der wichtigste Hafen von Tansania. Der Name ist arabisch und bedeutet „Haus des Friedens".

Schwarzkappenweber
Das Buschland in Ostafrika ist die Heimat dieser geselligen Webervögel. Sie leben in Kolonien und bauen Nester, die von den Zweigen der Akazienbäume herabhängen.

Tansanit
Der leuchtend blaue Schmuckstein Tansanit ist sehr selten und wird nur in den Mireranibergen nahe von Arusha abgebaut.

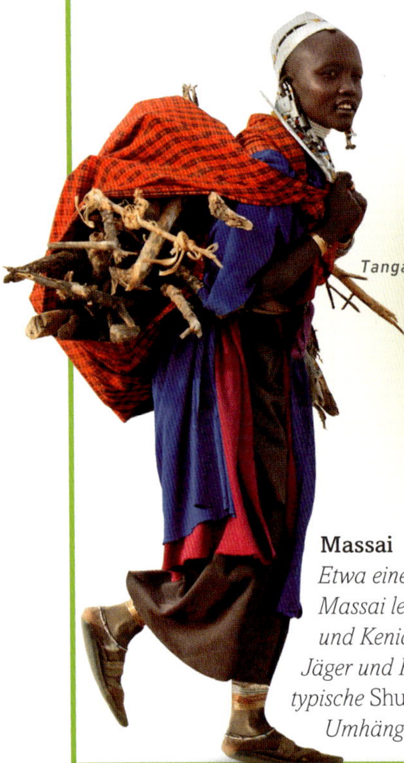

Massai
Etwa eine Million Massai leben in Tansania und Kenia. Die nomadischen Jäger und Rinderhirten tragen typische Shuka (deckenartige Umhänge) und Schmuck.

Gewürzinsel
Sansibar war lange ein Zentrum des Handels von Indien, Persien und Arabien mit Afrika. Heute werden immer noch Gewürze wie Gewürznelken exportiert.

947 300 Quadratkilometer
58,6 Millionen
Dodoma
Swahili, Sukuma, 9 weitere Sprachen

Tansania ist ein Land **hoher Berge**, üppiger **Küstenebenen**, **Savannen** und dem **Sansibar-Archipel**. Der **Serengeti-Nationalpark** ist berühmt für wandernde **Zebra-** und **Gnuherden**, und im Naturschutzgebiet um den Vulkan **Ngorongoro** leben **Nashörner** und **Elefanten**.

Kilimandscharo
Mit 5895 m Höhe ist dieser ruhende Vulkan der höchste Berg Afrikas.

Kenia

Flamingos am Bogoriasee
Zwergflamingos sammeln sich an diesem See des Ostafrikanischen Grabenbruchs nahe Nakuru, wo sie Salzwasserkrebse und Blaugrünalgen fressen. Diese Nahrung gibt den Vögeln ihre rosa Farbe.

Olympische Läufer
Athleten aus Kenia sind oft im Langstreckenlauf siegreich. David Rudisha gewann zwei olympische Goldmedaillen und hält den Weltrekord im 800-m-Lauf.

***Kiondo*-Taschen**
Die Kikuyu, Kamba und Taita flechten Taschen aus Sisalfasern, Kiondo genannt. Sie dienen zum Einkaufen oder zum Aufbewahren von Vorräten.

Die meisten Samburumädchen tragen Perlenhalsbänder.

Geothermiekraftwerk
Kenia baute als erstes Land Afrikas geothermische Kraftwerke. Man nutzt die Erdwärme im vulkanischen Ostafrikanischen Grabenbruch zur Stromerzeugung.

Samburu
In Nordkenia lebt das Volk der Samburu ein traditionelles Leben. Sie halten Rinder, wandern nomadisch auf der Suche nach Weiden und bauen Hütten aus Lehm und Gras.

Masai-Mara-Löwen
Hunderte Löwen leben in Rudeln im Naturschutzgebiet Masai Mara westlich von Nairobi zusammen mit Gnus, vielen Antilopenarten und anderen Großkatzen.

Berühmt ist Kenias **Tierwelt**: Jährlich wandern Millionen Tiere durch die **Masai Mara**, und Vögel schwärmen zu den Seen des **Grabenbruchs**. Die Hauptstadt **Nairobi** ist **geschäftig** und **modern**, die Hafenstadt **Mombasa** eine der **multikulturellsten** Städte Afrikas.

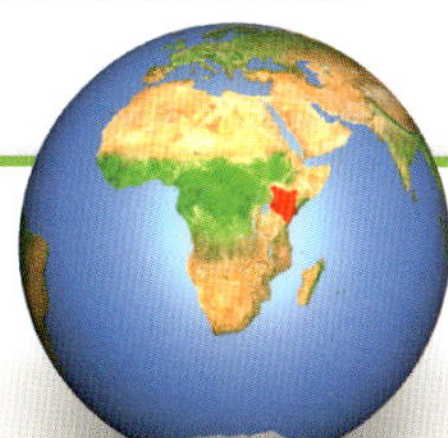

- 580 367 Quadratkilometer
- 53,5 Millionen
- Nairobi
- Swahili, Englisch, Kikuyu, 3 weitere Sprachen

Angola

Luanda
Die größte Stadt Angolas liegt an der Atlantikküste. Als Hafenstadt ist sie das Handelszentrum des Landes.

Palácio de Ferro (Eisenpalast)
Das von dem französischen Architekten Gustave Eiffel entworfene Gebäude wurde wohl zunächst in Paris errichtet, dann aber zerlegt und 1902 in Luanda neu aufgebaut.

Kunst der Chokwe
Die Chokwe in Nordostangola, Kongo und Sambia sind für ihre kunstvoll geschnitzten Figurinen, Trommeln und Masken bekannt.

Der Vogel hat eine rote Federhaube.

Rothaubenturako
Der nur in den Tropenwäldern Nordangolas lebende Vogel fällt durch seinen schrillen Gesang auf.

Steppenschuppentier
Schuppentiere sind die einzigen Säugetiere, die Schuppen haben. Diese Art lebt im ganzen südlichen Afrika.

Karneval in Angola
Der Karneval markiert den Beginn der Fastenzeit vor Ostern. Tänzer und Musiker treten in Straßenumzügen vor vielen Zuschauern auf.

- 1 246 700 Quadratkilometer
- 32,5 Millionen
- Luanda
- Portugiesisch, 3 weitere Sprachen

Das Land ist reich an **Bodenschätzen** wie Öl und Mineralen sowie an fruchtbarem Ackerland. Nach vielen Rückschlägen durch Bürgerkriege ist das **Wirtschaftswachstum** heute eines der höchsten in Afrika.

Sambia

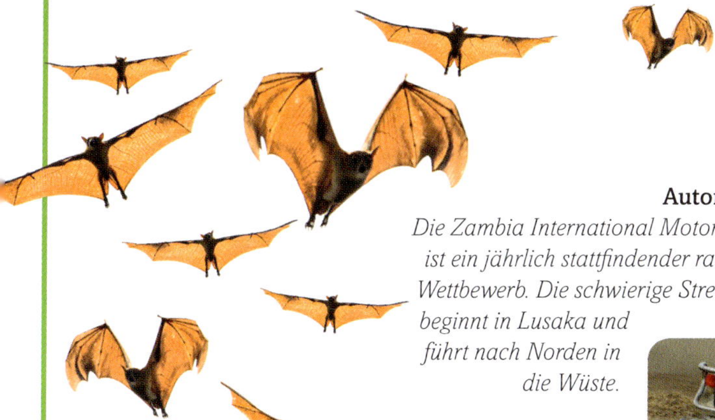

Autorallye
Die Zambia International Motor Rally ist ein jährlich stattfindender rasanter Wettbewerb. Die schwierige Strecke beginnt in Lusaka und führt nach Norden in die Wüste.

Flughundzug
Am Ende jeden Jahres fallen über 10 Mio. Palmenflughunde im Kasanka-Nationalpark in Nordsambia ein. Sie kommen aus Wäldern in der Demokratischen Republik Kongo, um die Früchte im Nationalpark zu fressen.

Körbe der Batonga
Die Batonga leben in Bauerndörfern um den Karibasee. Frauen flechten aus Palmblättern traditionelle Körbe.

Die Palmblätter werden gekocht, um sie weicher zu machen.

Circus Zambia
Diese Gruppe aus Lusaka zur Unterstützung benachteiligter junger Menschen lehrt neben Zirkustricks wichtige Fähigkeiten und liefert Geld für die Bildung.

Sambesi
Dieser große Fluss beginnt in Sambia und fließt auf seinem Weg zum Indischen Ozean durch sechs Länder. Mit 2574 km ist er der viertlängste Fluss Afrikas.

- 752 618 Quadratkilometer
- 17,4 Millionen
- Lusaka
- Bemba, Tonga, 5 weitere Sprachen

Dieses zerfurchte Land im Süden Afrikas besitzt **20 Nationalparks** und große **geschützte Wälder** mit einer reichen Tierwelt. Sambia wurde nach seinem **größten Fluss**, dem **Sambesi**, benannt.

Namibia

Gepard
Mit mehr als 1400 frei lebenden Geparden hat Namibia die größte Population aller Länder. Der Cheetah Conservation Fund mit Sitz in der Stadt Otjiwarongo schützt diese seltenen Tiere.

Düne 7
Riesige Sanddünen wandern durch die Namib. Die höchste ist Düne 7, die 383 m hoch ist.

Windhoek („windige Ecke") ist die größte Stadt Namibias.

Traditionelle Odelela-*Stoffe haben rote, rosa und schwarze Streifen.*

Ovambo
Die größte ethnische Gruppe in Namibia, die Ovambo, stellen über die Hälfte der Bevölkerung des Landes.

Herero-Puppen
Frauen aus dem Volk der Herero stellen handgefertigte traditionelle Puppen her und geben ihnen Kleider, die ihren eigenen bunten Kleidern ähneln.

Die Namib ist eine Wüste, die sich mit 1900 km Länge in der Küstenebene erstreckt.

- 824 292 Quadratkilometer
- 2,6 Millionen
- Windhuk (Windhoek)
- Ovambo, Kavango, Englisch, Bergdama, Deutsch, Afrikaans

Namibia liegt an der **Südwestküste Afrikas**. Das weite Land mit **Wüsten**, **Bergen** und **Steppen** ist fast völlig **arid**, also so trocken, dass nur wenige Pflanzen wachsen können. Es war einer der ersten Staaten, der den **Umweltschutz als Staatsziel** in die Verfassung schrieb.

Deadvlei
Dramatisch wirken die Silhouetten längst abgestorbener Bäume im Deadvlei („Tote Senke") vor den roten Dünen der Namib. Wie das benachbarte Sossusvlei ist Deadvlei eine weiße Salztonpfanne.

Mopane-Wurm
Die große Raupe einer Nachtfalterart ist eine Delikatesse, die man in Simbabwe entweder sonnengetrocknet oder gebraten in Soße isst.

Simbabwe

Ruhmeskrone
Die feurig rot-gelbe Blume aus der Ordnung der Lilienartigen ist die geschützte Nationalpflanze Simbabwes.

390 757 Quadratkilometer
14,5 Millionen
Harare
Shona, isiNdebele, Englisch

Dieser **Binnenstaat** war ab dem 11. Jh. das Herz von **Handelsreichen** wie dem mittelalterlichen **Groß-Simbabwe**. Das Land ist berühmt für seine Landschaft und die Tierwelt der **Bergrücken** und **Flusstäler**.

Victoriafälle
Sie gehören zu den größten Wasserfällen der Erde und erstrecken sich über 1708 m entlang des Sambesi.

Malawisee
Der Malawisee (oder Njassasee) ist einer der größten Seen Afrikas. In ihm leben über 850 verschiedene Arten von Buntbarschen.

Malawi

Die Nationalflagge zeigt eine aufgehende Sonne als Symbol für Hoffnung auf ein freies Afrika.

118 484 Quadratkilometer
21,2 Millionen
Lilongwe
Chewa, Lomwe, Yao, Ngoni, Englisch

Der **Ostafrikanische Grabenbruch**, an dem Platten der Erdkruste auseinanderdriften, verläuft durch dieses **lange**, **schmale** Land. Der in dem Graben entstandene **Malawisee** (oder Njassasee) ist einer der **großen Seen** Afrikas. Er ist 580 km lang und 75 km breit.

Gefärbte Kleider
Viele Frauen im südlichen Afrika tragen traditionell Chitenge, *einen bunt gemusterten Stoff, als Wickelrock oder Kopfschmuck. Er wird auch zu Hemden, Blusen und Kleidern verarbeitet.*

Botsuana

Okavango
Der Okavango ist 1700 km lang und fließt in die Kalahari, wo er ein riesiges Binnendelta mit Feuchtgebieten und Schwemmebenen bildet. Hier leben einige der am stärksten gefährdeten Tiere wie Nashörner und Löwen.

Termitenhügel als Ofen
Verlassene, aber noch stabile Termitenhügel werden zu Backöfen für Brot oder Fleisch umfunktioniert, da sie die Wärme sehr gut halten.

Man bohrt ein Loch in die Seite, durch das der Rauch abzieht.

Kalahari
Der Sand der Kalahari bedeckt über 84 % von Botsuana. Diese Wüste ist nach der Sahara die zweitgrößte Afrikas.

Erdmännchentrupp
Erdmännchen, die zu den Katzenartigen gehören, kommen nur im südlichen Afrika vor. Sie leben in großen Kolonien in den Ebenen Botsuanas.

Hauptstadt
Die größte Stadt Botsuanas, Gaborone, ist auch Regierungssitz. Neben vielen historisch-kulturellen Stätten liegt auch ein Wildreservat innerhalb der Stadt.

San-Jäger präparieren ihre Pfeile mit einem Gift aus Käferlarven.

San
Seit 20 000 Jahren lebt dieses Volk nomadisch in der Kalahari. Als geschickte Jäger, Fischer und Sammler können sie in der harschen Umwelt gut überleben.

- 581 730 Quadratkilometer
- 2,3 Millionen
- Gaborone
- SeTswana, Englisch, 4 weitere Sprachen

Botsuana nennt man auch das **„Juwel Afrikas“** wegen seiner Diamantvorkommen. Ein Großteil des Landes ist **Wüste**, aber es gibt auch ein üppiges **Flussdelta**, **Ebenen** und **Hochebenen** mit einer vielfältigen **Tierwelt**.

Mosambik

Schutz der Mangroven
Die salzwassertoleranten Mangrovenbäume bilden ein wichtiges Feuchtgebietsökosystem. Viele stehen nahe der Hauptstadt Maputo, und Mosambik hat sich zu ihrem Schutz verpflichtet.

Bahnhof von Maputo
Das Anfang des 20. Jh. im viktorianischen Stil errichtete Gebäude hat eine große Kuppel, eine bemerkenswerte grüne Fassade und verzierte Säulen.

Der Gorongosa-Nationalpark vereint den Naturschutz und die Bedürfnisse der Bevölkerung.

Piri Piri
Diese kleine, aber scharfe Chilisorte wird in Mosambik angebaut. Mit Knoblauch und anderen Zutaten ergibt sie die populäre Piri-Piri-Soße.

Warzenschwein
Diese große Schweineart durchstreift die Grasländer des Gorongosa-Nationalparks, wie auch eine Vielzahl anderer Tiere.

Sportstar
Die mosambikanische Läuferin Maria Mutola ist dreifache Weltmeisterin im 800-m-Lauf und hat an drei Olympischen Spielen teilgenommen.

Unberührte Küste
Die 2500 km lange Küste von Mosambik besitzt Korallenriffe, reinweiße Sandstrände und tropische Inseln.

- 799 380 Quadratkilometer
- 30 Millionen
- Maputo
- Portugiesisch, 10 weitere Sprachen

Mit seiner **langen Küste** ist Mosambik für seine **schönen Strände** bekannt, aber auch für das **fruchtbare Land** und die **Bodenschätze**. Der Fluss **Sambesi** verläuft mitten durch Mosambik.

Südafrika

Der Rohdiamant „Cullinan Heritage“ wiegt etwa 507 Karat.

Diamantbergbau
Das Land ist einer der führenden Produzenten von Diamanten in Schmuckqualität, die in sieben großen Bergwerken abgebaut werden.

Vater der Nation
Der Revolutionär, Staatsmann und Friedensnobelpreisträger Nelson Mandela (1918–2013) ist eine Ikone des modernen, demokratischen Südafrika. Er wurde Mandiba genannt: „Vater der Nation“.

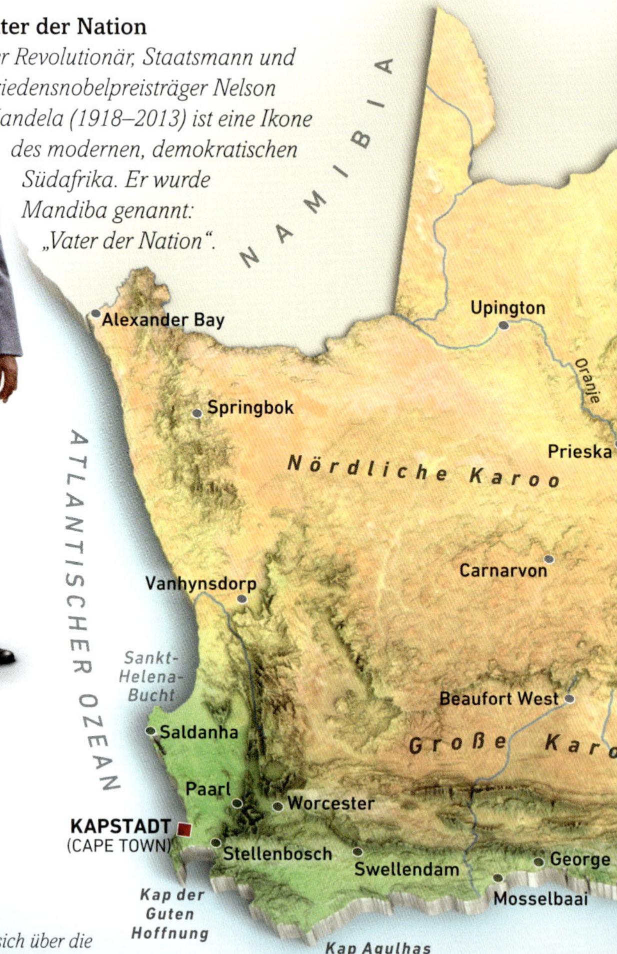

Ndebele
Die vielfältig handwerklich geschickten Ndebele stellen unter anderem bunte, gemusterte Perlenarbeiten, Matten und Puppen her.

Weltoffene Stadt
Das schon vor Jahrtausenden besiedelte Kapstadt zog immer schon dank des natürlichen Hafens Seefahrer an. Heute ist es eine multikulturelle Stadt.

Der Tafelberg erhebt sich über die Stadt. Die flache Gipfelebene erreicht man zu Fuß oder mit einer Seilbahn.

Das an der Südspitze Afrikas gelegene Südafrika ist heute für seine **Diversität** bekannt – eine „**Regenbogennation**“ mit **11 offiziellen Sprachen**. Es ist eines der **reichsten** afrikanischen Länder und das einzige Land der Welt mit **drei Hauptstädten**: **Pretoria** (Verwaltung), **Kapstadt** (Gesetzgebung) und **Bloemfontein** (Rechtsprechung).

- 1 219 090 Quadratkilometer
- 56,5 Millionen
- Pretoria, Kapstadt und Bloemfontein
- Englisch, isiZulu, isiXhosa, Afrikaans, 7 weitere Sprachen

Johannesburg ist die größte und modernste Stadt.

Kruger-Nationalpark
Giraffen, Elefanten, Löwen, Leoparden, Nashörner und Gnus sind einige der Tiere, die durch den größten Nationalpark des Landes ziehen.

Königsprotea
Diese tropische Blume, die in Südafrika heimisch ist, ist die Nationalpflanze.

Xhosa
Die Xhosa sind die zweitgrößte ethnische Gruppe. Historisch mit der Kapregion verbunden, leben sie heute in allen Teilen Südafrikas.

Traditionell tragen verheiratete Frauen eine gestickte Schürze.

Ein Junge hat sich für eine Show in einem Zulu-Kulturdorf traditionell angezogen.

Zulu
Die größte ethnische Gruppe des Landes sind die Zulu. Männliche Krieger trugen traditionell Tierfelle und Federn.

Die „Springboks“
Die südafrikanische Rugbymannschaft gewann 2019 den World Cup – zum dritten Mal seit 1995, als „ein Team, ein Land“ die nationale Einheit symbolisierte.

Geografie: Südafrika wird von einer Hochebene dominiert, umgeben von Grasländern, Wüsten und schmalen Küstenebenen.

Geschichte: Das System der Rassentrennung (Apartheid) endete 1994, als Nelson Mandela der erste schwarze Präsident wurde.

Kultur: Die lebhafte Kultur mischt viele Traditionen in Literatur und Musik, mit Künstlern wie der Sängerin Miriam Makeba.

Naturwunder: Die bizarren Drakensberge stehen im Kontrast zur „Gartenroute“ an der Küste westlich von Port Elizabeth.

Tierwelt: Südafrika ist der Lebensraum einer reichen Vielfalt an Tieren, darunter über 200 Säugetierarten und 800 Vogelarten.

Eswatini

Sibebe
Mit 1488 m Höhe ist der Sibebe der größte Granitpluton an der Erdoberfläche. Sein Spitzname ist „Glatzenstein“.

Swazi-Kulturdorf
In diesem lebendigen Museum nahe Lobamba wird der traditionelle Lebensstil der Swazi gezeigt. In den Hütten demonstrieren Dorfbewohner Besuchern ihre Gebräuche.

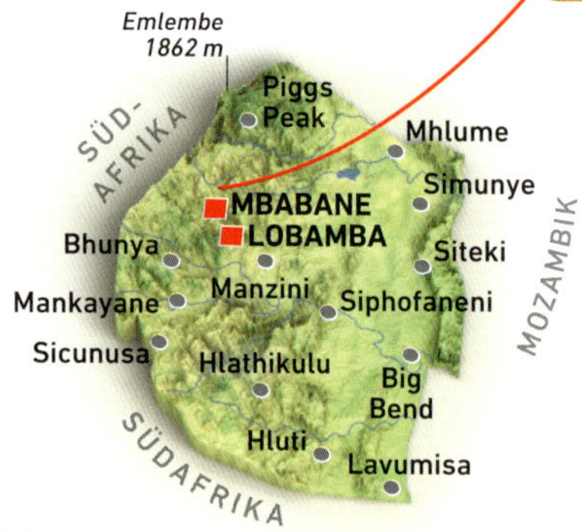

Markt von Manzini
Der bekannteste Markt in Eswatini wird wöchentlich in Manzini abgehalten. Lokale Händler verkaufen Handwerkswaren wie gefärbte Stoffe, Holzskulpturen, Flechtkörbe und Töpfereiwaren.

- 17 364 Quadratkilometer
- 1,1 Millionen
- Mbabane, Lobamba
- Englisch, siSwati, isiZulu, Xitsonga

Eswatini hieß **bis 2018 Swasiland**, als der König es umbenannte. Es ist eines der **kleinsten Länder Afrikas** und hat **zwei Hauptstädte**: **Mbabane** (Parlament) und **Lobamba** (Sitz der Königsfamilie). Die Naturschutzgebiete sind für **Vögel** und große **Säugetiere** berühmt.

Lesotho

Reiter
Viele Bergdörfer sind nur mit dem Pferd erreichbar. Reiter tragen oft die kegelförmigen Schilfhüte der Basotho.

Spiralaloe
Die stacheligen Blätter dieser sukkulenten Pflanze wachsen in einem Spiralmuster. Sie kommt nur in den Drakensbergen natürlich vor.

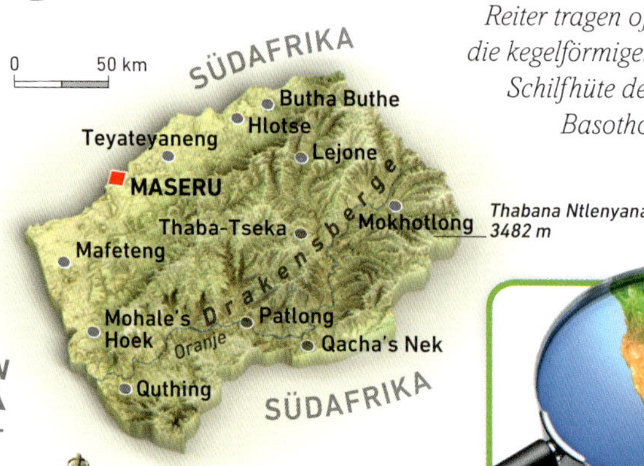

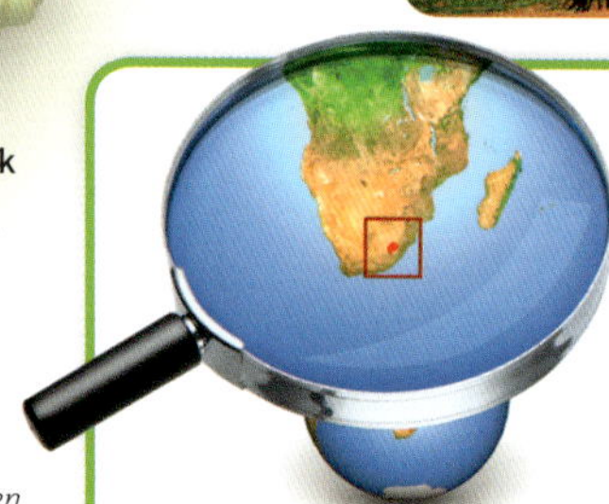

- 30 355 Quadratkilometer
- 2 Millionen
- Maseru
- Sesotho, Englisch, isiZulu

Da das ganze Land mehr als **1400 m über Meereshöhe** liegt, heißt Lesotho auch das **„Königreich im Himmel“**. Es ist auf allen Seiten von Südafrika umgeben und hat eine **dramatische Landschaft** aus Bergen und Flüssen.

Musiker spielen Gitarren und Trommeln aus Öldosen und ein Akkordeon.

Basotho-Decken
Die Basotho weben traditionelle Wolldecken und tragen sie als warme Umhänge während der kalten Winter in den Bergländern Lesothos.

Madagaskar

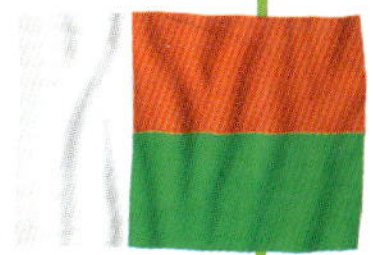

Panther-
chamäleon

Die Schoten sind die Früchte der Vanille-Orchidee.

Vanilleschote
Über zwei Drittel der Weltproduktion von Vanille kommt aus Madagaskar.

Kometenfalter

Tierwelt Madagaskars
Unter den nur hier vorkommenden Tieren gibt es etwa 40 Lemurenarten, die Hälfte der Chamäleons der Erde und einen großen Schmetterling, den Kometenfalter.

Katta (eine Lemurenart)

Sonnenenergie
Vielfach mangelt es auf der Insel an Strom, aber der reichliche Sonnenschein das ganze Jahr über ermöglicht es, mit Solarzellen nachhaltig Strom zu erzeugen.

Farbenfrohe *Lambas*
Die Sakalaya sind eine der vielen ethnischen Gruppen Madagaskars. Traditionell tragen Männer und Frauen Wickelröcke, die Lambas.

Grandidier-Affenbrotbäume
Der Stamm der seltenen Affenbrotbaumart wird bis zu 3 m dick. Er gibt Menschen und Tieren Wasser, Nahrung und Schutz.

- 587 041 Quadratkilometer
- 27 Millionen
- Antananarivo
- Malagasy, Englisch, Französisch

Madagaskar vor der Südostküste Afrikas ist die **fünftgrößte Insel** der Erde. Sie wurde um 550 v. Chr. besiedelt, später kamen Menschen **vieler Völker** aus Asien und Afrika. Dank der **isolierten Lage** entstand in den Regenwäldern eine **einzigartige Flora** und **Fauna**.

Seychellen

Coco de Mer (Seychellennuss)
Die Coco de Mer ist die Frucht der Seychellenpalme, die nur hier wächst. Die Inselbewohner essen diese seltene Nuss oder verschenken sie, aber sie verkaufen sie niemals.

Seychellennüsse können bis zu 17,6 kg schwer werden.

Überwältigender Sandstrand
Der regelmäßig als atemberaubendster Strand der Welt bezeichnete Anse Source d'Argent besitzt sich im Wind wiegende Palmen, Felsen, weichen Sand und klares, flaches Wasser.

Fleischfresser
Die Perville-Kannenpflanze ist die einzige fleischfressende Kannenpflanze auf den Seychellen. Die Blätter bilden eine tödliche Falle für Insekten.

Mauritius

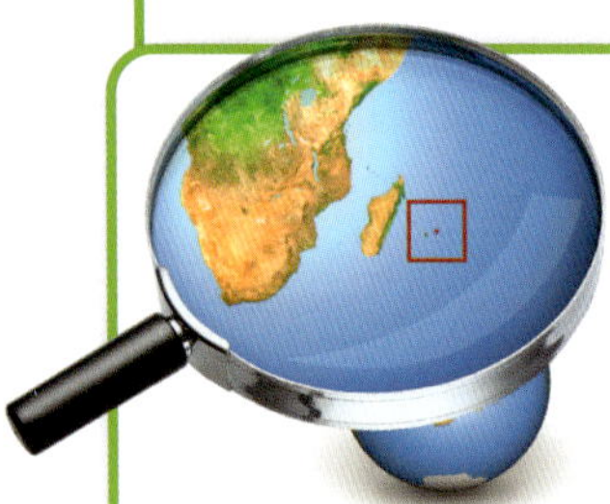

- 2040 Quadratkilometer
- 1,4 Millionen
- Port Louis
- Franz. Kreol, 6 weitere Sprachen

Die **malerische Insel** Mauritius im Indischen Ozean hat über 170 km **spektakuläre Küste**. Vulkanische **Berge** mit dichten **Regenwäldern** erheben sich steil im Zentrum der Insel.

Preisgekrönte Architektur
Das Gebäude der Mauritius Commercial Bank in Port Louis des mauritischen Architekten Jean-Francois Koenig hat zahlreiche Designpreise gewonnen.

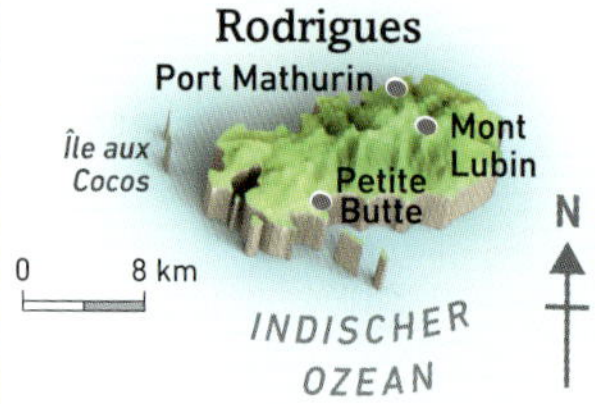

Unterwasser-Wasserfall
Im flachen Wasser der Halbinsel Le Morne transportieren Strömungen den Sand und lagern ihn am Meeresboden ab. Es sieht aus, als gäbe es einen Wasserfall unter den Wellen.

Paradies-Fruchttaube

Die in den dichten Wäldern vieler der Inseln der Seychellen lebende Taube ernährt sich von tropischen Früchten.

Hauptstadt der Inseln

Die Hauptstadt Victoria auf der Insel Mahé hat grüne Palmen und ein Gemisch vieler Architekturstile, darunter einen viktorianischen Glockenturm von 1903.

Aldabra-Riesenschildkröte

Das Aldabra-Atoll ist die Heimat dieser seltenen Schildkröte. Sie wiegt bis zu 250 kg und wird 150 Jahre alt.

- 455 Quadratkilometer
- 96 000
- Victoria
- Franz. Kreol, Englisch, Französisch

Die Seychellen, ein Archipel von **115 Granit- und Koralleninseln** vor der Ostküste Afrikas, wurden im 18. Jh. besiedelt. Es ist **das kleinste Land** des Kontinents, hat aber eine diverse Bevölkerung. Es ist für seine **Strände** und **Riffe** berühmt.

Komoren

Süßer Duft

Die duftenden gelben Blüten des Ylang-Ylang-Baums wachsen das ganze Jahr über auf den Komoren. Aus ihnen gewinnt man Parfüme und essenzielle Öle.

Große Moschee von Moroni

Muslime beten täglich in dieser Moschee aus dem 19. Jh. Viele Komorer haben arabische oder persische Wurzeln.

Dekorative Kleidung

Auf den Komoren tragen Frauen traditionell den Shiromani, ein umhangartiges Kleidungsstück aus einem farbigen, gemusterten Stoff, sowie ein passendes Kopftuch.

Im Gesicht trägt man Msinzano, eine Creme aus Sandelholz und Korallen.

- 2235 Quadratkilometer
- 846 300
- Moroni
- Arabisch, Komorisch, Französisch

Die **drei Vulkaninseln** der Komoren im Indischen Ozean nennt man die „**parfümierten Inseln**", weil **duftende tropische Pflanzen** so häufig sind. Durch den Handel mit **Gewürzen** wie **Vanille** und **Nelken** ließen sich **Menschen aus vielen Kontinenten** hier nieder.

EUROPA

Barents-
see
Europäisches
Nordmeer
ISLAND
FINNLAND
SCHWEDEN
Skandinavien
NORWEGEN
Bottnischer
Meer-
busen
Färöer
(Dänemark)
Shetland-
Inseln
ATLANTISCHER OZEAN
Väner-
see
Vätter-
see
Gotland
Ostsee
Orkney-
Inseln
Äußere
Hebriden
Nordsee
DÄNEMARK
IRLAND
VEREINIGTES
KÖNIGREICH
NIEDERLANDE
DEUTSCH-
LAND
Rhein
TSCHECHISCHE
REPUBLIK
BELGIEN
LUXEMBURG
LIECHTENSTEIN
ÖSTERREICH
Seine
Kanalinseln
ALPEN
SLOWENIEN
FRANKREICH
SCHWEIZ
N
0
300 km
Golf von
Biscaya
Zentral-
massiv
SAN
MARINO
Ape
ITALIEN
ANDORRA
MONACO
Pyrenäen
Korsika
VATIKAN-
STADT
SPANIEN
Sardinien
PORTUGAL
Iberische
Halbinsel
Tagus
Mallorca
Menorca
Ibiza
Balearen
AFRIKA
Gibraltar
(Großbritannien)

Nowaja Semlja
ASIEN
Uralgebirge
Kola
Onegasee
Ladogasee
Nordeuropäisches Tiefland
RUSSLAND
Mittelrussische Platte
Wolgaplatte
Wolga
STLAND
LETTLAND
LITAUEN
liningrad
ussland)
BELARUS
Kaspisches Meer
Elbrus 5642 m
Kaukasus
Dnipro
UKRAINE
POLEN
Karpaten
MOLDAU
SLOWAKEI
RUMÄNIEN
Schwarzes Meer
UNGARN
ASIEN
ROATIEN
Donau
BOSNIEN
U. HERZEGOWINA
SERBIEN
BULGARIEN
TÜRKEI
KOSOVO
MONTENEGRO
NORD-MAZEDONIEN
driatisches Meer
ALBANIEN
inen
GRIECHENLAND
rhenisches Meer
Ionisches Meer
Kreta
Sizilien
MALTA
Mittelmeer

Die Flagge wird „Union Jack“ genannt.

Großbritannien

Die Basaltsäulen sehen wie Treppenstufen für Riesen aus.

Giant's Causeway
Diese spektakulären hexagonalen Basaltsäulen des „Damm des Riesens“ an der Küste Nordirlands entstanden vor 20 Mio. Jahren aus vulkanischer Lava.

Mittelalterliche Festungen
Im Vereinigten Königreich gibt es viele Burgen – Festungen früherer Herrscher. Burg Harlech in Wales (links) aus dem 13. Jh. ist gut erhalten.

Cream Tea
Der Nachmittagstee mit Scones, Konfitüre, Streichrahm und Tee ist eine nationale Tradition.

Karibischer Karneval
London ist sehr multikulturell, und der jährliche Notting Hill Carnival feiert die karibische Kultur. Millionen kommen und genießen die Livemusik, Tänze und bunte Umzüge.

Kanalinseln
Guernsey, Jersey und andere Inseln im Ärmelkanal stehen unter Selbstverwaltung.

Das Vereinigte Königreich Großbritannien und Nordirland besteht aus vier Ländern: **England**, **Schottland** und **Wales**, die auf der Insel Großbritannien liegen, sowie **Nordirland**. Seine Geschichte war oft mit der Weltgeschichte verknüpft. Heute ist es für die **Königsfamilie**, **Theater** und **Musik** und seine **roten Busse** bekannt.

- 243 610 Quadratkilometer
- 66 Millionen
- London
- Englisch, 3 weitere Sprachen

Raue Landschaft

Zur Landschaft des Königreichs gehören sanfte grüne Hügel, Moore und die felsige Küste. Schottland ist für schroffe Gebirge und unberührte Wildnis bekannt, etwa auf der Insel Skye (oben).

Laute Sackpfeife

Den Dudelsack im Kilt, der traditionellen Tracht, zu spielen, ist in Schottland und Irland beliebt. Sein Ton sollte einst bei Schlachten den Feind einschüchtern.

Engel des Nordens

Mit 20 m Höhe dominiert die Stahlskulptur Angel of the North *des britischen Künstlers Antony Gormley seit 1998 die Landschaft Nordostenglands.*

Sherlock Holmes

Der schottische Autor Arthur Conan Doyle (1859–1930) schuf den berühmten Detektiv Sherlock Holmes mit Romanen wie Der Hund von Baskerville.

Superstadt

Die Themse fließt durch London, eine der ältesten Großstädte, das heute eine geschäftige Metropole mit fast 9 Mio. Einwohnern ist.

Der Shard („Scherbe") ist ein 95-stöckiger Wolkenkratzer mit Panoramablick.

Geografie: Die höchsten Berge liegen in Schottland und Wales. Die Pennines, ein Mittelgebirge, gelten als „Rückgrat Englands".

Geschichte: Im Vereinigten Königreich begann die industrielle Revolution, die zu einem enormen Wirtschaftswachstum führte.

Kultur: Kricket, Rugby und Fußball wurden erstmals hier gespielt. Britische Literatur, Musik und Theater sind weltweit populär.

Naturwunder: Dazu gehören der Lake District in England, Loch Ness in Schottland und der Berg Snowdon in Wales.

Irland

Schlehdorn
Der in Irland heimische robuste Dornbusch trägt weiße Blüten im Frühjahr und schwarze Beeren im Herbst.

Irische Volksmusik
Der Folk gehört zur irischen Tradition. Das wichtigste Instrument ist die Geige, meist Fiddle genannt.

Trinity College
An dieser 1595 gegründeten berühmten Universität in Dublin studierten viele bekannte irische Schriftsteller, etwa Bram Stoker und Oscar Wilde.

Irischer Stepp
Für den seit dem 19. Jh. beliebten irischen Volkstanz sind ein aufrechter Körper und schnelle Beinbewegungen typisch.

Gälischer Fußball
In dem rasanten irischen Spiel kann man den Ball treten, fangen und werfen.

Skellig-Inseln
Vor der Südwestküste Irlands liegen zwei kleine Felseninseln, die Seevögeln wie Basstölpeln und Papageitauchern Zuflucht bieten.

- 70 273 Quadratkilometer
- 5,2 Millionen
- Dublin
- Englisch, Irisch-Gälisch

Irland gehörte lange Zeit zum Vereinigten Königreich, bis der **Großteil der Insel** 1921 **unabhängig** wurde. Die heutige **Republik** hat eine überwiegend katholische Bevölkerung. **Nordirland**, das etwa zur Hälfte protestantisch ist, blieb im Vereinigten Königreich.

Island

Eishöhlen
Der Vatnajökull ist einer der größten Gletscher Europas. Im Sommer bilden sich unter der Oberfläche Schmelzwasserkanäle, die das Eis durchschneiden und enorme Höhlen bilden.

Papageitaucher
Die in den nördlichen Regionen des Nordatlantiks heimischen Papageitaucher leben schwimmend auf dem Meer, bilden aber im Frühjahr Brutkolonien an Land. Ihr Name leitet sich vom bunten Schnabel ab.

Hallgrímskirkja
Die ungewöhnlich geformte Hallgrímskirkja ist die größte Kirche Islands. Sie wurde 1986 vollendet und ist 74 m hoch. Von der Turmspitze hat man eine spektakuläre Sicht über die Hauptstadt Reykjavík.

Islandpferde
Wikinger, die die Insel besiedelten, brachten im 9. und 10. Jh. Pferde nach Island. Die kleinen, stämmigen Tiere sind robust und zäh und kommen mit jedem Terrain zurecht.

- 103 000 Quadratkilometer
- 350 730
- Reykjavík
- Isländisch

Die **isolierte Insel** im Nordatlantik liegt südlich des Polarkreises. Man nennt Island das „**Land aus Feuer und Eis**“, da es viele aktive **Vulkane**, **Lavafelder**, **Geysire**, **heiße Quellen** und **Gletscher** gibt.

Polarlicht
Die auch Aurora borealis oder Nordlicht genannte Lichterscheinung sieht man oft in klaren Winternächten. Das Naturphänomen entsteht durch den Sonnenwind (Teilchen von der Sonne), der hoch in der Atmosphäre auf Sauerstoff- und Stickstoffmoleküle trifft.

Norwegen

Fjordlandschaft
700 m über dem See Ringedalsvatnet bietet der Felsvorsprung Trolltunga („Trollzunge") einen atemberaubenden Blick über die umgebenden Fjorde.

Auf Jagd
In den Wäldern jagen einzelgängerische Vielfraße nach Beute, darunter auch Elche und Ziegen.

Achtung, Trolle!
Die mythischen Trolle gelten als Glücksbringer. Man sieht sie auf Schildern, aber vor allem als Souvenir!

Sámi
Etwa 100 000 indigene Sámi leben in Nordnorwegen. Sie betreiben traditionell Rentierzucht, Fischfang und Ackerbau.

Stabkirche von Heddal
Im Mittelalter wurden viele Kirchen mit Wänden aus senkrechten Holzpfosten erbaut. Nur 28 dieser sogenannten Stabkirchen stehen heute noch. Die Kirche von Heddal ist die größte.

Skilanglauf
Schnee bedeckt im Winter den Großteil Norwegens. Langlaufen ist beliebt als Sport und als alltägliche Fortbewegung.

- 323 802 Quadratkilometer
- 5,5 Millionen
- Oslo
- Norwegisch, Sámi

Die dramatische Landschaft Norwegens ist eine Wildnis **eisiger Gletscher** und **Fjorde**: lange, tief eingeschnittene Buchten zwischen steilen Bergen. **Zwei Drittel** Norwegens sind **zerklüftete Gebirge**, und etwa **50 000 winzige Inseln** liegen vor der langen, zerfurchten Küste.

Dänemark

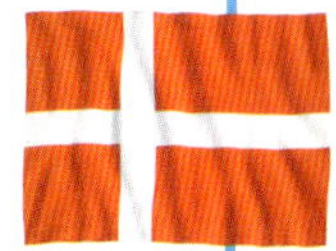

Torfdächer halten die Häuser warm und schützen sie vor dem feuchten Wetter.

Traditionelle Häuser auf den Föröern
Torfgedeckte Dächer sind auf den vulkanischen Färöern (siehe S. 181) häufig. Die Inseln liegen im Nordatlantik etwa 1500 km von Kopenhagen entfernt.

Spaß in der Stadt
Der 1843 eröffnete Tivoli ist der zweitälteste noch bestehende Vergnügungspark der Welt. Es gibt mehrere Achterbahnen, Karussells, Theater und Restaurants.

Dänisches Design
Ein klarer, einfacher Stil in der Architektur und dem Möbeldesign entstand in Dänemark im 20. Jh. Ein klassisches Beispiel ist der moderne Sessel „Das Ei" des dänischen Designers Arne Jacobsen.

Wikinger-Trinkhorn
Die Wikinger waren seefahrende Völker aus Dänemark und anderen nordischen Ländern. Aus Tierhörnern machten sie im Mittelalter Gebrauchsgegenstände wie Trinkgefäße (oben) und Musikinstrumente.

Hyggelig
Das dänische Wort hygge *beschreibt die gemütliche Geborgenheit, wenn man sich mit Familie oder Freunden zu einem behaglichen Essen trifft.*

Belegte Brote
Smørrebrød *ist das traditionelle Mittagessen: ein Roggenbrot, das reich mit Fleisch, Fisch und anderem belegt ist.*

Øresundbrücke
Der Øresund ist die Meeresstraße zwischen Schweden und Dänemark. Seit 2000 können Autos und Eisenbahnen von Malmö (Schweden) über die Brücke zu einer künstlichen Insel fahren, von der ein Tunnel nach Kopenhagen führt.

- 43 094 Quadratkilometer
- 5,9 Millionen
- Kopenhagen
- Dänisch

Dänemark ist das **südlichste Land Skandinaviens**. Es besteht aus der **flachen Landschaft** der Halbinsel **Jütland** und über **400 Inseln**. Statistische Studien zeigen oft, dass die Dänen zu den **glücklichsten Menschen der Welt** zählen.

Schweden

Stockholm
Die Hauptstadt erstreckt sich über 14 Inseln. Auf einer liegt die mittelalterliche Altstadt, die für ihre gepflasterten Straßen und farbigen Häuser berühmt ist.

Alfred Nobel war ein schwedischer Erfinder, Chemiker und Industrieller im 19. Jh.

Nobelpreis
Der erstmals 1901 vergebene Nobelpreis würdigt wichtige Leistungen in den Bereichen Chemie, Physik, Medizin, Literatur und Friedensarbeit.

Dalapferde
Seit dem 17. Jh, werden diese kleinen dekorativen Holzpferdchen in der Provinz Dalarna handgefertigt.

Eishotel
1991 öffnete nahe Kiruna in Nordschweden das erste Hotel der Welt, das ganz aus Eis gebaut ist.

Klimaaktivismus
2018 fand Greta Thunberg mit 15 Jahren weltweite Aufmerksamkeit, als sie die Schule bestreikte und vor dem schwedischen Parlament für ein Handeln gegen den Klimawandel demonstrierte.

Rentier
Mit dem dicken, warmen Fell und starken Hufen, um Futter auszugraben, ist das Rentier gut an die kalten Berge angepasst. Sie werden in Herden zu Tausenden von den einheimischen Sámi als Nutztiere gehalten.

Kräftskiva („Krebsfest")
Zu diesem traditionellen Fest kommen Familien und Freunde zusammen und essen Flusskrebse. Dazu trägt man gern passende Papierhüte.

- 450 295 Quadratkilometer
- 10,2 Millionen
- Stockholm
- Schwedisch, 5 weitere Sprachen

Die **Landschaft** dieses skandinavischen Landes in **Nordeuropa** reicht von **vergletscherten Berggipfeln** wie dem Kebnekaise über weite **Wälder**, sanfte **Hügel** und wilde **Flüsse** hin zu Tausenden von kleinen **Inseln** in der Ostsee.

Finnland

Telekommunikationsriese
In den 1990er-Jahren stieg das finnische Unternehmen Nokia zum Weltkonzern im Kommunikationsbereich auf und verkaufte Millionen Mobiltelefone.

Jean Sibelius wurde auf Briefmarken geehrt.

Nationales Wahrzeichen
Mit Stücken wie der Finlandia *trug der Komponist Jean Sibelius im frühen 20. Jh. dazu bei, dass Finnland seine nationale Identität entwickeln konnte.*

Sommer in Finnland
Nach dem langen, kalten Winter genießen finnische Familien die warmen, langen Sommertage in Hütten an einem der Seen.

Glasdekor
Finnland ist für Kunst und Design berühmt, vor allem für Möbel, Lampen, Stoffe und Glaswaren wie diese Glasvögel.

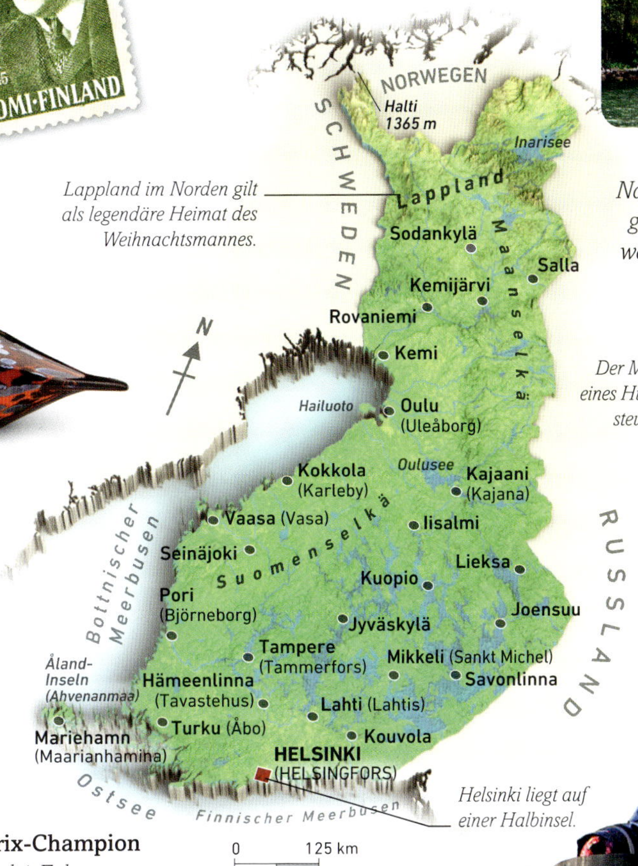

Lappland im Norden gilt als legendäre Heimat des Weihnachtsmannes.

Helsinki liegt auf einer Halbinsel.

Gewinner Kimi Räikkönen reckt 2007 den Preis des australischen Grand Prix in die Höhe.

Grand-Prix-Champion
Der Formel-1-Fahrer Kimi Räikkönen gewann 21-mal den Grand Prix.

Der Musher (Lenker eines Hundeschlittens) steuert die Hunde per Zuruf.

Hundeschlitten
Im kalten Winter ist Finnland ideal für Hundeschlittenfahrten – ein Spaß für Jung und Alt. Früher waren Hundeschlitten das übliche Verkehrsmittel für Waren und Personen im Winter.

- 338 145 Quadratkilometer
- 5,8 Millionen
- Helsinki
- Finnisch, Sámi, Schwedisch

Finnland liegt zwischen der **Ostsee** und **Russland**. Der Nordteil gehört zu **Skandinavien**. Wälder bedecken drei Viertel des Landes – es ist das am **dichtesten bewaldete Land** Europas. Es gibt auch etwa **188 000 Seen**.

Estland

Europäisches Gleithörnchen
Diese Hörnchenart fliegt nicht, sondern springt im Gleitflug von Baum zu Baum, um Feinden wie Mardern zu entkommen.

Leuchtturm Kõpu
Der älteste Leuchtturm der baltischen Staaten ist Kõpu auf der Insel Hiiumaa. Er hilft Schiffen seit 1531 bei der Orientierung.

Lieferroboter
Ingenieure in Tallinn haben selbstfahrende Roboterfahrzeuge entwickelt, die Pakete oder Lebensmittel liefern können.

Estnisches Gesangsfest
Alle 5 Jahre treten auf diesem Festival in Tallinn etwa 25 000 Sänger und Tänzer vor 100 000 Zuschauern auf.

Tänzerinnen treten in traditioneller Tracht bei dem Festival auf.

Altstadt von Tallinn
Die Hauptstadt Tallinn hat eine Altstadt, die für ihre mittelalterliche Architektur bekannt ist, darunter die St.-Olaf-Kirche, die wohl im 13. Jh. errichtet wurde.

- 45 228 Quadratkilometer
- 1,2 Millionen
- Tallinn
- Estnisch, Russisch

Estland, der **kleinste** der drei **baltischen Staaten**, hat viele **Seen** und **Wälder** und über **1500 Inseln**. Estland ist eines der **am stärksten digitalisierten Länder** der Welt – praktisch alle Dienstleistungen sind online erhältlich.

Litauen

Weißstörche
Der Nationalvogel Litauens ist der Weißstorch. Es gibt mehr als 22 000 Storchennester im Land.

Inselburg Trakai
Die malerische Burg steht auf einer Insel im See Galves. Sie ist über zwei Brücken mit dem Land verbunden.

Johannistag
Am 24. Juni, im Mittsommer, feiern die Litauer Joninės, den Johannistag, mit Gesang, Tänzen und Blumenkränzen.

Litauen ist der **größte** der **baltischen Staaten**. Es war das letzte europäische Land, das das Christentum übernahm. Wie Estland und Lettland wurde es **1991 von Russland unabhängig**.

- 65300 Quadratkilometer
- 2,7 Millionen
- Vilnius
- Litauisch, Russisch

Lettland

Einer Legende nach symbolisiert die Flagge das blutdurchtränkte Bettlaken eines lettischen Soldaten.

Symbol Lettlands
Die Nationalblume Lettlands ist die Margerite, die im Sommer überall blüht und zu Kränzen geflochten wird.

Lebendiges Riga
Im Herzen der Hauptstadt Riga liegt die mittelalterliche Altstadt mit beeindruckender Architektur und geschäftigen Märkten.

Lettland ist für seine **Wälder**, **Strände** und **Ventas Rumba** bekannt – den breitesten Wasserfall Europas. Die Stadt **Ventspils** im Nordosten des Landes ist einer der **wichtigsten Häfen der Ostsee**.

- 64 589 Quadratkilometer
- 1,9 Millionen
- Riga
- Lettisch, Russisch

Polen

Wisent
Obwohl der Wisent (oder Europäischer Bison) 1921 durch die Jagd fast ausgerottet worden war, konnten Herden in Polen wieder etabliert werden, vor allem im Białowieża-Urwald.

Seeadler
Der Nationalvogel Polens ist der Seeadler. Er wird auf dem Staatswappen mit einer Krone auf dem Kopf dargestellt.

Breslau (Wrocław) ist eine Großstadt an der Oder.

Auferstandenes Warschau
Die Hauptstadt Polens wurde im Zweiten Weltkrieg großteils zerstört, doch die Altstadt baute man wieder auf. Daneben entstand eine geschäftige moderne Metropole.

Fronleichnam
Zum Fronleichnamszug mit Pfarrer und Kreuzen streuen Mädchen Blumen, hier in der Kleinstadt Łowicz (Lowitsch). Familien feiern mit einem großen Festessen.

Seejungfer
Die Warschauer Seejungfer ist die Symbolgestalt der Hauptstadt. Der Legende nach schwamm eine Syrenka (Meerfrau) die Weichsel hinauf bis Warschau und ließ sich dort nieder.

Das große Land Polen in **Mitteleuropa** grenzt an sieben Nachbarstaaten und die Ostsee. Der **nördliche** und **zentrale** Teil sind von einer weiten **Tiefebene** geprägt, während im Süden der Gebirgszug der **Karpaten** die Grenze zur Slowakei bildet. Die wichtigsten **Wirtschaftszweige** sind **Landwirtschaft**, **Bergbau**, **Industrieproduktion** und **Schiffsbau**.

- 312 685 Quadratkilometer
- 38,3 Millionen
- Warschau
- Polnisch

Słowiński-Nationalpark
Der Nationalpark an der Ostseeküste hat weite Wanderdünen, die vom Wind verlagert werden und dabei oft Reste alter Wälder freigeben.

Piroggen
Die in Polen populären Pieróg*i sind deftige Teigtaschen mit verschiedenen Füllungen wie Kartoffeln, Hackfleisch oder Zwiebeln.*

Salzbergwerk Wieliczka
In dem Bergwerk Wieliczka außerhalb Krakaus wurde etwa 700 Jahre lang Speisesalz abgebaut, bis es 1996 geschlossen wurde. Heute ist es für Touristen offen. Man sieht z. B. die Kingakapelle, die aus dem Salz herausgemeißelt wurde.

Königsschloss auf dem Wawel
Das Schloss von König Kasimir III. (dem Großen) steht auf dem Wawel in Krakau, das für die mittelalterliche Altstadt und das jüdische Viertel bekannt ist.

Die Wawel-Kathedrale und die Sigismundkapelle stehen auf dem Wawel.

Geografie: Polen hat eine vielfältige Landschaft mit Wäldern, Gebirgen, Seen, Flüssen und Stränden.

Geschichte: Nach dem Zweiten Weltkrieg gehörte Polen zum kommunistischen Ostblock. 1989 wurde es zur freien Demokratie.

Kultur: Örtliche Volksbräuche und Feste nach den Traditionen der römisch-katholischen Kirche gehören zum Alltag.

Naturwunder: Im Osten des Landes liegt der Białowieża-Nationalpark, einer der größten und ältesten Urwälder Europas.

Tierwelt: Während Bären selten sind, findet man viele Wölfe, Wisente, Wildschweine, Elche und Füchse sowie Weißstörche und Adler.

Essen und Trinken: Klöße, Eintöpfe und Würste sind beliebte polnische Gerichte, die oft mit Sauerkraut serviert werden.

Deutschland

Schwarzwald
Mit immergrünen Bäumen und malerischen Seen ist der Schwarzwald bei Touristen beliebt. Von der Ferne sehen die dichten Nadelbäume fast schwarz aus.

Beethoven
Ludwig van Beethoven ist einer der berühmten deutschen Komponisten. Andere sind Johann Sebastian Bach und Johannes Brahms.

Fußballfans
Der populärste Sport in Deutschland ist Fußball. Das Nationalteam war 4-mal Weltmeister.

Schloss Neuschwanstein
Im 19. Jh. gab König Ludwig II. von Bayern ein Schloss im Allgäu in Auftrag, das er dem Werk des Komponisten Richard Wagner widmete. Das Ergebnis ist Neuschwanstein, ein Märchenschloss mit vielen großen und kleinen Türmen.

Neuschwanstein war die Inspiration für das Märchenschloss, das in Disneyland zu sehen ist.

Das flächenmäßig **sechstgrößte Land** Europas hat die größte **Wirtschaftskraft** des Kontinents dank einer **blühenden Industrie**, die Autos, Elektronik, Maschinen und viele andere Güter und Dienstleistungen produziert und exportiert. Es gibt viele **malerische Landschaften**, von Wäldern und Gebirgen über Flüsse bis zu Meeresküsten.

- 357 022 Quadratkilometer
- 80,2 Millionen
- Berlin
- Deutsch, Türkisch, Romanes, Polnisch, Russisch, Friesisch, 3 weitere Sprachen

Windenergie
Über 30 000 Windkraftanlagen wurden in ganz Deutschland installiert, weitere sind in Planung.

Berlin wurde im 13. Jh. gegründet und ist heute die größte Stadt Deutschlands.

Schönes Berlin
Die Hauptstadt hat eine turbulente Vergangenheit – sie war 1961 bis 1989 durch eine Mauer geteilt. Heute ist Berlin für seine Galerien, Museen, Restaurants und die Oper bekannt.

Deutsche Volksmärchen
Die Brüder Jacob und Wilhelm Grimm veröffentlichten im 18. Jh. die Kinder- und Hausmärchen. *In dieser Sammlung finden sich Klassiker wie* Schneewittchen, Dornröschen *und* Hänsel und Gretel.

Autoherstellung
Deutschland ist weltweit führend in der Produktion von Autos mit Marken wie Volkswagen, BMW, Audi, Porsche und Mercedes-Benz.

Das Akkordeon ist ein in Deutschland beliebtes Volksmusikinstrument.

Oktoberfest
Millionen Besucher strömen zu dem jährlichen Volksfest nach München, auf dem man zwei Wochen lang mit Essen, Bier, Musik und Umzügen bayerische Traditionen feiert.

Geografie: Die Tiefebenen im Norden reichen zur Nord- und Ostsee. Der Süden hat viele bewaldete Gebirge. Es gibt zahlreiche Flüsse.

Geschichte: Deutschland war nach dem Zweiten Weltkrieg in West- und Ostdeutschland geteilt, wurde aber 1990 wiedervereint.

Kultur: Das auch „Land der Dichter und Denker“ genannte Deutschland ist für Kunst, Philosophie und Literatur bekannt.

Naturwunder: Zu den malerischen Plätzen gehören der Uracher Wasserfall (Schwäbische Alb) und der Königssee (Bayern).

Tierwelt: Wildkatzen und Steinböcke streifen durch die Naturschutzgebiete im Süden, während es an der Küste im Norden Seevögel gibt.

Essen und Trinken: Das für seine Würste und Brotauswahl bekannte Land hat auch viele gute Wein- und Biersorten.

Niederlande

Großmeister
Der Maler Rembrandt van Rijn aus dem 17. Jh. ist einer der großen Künstler des Landes. Er schuf während seines Lebens viele Selbstporträts.

Top-Team
Die niederländische Frauenmannschaft im Hockey ist mit 8 Weltmeisterschaften die erfolgreichste der Geschichte.

Holländische Tulpen
Die Niederlande sind seit Jahrhunderten das weltweite Zentrum des Schnittblumenmarkts.

Die Hauptstadt und größte Stadt des Landes ist Amsterdam, aber das Parlament hat seinen Sitz in Den Haag.

Anne Frank
Die bekannte jüdische Tagebuchautorin versteckte sich mit ihrer Familie im Zweiten Weltkrieg in Amsterdam.

- 41 543 Quadratkilometer
- 17,3 Millionen
- Amsterdam und Den Haag
- Niederländisch, Friesisch

Fast die Hälfte der **tief gelegenen** Niederlande wurde **dem Meer abgewonnen**. Auf den Flächen werden **Blumen** angebaut und **Kühe** gehalten. Das flache Land ist von **Kanälen** durchzogen.

Malerische Wasserwege
Die Kanäle in Amsterdam dienten einst dazu, Handelswaren zu transportieren. Heute fahren dort Touristenboote.

NATO
Die Organisation des Nordatlantikvertrags (NATO) mit Sitz in Brüssel ist ein Militärbündnis von 29 europäischen und nordamerikanischen Ländern.

Belgien

Belgische Schokolade
Belgien ist ein führender Exporteur von Schokoladeprodukten wie Pralinen oder Trüffeln.

Antwerpen ist das weltweite Zentrum für den Schliff und Handel von Diamanten.

Comics
Die Comics des Zeichners Hergé über die Abenteuer seiner Helden Tim und Struppi *(Orig.:* Tintin*) wurden seit 1930 mehr als 200 Millionen Mal verkauft.*

Trockener Fuß
Früher nutzte man Stelzen bei Überschwemmungen. Stelzenlaufen ist heute eine beliebte Tradition.

Atomium
Das 102 m hohe Atomium ist ein Museum und Wahrzeichen von Brüssel. Die neun Kugeln symbolisieren die Atome eines Eisenkristalls – 165 Milliarden Mal vergrößert!

- 30 528 Quadratkilometer
- 11,72 Millionen
- Brüssel
- Niederländisch, Französisch, Deutsch

Zwar ist Belgien großteils **flach**, doch der Süden ist **bergig** und **bewaldet**. Es ist eines der **am dichtesten besiedelten Länder** der Erde. Jährlich besuchen es Millionen Touristen wegen seiner vielen **Kanäle** und der **Schokolade**.

Frankreich

Cafékultur
Dieses Café in Paris war einst ein bekannter Treffpunkt für Künstler und Denker, die dort ihre Ideen diskutierten. Heute wollen die meisten Kunden einfach nur etwas trinken und das Geschehen auf der Straße beobachten.

Edgar Degas
Diese Bronzeskulptur ist ein Werk von Edgar Degas aus dem 19. Jh. Sein bevorzugtes Thema waren Balletttänzerinnen, die er auf Zeichnungen und Gemälden realistisch darstellte.

Am Ende jeder Etappe erhält der Fahrer mit der bis dahin besten Gesamtzeit das Gelbe Trikot für die nächste Etappe.

Tour de France
Dieses strapaziöse jährliche Radrennen fand erstmals 1903 statt. Die Tour läuft über drei Wochen mit 21 Etappen und insgesamt 3500 km.

Château de Chambord
Das im 16. Jh. als königliches Jagdschloss gebaute Château in der Nähe von Orléans hat mehr als 400 Zimmer. Solche punkvollen Schlösser waren früher die Wohnsitze der französischen Adligen.

Frankreich ist das **größte Land Westeuropas**. Das Festland nennt man auch „**Hexagon**". Die Insel **Korsika** ist der Geburtsort von **Napoleon I.**, dem berühmten Feldherren. Die Hauptstadt **Paris** besuchen jährlich **20 Millionen Touristen**.

- 643 801 Quadratkilometer
- 67,8 Millionen
- Paris
- Französisch, 5 weitere Sprachen

Parkour

Parkour als moderne Sportart entstand in den 1980ern in Pariser Vororten. Man bewegt sich dabei laufend, springend und kletternd vorwärts.

Mit lockerer Kleidung können die Teilnehmer gut springen und laufen.

Côte d'Azur

Urlaubsstädte wie Cannes, Nizza und St. Tropez liegen an einem Teilstück der französischen Mittelmeerküste, das man Côte d'Azur („Azurküste") nennt.

Leckereien

Französisches Gebäck und Süßigkeiten wie Croissants, Éclairs und Macarons kennt man auf der ganzen Welt.

Macarons sind Mandelbaiser mit Creme- oder Marmeladenfüllung.

Eiffelturm

Der Turm wurde von dem Ingenieur Gustave Eiffel entworfen und 1889 in Paris errichtet. Er ist 324 m hoch und war bis 1931 das höchste Gebäude der Welt.

Modehauptstadt

Paris ist seit Langem als Modehauptstadt bekannt. Hier sitzen viele der großen Designhäuser wie Chanel, das von Coco Chanel (rechts) 1920 gegründet wurde.

Französische Parfümindustrie

Frankreich ist für Parfüms berühmt, seit Parfümeure in Grasse nahe von Nizza erstmals Düfte aus Blumen extrahierten.

Sonnenblumenanbau

Sonnenblumen werden in ganz Südfrankreich angebaut. Aus den Samen im Blütenstand gewinnt man Öl.

Geografie: Das Land wird von den Pyrenäen und den Alpen begrenzt und hat eine Atlantik- und eine Mittelmeerküste.

Geschichte: Frankreich wurde von Königen regiert – bis zur Französischen Revolution 1789, als die Monarchie gestürzt wurde. Es wurde 1792 erstmals eine Republik.

Kultur: Das Land ist in Kunst, Literatur, Film und Philosophie führend und hat weltberühmte Museen wie den Louvre in Paris.

Essen und Trinken: Mit seiner geschätzten Küche und den guten Weinen ist das Land u. a. auch für viele regionale Käsesorten berühmt.

Spanien

Maurische Stadtburg
Die Alhambra ist eine mächtige Stadtburg in Granada. Sie wurde von den Mauren erbaut, muslimischen Siedlern aus Nordafrika, die Teile Spaniens bis 1492 beherrschten.

Kanarische Inseln
Diese vor der Nordwestküste Afrikas liegende spanische Inselgruppe besteht aus 7 vulkanischen Inseln.

Feuriger Flamenco
Der Flamenco entstand in der südspanischen Region Andalusien. Zu dem Tanz gehören komplizierte Armbewegungen, rhythmische Schritte, Klatschen und oft auch Kastagnetten.

Die Sagrada Família
Diese einzigartige Kirche in Barcelona wurde von dem Architekten Antoni Gaudí gestaltet. Der Bau begann 1882, und die Arbeiten dauern immer noch an.

Meeresfrüchte-Paella
Die aus Valencia stammende Paella ist in ganz Spanien beliebt. Man kocht Reis, Meeresfrüchte und Gemüse in einer großen, flachen Pfanne über dem offenen Feuer.

Spanien ist im Nordosten vom Rest Europas durch die **Pyrenäen** getrennt. Im Süden sind es von Spanien über die **Straße von Gibraltar** nach **Marokko** nur **13 km**. Das Land ist in **17 autonome Gemeinschaften** gegliedert, die jeweils ihren eigenen Charakter haben. **Madrid** liegt ziemlich im Zentrum des Landes und ist mit 670 m Seehöhe die **am höchsten gelegene Hauptstadt** Europas. Zu Spanien gehören einige **Inselgruppen**: Die **Balearen** liegen im Mittelmeer und die **Kanaren** weit südlich im Nordatlantik.

Tennis-Champion
Die Tennislegende Rafael Nadal gewann bislang 20 Grand-Slam-Titel im Einzel.

Der Strand der Kathedralen
Die Erosion durch das Meer formte am Praia das Catadrais *westlich von Gijón in Nordwestspanien fantastische Klippen, die Kirchenbögen ähneln.*

Ibiza ist die drittgrößte Baleareninsel mit berühmten Stränden und Nachtleben.

Die *Fallas*
Den Jahrestag des heiligen Josef, des Schutzpatrons der Zimmerleute, feiert man in Valencia mit Umzügen, Musik und Feuerwerken. Jeder Ortsteil baut eine Skulptur, die Falla, *die mit Feuerwerkskörpern gefüllt und am Ende des Fests angezündet wird.*

Die Fallas *sind aus Pappe und Pappmaché.*

Olivenöl
Spanien produziert etwa die Hälfte des Olivenöls der Welt – mehr als jedes andere Land.

Wilde Katzenart
Der Pardelluchs in den Bergen Südspaniens war fast ausgestorben, aber Schutzprojekte haben den Einzelgänger gerettet.

- **505 370 Quadratkilometer**
- **50 Millionen**
- **Madrid**
- **Spanisch, Katalanisch, Galicisch, Baskisch**

Geografie: Als gebirgiges Land mit einer zentralen Hochebene ist Spanien niederschlagsreich und grün im Norden, und heiß und trocken im Süden.

Geschichte: Spanien befand sich von 1936–1939 im Bürgerkrieg und wurde bis 1975 von einem Diktator regiert. Dann wurde es eine parlamentarische Monarchie.

Kultur: In ganz Spanien feiert man örtliche *Fiestas* (Feste) zu verschiedenen Zeiten des Jahres. Die Karwoche vor Ostern ist eine besonders wichtige Zeit.

Essen und Trinken: Spanien hat eine vielfältige Küche mit Gerichten aus Fleisch und Meeresfrüchten. Beliebt sind *Tapas*: eine Auswahl verschiedener Häppchen.

Portugal

Straßenbahn von Lissabon
Die hellgelben Straßenbahnen, die Remolados, stammen aus den 1930ern, fahren aber immer noch durch die geschäftigen und oft sehr steilen Straßen.

Cristiano Ronaldo
Der Stürmer aus Madeira ist einer der weltbesten Fußballer. Er gewann 4-mal den europäischen Goldenen Schuh und 5-mal den Ballon d'Or für den besten Spieler des Jahres.

Blumenfest auf Madeira
Im Frühjahr wird auf der Insel Madeira das Blumenfest gefeiert. Die Menschen schmücken sich mit Blumen und veranstalten einen Umzug mit Prunkwagen.

Brechende Rekordwellen
Einige der weltweit größten Wellen treten am Strand von Nazaré an der Atlantikküste südwestlich von Leiria auf. Die jährlich hier veranstalteten Surfwettbewerbe sind der ultimative Test für Surfer.

Die Wellen sind bis 24 m hoch – das war 2018 der Rekord für die höchste Welle, auf der je gesurft wurde.

Lissabon ist die westlichste Hauptstadt des europäischen Festlands.

Das zusammen mit Spanien auf der **Iberischen Halbinsel** liegende Portugal hat eine lange, windgepeitschte **Atlantikküste**. Im **15. und 16. Jh.** brachen **Seefahrer** auf, um die den Europäern **unbekannten Länder** im Westen zu finden. Das **Kap São Vicente** ist Europas südwestlichster Punkt. Über 1000 km entfernt liegen die portugiesischen Inseln **Madeira** und die **Azoren**.

- 92 090 Quadratkilometer
- 10,3 Millionen
- Lissabon
- Portugiesisch

Portugiesische Inseln
Die zu Portugal gehörenden Inseln Madeira und die Azoren im Atlantik sind vulkanisch entstanden.

Gekachelte Wände
Viele Gebäude sind mit glasierten Kacheln, den Azulejos, verziert. Meist sind sie blau, und viele zeigen Szenen der portugiesischen Geschichte wie diese Wand im Bahnhof São Bento in Porto.

Casa da Música
Diese einzigartige Konzerthalle wurde 2005 in Porto eröffnet. Sie bietet Raum für bis zu 1300 Besucher.

Das Betongebäude ist vieleckig und hat klare Kanten.

Portugiesischer Hahn
Nach einer alten Sage gelten Hähne als Glücksbringer. Bemalte Figuren von Hähnen werden als Souvenirs verkauft.

Prinz Heinrich der Seefahrer war ein Initiator des „Zeitalters der Entdeckungen".

Denkmal der Entdeckungen
Das berühmte Denkmal am Ufer der Tejomündung in Lissabon würdigt wichtige Personen des „Zeitalters der Entdeckungen", einer Zeit ab dem 15. Jh., als Seefahrer, Kartografen und Forscher in See stachen, um neue Länder zu finden.

Palácio da Pena
Der bunt bemalte Königspalast liegt auf einem Hügel über der Stadt Sintra westlich von Lissabon.

Geografie: Portugal hat eine über 850 km lange Küste. Im Norden ist es felsig, im Süden gibt es viele landwirtschaftliche Flächen.

Geschichte: Portugal war einst ein Weltreich. Die Monarchie endete 1910 in einer Revolution – Portugal wurde zur Republik.

Kultur: Zu den Traditionen in Portugal gehören Fado – ein Musikstil melancholischer Lieder mit Gitarrenbegleitung – und Volksfeste.

Naturwunder: Das Höhlensystem Grutas Mira Daire nahe Leiria und die Lorbeerwälder Madeiras sind für ihre Schönheit bekannt.

Tierwelt: Iberische Wölfe und Pardelluchse streifen durch die Berge, Wildschweine und Rehe durch das Land. Im Atlantik leben Delfine.

Essen und Trinken: Portugal ist berühmt für die süßen Natas (Vanilletörtchen) und Fischgerichte wie Stockfisch und gegrillte Sardinen.

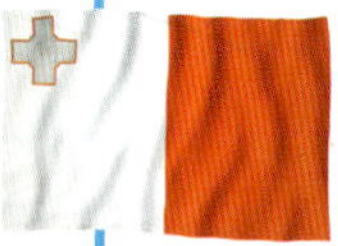

Malta

Bemalte Boote
Bunte Fischerboote, Luzzus genannt, sieht man in dem populären Fischerdorf Marsaxlokk.

Malteser Filigran
In der alten Kunst des Filigrans flechten Künstler zarte Schmuckstücke aus feinen Gold- und Silberfäden.

Das 8-spitzige Malteserkreuz ist das nationale Symbol Maltas.

Blaue Lagune
Die Bucht zwischen den Inseln Comino (Kemmuna) und Cominotto (Kemmunett) ist für ihr klares, türkises Wasser bekannt.

- 316 Quadratkilometer
- 457 300
- Valletta
- Maltesisch, Englisch

Die **Inseln Malta**, **Gozo**, **Comina** und einige **kleinere Inseln** bilden den Staat Malta. Im Lauf der Geschichte wurde die kleine Inselgruppe von Großmächten wie den **Phöniziern**, **Römern**, **Arabern**, **Spaniern**, dem **Johanniterorden** und **Großbritannien** beherrscht.

Luxemburg

Mittelalterliche Burg
Diese zwischen dem 11. und 14. Jh. erbaute Festung erhebt sich hoch über der Stadt Vianden im Norden Luxemburgs.

Moules marinière
Obwohl Luxemburg ein Binnenstaat ist, sind Miesmuscheln in Weißweinsoße beliebt.

Vogelpfeifen
Am Ostermontag gibt es auf dem Eemaischen *(Ostermarkt) vogelförmige Tonpfeifen.*

Die handgemachte Tonpfeife nennt man ein Péckvillchen.

- 2586 Quadratkilometer
- 628 400
- Luxemburg
- Luxemburgisch, Deutsch, Französisch

Der **Binnenstaat** ist eines der **kleinsten Länder Europas**, aber auch einer der **reichsten Staaten** der Welt. **Banken**, **Versicherungen** und immer mehr **Internetfirmen** bringen sehr viel Geld.

Andorra

Der runde Turm wurde im 12. Jh. hinzugefügt.

Uralte Kirche
Außerhalb der Hauptstadt steht Santa Coloma d'Andorra, eine der ältesten Kirchen des Landes, die aus dem 8. Jh. stammt.

Andorra la Vella liegt 1023 m über dem Meeresspiegel.

Waldbewohner
Die Bergwälder sind die Heimat des Baummarders, der kleine Säugetiere und Vögel jagt.

Vall de Madriu-Perafita-Claror
Das atemberaubende, von Eiszeitgletschern geschaffene Tal nahe La Vella nimmt fast 10 % der Landesfläche ein.

- 468 Quadratkilometer
- 77 000
- Andorra la Vella
- Spanisch, Katalanisch, Französisch, Portugiesisch

Hoch in den **Pyrenäen** zwischen Frankreich und Spanien liegt der Kleinstaat Andorra. Viele Touristen besuchen das Land zum **Wandern** und **Skilaufen** oder besichtigen die **alten Kirchen**.

Großer Preis von Monaco
Jedes Jahr werden die Straßen von Monaco gesperrt, um Autorennen der Formel 1 oder Formel 2 (GP2, hier im Bild) abzuhalten.

Monaco

Funkelnde Küste
Der bekannteste Stadtteil von Monaco ist Monte Carlo. Casinos und Luxushotels liegen an dem spektakulären Hafen.

- 2 Quadratkilometer
- 39 000
- Monaco
- Französisch, Englisch, Monegassisch, Italienisch

Das **zweitkleinste Land** der Erde liegt an der **Riviera** – der **Mittelmeerküste** Südostfrankreichs. Viele der **reichsten Menschen der Welt** leben hier, weil die Bewohner keine Einkommenssteuer zahlen müssen.

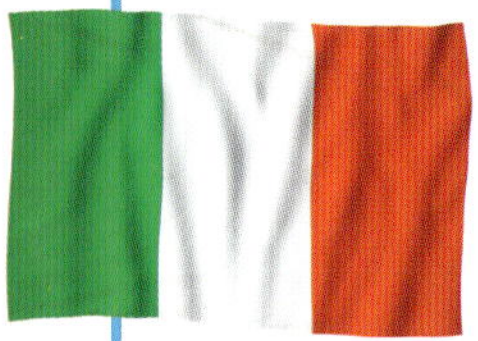

Italien

Pizza
Das bekannte Fladenbrot, belegt mit Tomaten, Mozzarella und anderen pikanten Zutaten, entstand in Neapel im 18. Jh.

Die zweitgrößte Stadt Italiens, Mailand (Milano), ist ein Mode-, Design- und Industriezentrum.

Ruinen von Pompeji
79 v. Chr. brach der Vulkan Vesuv nahe der heutigen Stadt Neapel aus und verschüttete die römische Stadt Pompeji. Ein Besuch der Ausgrabungsstätte ist wie eine Zeitreise ins alte Rom.

Vespa
Der italienische Kult-Motorroller ist nicht nur bei jungen Menschen beliebt, um im dichten Stadtverkehr voranzukommen.

Das Kolosseum
Das größte Amphitheater des Römischen Reichs war das Kolosseum. Diese Arena für blutige Gladiatorenkämpfe steht heute noch in Rom.

Michelangelo
Diese Statue von Moses schuf 1504 der italienische Renaissancekünstler Michelangelo.

Brillensalamander
Diese nur in Italien vorkommenden Amphibien haben eine feuerrote Schwanzunterseite, die Feinde warnt.

Das **stiefelförmige Land** Italien erstreckt sich 1200 km weit ins **Mittelmeer** und hat eine Küste von 7500 km Länge. Viele **große Städte** wie **Rom**, **Florenz** und **Mailand** sind weltberühmte historische Zentren der **Kunst** und **Architektur**.

- 301 340 Quadratkilometer
- 62,4 Millionen
- Rom
- Italienisch, 4 weitere Sprachen

Wein

Es gibt in den 20 Regionen Italiens viele Weingüter, und der aus den Trauben gewonnene Wein ist ein Hauptexportartikel des Landes.

Stadt der Inseln und Kanäle

Venedig wurde auf 118 Inseln in einer Lagune in Norditalien gebaut. Gondeln und Motorboote auf den Kanälen transportieren Menschen und Waren durch die Stadt.

Leonardo da Vinci

Der Künstler Leonardo da Vinci (1452–1519) war auch Wissenschaftler und Erfinder. Er fertigte u. a. diese Skizze eines frühen Fluggeräts an.

Das Tamburin spielt bei diesem Tanz eine wichtige Rolle.

Tarantella

Die Tarantella ist ein Volkstanz mit schnellen, lebhaften Schritten. Der Legende nach wurde er als Heilmittel gegen die Zuckungen nach einem Tarantelbiss erfunden.

Parmigiano Reggiano

Parmesan, ein Extrahartkäse mit nussigem Geschmack, wird über viele Nudel- und Reisgerichte gerieben.

Großer Preis von Italien

Dieses Formel-1-Rennen findet seit 1921 auf einer Rennstrecke bei Monza nördlich von Mailand statt. Mit 20 Siegen ist die Scuderia Ferrari dort das erfolgreichste Team.

Schiefer Turm von Pisa

Der berühmte Turm, der auf der höheren Seite 55,9 m hoch ist, begann sich schon kurz nach Bauende 1173 zu neigen.

Geografie: Die Apenninenhalbinsel erstreckt sich von der Poebene am Fuß der Alpen im Norden bis zur Insel Sizilien im Süden.

Geschichte: In der Antike war Italien der Kern des Römischen Reichs. Es zerfiel im Mittelalter in Stadtstaaten und kleine Königreiche. 1861 wurde es vereinigt.

Kultur: Das an Kunst und Architektur der Antike und Renaissance reiche Land ist der Geburtsort der Oper. Heute sind die Mode- und Filmindustrie berühmt.

Essen und Trinken: Die gesunde italienische Küche basiert auf Nudeln, Tomaten, Olivenöl und Fisch, aber es gibt auch regionale Variationen mit lokalen Produkten.

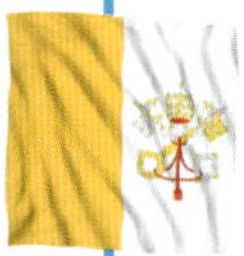

Vatikanstadt

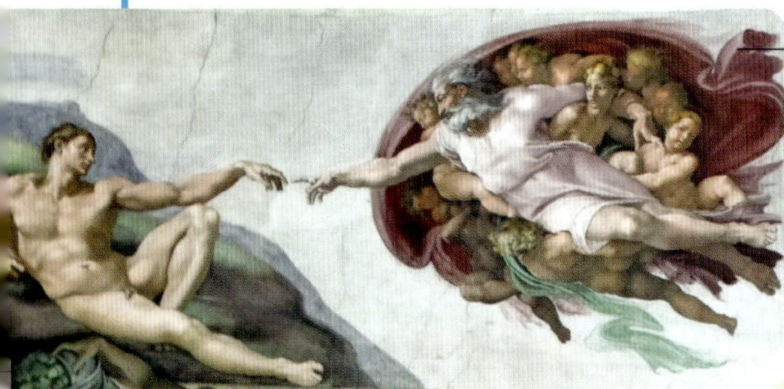

Dieser Teil des Gemäldes zeigt, wie Gott Adam, den ersten Menschen, erschafft.

Sixtinische Kapelle
Die Sixtinische Kapelle wurde im 15. Jh. im Apostolischen Palast erbaut. Sie ist für ein großes Deckengemälde des italienischen Künstlers Michelangelo berühmt.

Vatikanische Gärten
Über die Hälfte der Vatikanstadt besteht aus Gärten mit vielen Statuen, Brunnen und Grotten.

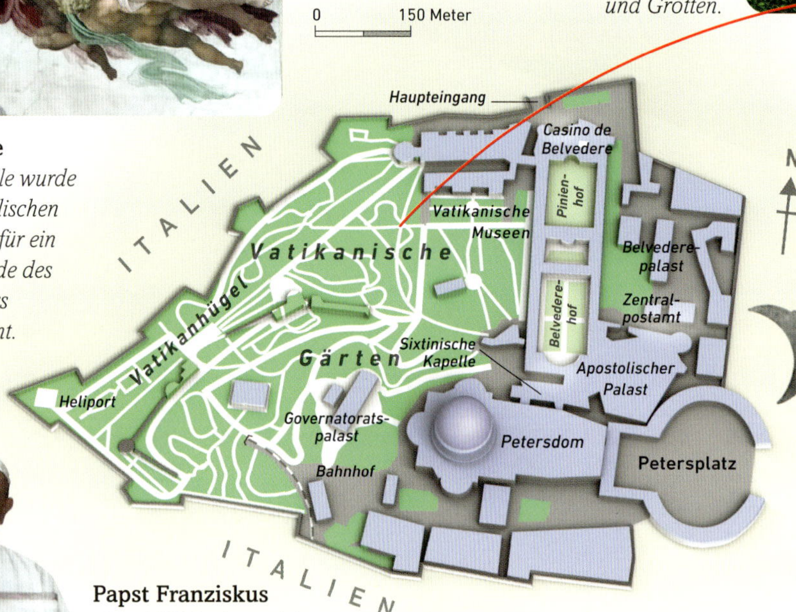

Schweizergarde
Seit dem 16. Jh. schützen bewaffnete Wachen in traditioneller Uniform den Papst und die Vatikanstadt.

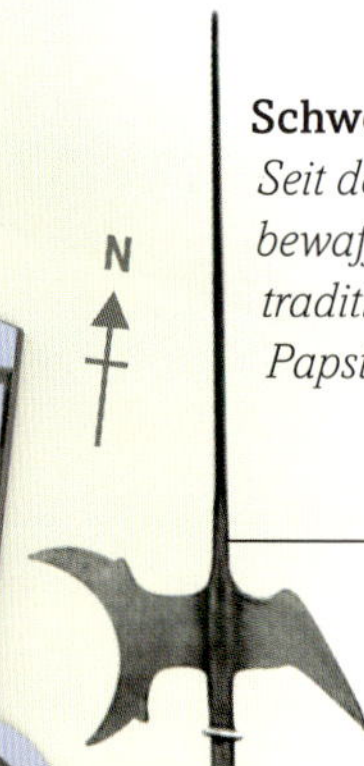

Hellebarden sind die Zeremonialwaffen der Schweizergarde.

Papst Franziskus
Der 1936 in Argentinien geborene Papst Franziskus führt derzeit die katholische Kirche.

Vatikanische Münzen
Das Land hat im Jahr 2002 den Euro eingeführt, prägt aber wie jedes Euroland eigene Münzen, von denen viele den Papst zeigen.

Petersplatz
Bis zu 300 000 Menschen können sich auf dem Petersplatz versammeln, wenn der Papst dort auftritt. Der Platz ist nach Petrus benannt, dem ersten Papst.

Der Petersdom ist die größte Kirche der Welt.

- 0,44 Quadratkilometer
- 1000
- Keine Hauptstadt
- Italienisch, Latein

Mitten in der italienischen Hauptstadt Rom liegt die Vatikanstadt, der **kleinste Staat** der Erde. Dieser winzige Stadtstaat ist der **Sitz des Papstes**, des Oberhaupts der **römisch-katholischen Kirche**.

Briefmarken
San Marino druckt seit 1877 eigene Briefmarken, die bei Sammlern sehr begehrt sind.

San Marino

Die Stadt San Marino besitzt ein mittelalterliches Zentrum mit gepflasterten Straßen.

Piadina
Ein italienisches Fladenbrot, Piadina *genannt, wird überall in San Marino gegessen. Es wird gefaltet und enthält eine leckere Käse- und Fleischfüllung.*

Festung Guaita
Auf dem Gipfel des Bergs Titano liegt die im 11. Jh. erbaute Festung Guaita mit weitem Blick über die Stadt San Marino.

61 Quadratkilometer
34 232
San Marino
Italienisch

Der **gebirgige Binnenstaat** ist vollständig von Italien umgeben. Er ist **einer der kleinsten Staaten** der Erde. Seine Verfassung wurde im Jahr 1600 angenommen, sodass er **eine der ältesten Republiken** weltweit ist.

Andreas Wenzel
Der berühmteste Sportler des Landes ist dieser erfolgreiche alpine Skirennläufer.

Liechtenstein

160 Quadratkilometer
39 137
Vaduz
Deutsch, alemannische Dialekte, Italienisch

Zwischen Österreich und der Schweiz liegt der **kleine Staat** Liechtenstein. Er ist für seine **Berghänge**, **Alpendörfer**, **Wälder** und mittelalterlichen **Burgen** bekannt.

Frühlingsblumen
Das milde Klima im Frühjahr und Sommer lässt Wildblumen auf den Alpenwiesen Liechtensteins blühen, etwa blaue Enziane und gelbe Butterblumen.

Tschechien

Sportstars

Aus der Tschechischen Republik stammen viele große Tennisspieler. Petra Kvitová hat 27 Titel im Einzel bei großen Turnieren gewonnen, darunter 2-mal Wimbledon.

Astronomische Uhr

Diese mittelalterliche Uhr zeigt in Prag seit 1410 nicht nur die Zeit, sondern auch die Bewegungen der Sonne und des Monds in den Sternzeichen des Tierkreises und andere astronomische Daten.

Wendelpfad

Der Sky Walk ist eine hölzerne Konstruktion in dem Urlaubsort Dolní Morava. Mit einer Höhe von 55 m bietet er einen majestätischen Blick über das Tal der March (Morava).

Die **Tschechische Republik** (so der offizielle Name) liegt im **Herzen Europas**. Das Land ist für seine **Burgen**, **mittelalterlichen Städte** und traditionellen **Kurorte** bekannt. Prag gilt als „**Stadt der 100 Türme**“.

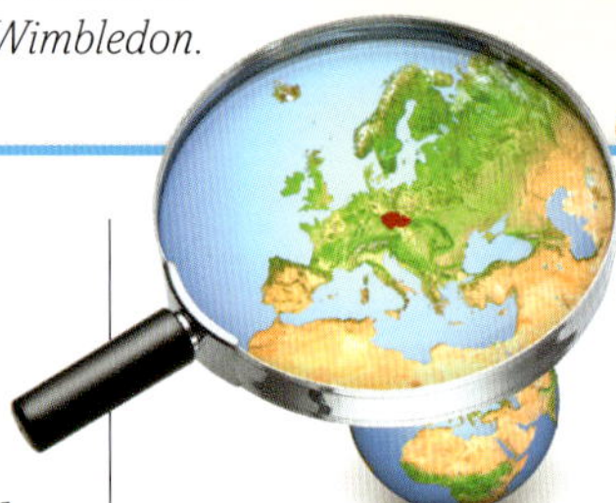

- 78 867 Quadratkilometer
- 10,7 Millionen
- Prag
- Tschechisch, 7 weitere Sprachen

Glashütten

Die Tschechische Republik ist für Glaskunst hoher Qualität bekannt. Die Tradition reicht ins 13. Jh. zurück. Diese Vasen (links) sind aus dem 19. Jh.

Karlsbrücke

An der berühmten Brücke in Prag über die Moldau stehen viele Statuen. Sie verbindet die Altstadt mit der Prager Kleinseite (Malá Strana) am Westufer.

Slowenien

Skispringen
Der Sport ist in den Alpentälern Nordwestsloweniens populär. Viele slowenische Skispringer waren bei internationalen Wettbewerben erfolgreich.

Für die größte Sprungweite werden die Skier V-förmig gehalten.

Leckerer Festtagskuchen
Eine Leckerei in Slowenien ist die Nusspotize oder Potica, ein ausgerollter Walnuss-Hefekuchen, der gern zu Ostern gebacken wird.

Bleder See (Veldeser See)
Dieser Gletschersee südöstlich von Jesenice ist bei Touristen beliebt. Auf der malerischen Insel im See steht eine Kirche, und mittelalterliche Burgen thronen auf den umliegenden Hügeln.

Kärntnerbiene
Die Bienenhaltung ist eine alte Tradition. Die Kärntnerbiene, eine heimische Unterart der Honigbiene, ist bei Imkern beliebt.

Nationalsymbol
Das Lindenblatt ist in Slowenien ein wichtiges Symbol. Früher wurden Linden an den Plätzen gepflanzt, wo der Dorfrat sich zu Sitzungen versammelte.

Ana Desetnica Festival
Artisten, Musiker und Tänzer treten bei diesem jährlichen Straßentheaterfest in der Hauptstadt Ljubljana auf.

Lipizzaner
Seit über 400 Jahren wird die Pferderasse der Lipizzaner im Gestüt Lipica im Südwesten Sloweniens gezüchtet. Die schönen weißen Pferde lassen sich gut zum Vorführen von Kunststücken ausbilden.

Slowenien ist **eines der grünsten Länder Europas**: über die Hälfte seiner Fläche ist **bewaldet**. In den schneebedeckten **Julischen Alpen** im Norden liegt der höchste Berg, der **Triglav**, der als **Nationalsymbol** gilt.

- 20 273 Quadratkilometer
- 2,1 Millionen
- Ljubljana
- Slowenisch

Die Farben der österreichischen Flagge werden schon seit dem Jahr 1230 verwendet.

Österreich

Europa

Alpiner Skisport
Österreich hat etwa 400 Skigebiete. Berühmt ist das Hahnenkammrennen mit Abfahrt und Slalom am Berg Hahnenkamm bei Kitzbühel.

Kunst Haus Wien
Im 20. Jh. entwarf der österreichische Künstler und Architekt Friedensreich Hundertwasser mehrere einzigartige Gebäude, darunter dieses Museum in Wien, das Werke von ihm und anderen Künstlern zeigt.

Wolfgang Amadeus Mozart
Der im 18. Jh. lebende Musiker komponierte sein erstes Stück im Alter von 5 Jahren. Als er nur 30 Jahre später starb, hatte Mozart 620 Werke klassischer Musik komponiert.

Wien liegt an der Donau.

Tanzende Pferde
Die über 450 Jahre alte Spanische Hofreitschule in Wien ist die älteste Reitinstitution der Welt. Sie bildet Pferde für akrobatische Vorführungen aus – wie für diese Courbette, einen Vorwärtssprung.

- 83 871 Quadratkilometer
- 8,9 Millionen
- Wien
- Deutsch, 3 weitere Sprachen

Fast **zwei Drittel** Österreichs ist gebirgig. Die spektakulären **Gipfel**, **Gletscher**, **Wälder** und steilen **Wiesen** der **Alpen** beherrschen die Landschaft. Aber das Land ist auch für **Paläste** und **Burgen**, **Kunst** und **Musik** bekannt.

Bergseen
Zwischen den Gipfeln der Österreichischen Alpen liegen viele Seen, deren Betten in der Eiszeit von Gletschern ausgegraben und geformt wurden. Der Vordere Gosausee bei Salzburg liegt auf 933 m Höhe.

Schweiz

Matterhorn
Der pyramidenförmige Gipfel des Matterhorns erreicht eine Höhe von 4478 m. Es ist der am leichtesten wiedererkennbare Berg der Alpen.

Alpensteinbock
An den felsigen Hängen der Schweizer Alpen lebt der Steinbock. Diese wilde Ziegenart hat gepolsterte Hufe, um gut klettern zu können.

Über die Hälfte des Genfer Sees liegt in der Schweiz, der Rest in Frankreich.

Zürich ist die größte Stadt des Landes.

Schweizer Schokolade
Mit ihrer weichen Textur und dem überragenden Geschmack ist Schweizer Schokolade weltweit beliebt. Das Land produziert 200 000 Tonnen Schokolade jährlich mit Marken wie der unverwechselbaren Toblerone.

Der größte Teilchenbeschleuniger am CERN heißt Large Hadron Collider (LHC).

Kernphysikalische Forschung
Das CERN nahe Genf ist ein bedeutendes Zentrum der Grundlagenforschung. Dazu gehört der größte Teilchenbeschleuniger der Welt zur Erforschung des Aufbaus von Atomen in einem Tunnel von 27 km Länge.

Altstadt von Bern
Das Zentrum der Schweizer Hauptstadt ist voller mittelalterlicher Sehenswürdigkeiten, etwa dem Käfigturm, einem Torturm, der einst als Gefängnis diente.

- 41 285 Quadratkilometer
- 8,4 Millionen
- Bern
- Deutsch, Schweizerdeutsch, Französisch, 2 weitere Sprachen

Das **Alpenland**, das im Norden durch den **Jura** begrenzt wird, ist für den **Skitourismus** bekannt, aber auch für **Uhren** und **Schokolade** sowie als **Bankenzentrum**.

Slowakei

Bemalte Häuser

Die traditionellen Blockhäuser in dem Dorf Čičmany im Norden der Slowakei stehen wegen ihrer ungewöhnlichen geometrischen Verzierungen unter Denkmalschutz. Die Muster wurden einst von den Frauen des Dorfs mit Kalkschlamm gemalt.

Erhabene Gipfel

Die Hohe Tatra, ein Teil der Karpaten, bildet die Grenze der Slowakei mit Polen. In den schroffen Bergen und an den Seen leben Luchse, Gämsen, Murmeltiere und Adler.

Ostereier

Bunte Eier sind eine Ostertradition in der Slowakei. Sie können einfach gefärbt oder – wie hier – handbemalt sein.

Zum Spielen hält man die Fujara senkrecht.

Fujara

Die Fujara, ursprünglich eine Flöte der Schäfer, ist heute als Volksmusikinstrument bei Festen beliebt.

Bären im Gebirge

Eine wachsende Zahl von über tausend Braunbären durchstreift die Hohe Tatra. Mit den kräftigen Krallen gräbt der Bär zwischen Steinen nach Nahrung.

Die Blütenhüllblätter biegen sich nach außen.

Wildblumen

Der Türkenbund, eine Lilienart, wird bis zu 1,8 m hoch. Der Stängel trägt bis zu 50 Blütenstände mit typischer „Turbanform". Der Türkenbund wächst wild an den Hängen der Karpaten.

- 49 035 Quadratkilometer
- 5,4 Millionen
- Bratislava
- Slowakisch, Ungarisch, Tschechisch

Die Slowakei wurde im Jahr **1993** ein **unabhängiger Staat**. Die **Gebirgslandschaft** ist voller historischer **Burgen**. Die **Hauptstadt Bratislava** besitzt eine gut erhaltene **Altstadt**.

Ungarn

Ungarischer Geschmack
Das typisch ungarische Gewürz ist Paprikapulver, das aus getrockneten, scharfen Chilipaprikafrüchten gemahlen wird. Es wird z. B. in Gulasch verwendet.

Auffallende Blumenmuster sind das häufigste Design.

Ungarische Stickereien
Die Volkskunst erlebte im 19. Jh. einen Aufschwung, als Ungarn seine nationale Identität fand. Gestickte Trachten werden auf Festen getragen.

Zauberwürfel von Rubik
1974 schuf der Erfinder Ernő Rubik den Zauberwürfel – ein dreidimensionales Farbpuzzle. Über 400 Mio. Exemplare dieser Rubik-Zauberwürfel wurden weltweit verkauft.

Nationalsport Wasserball
Die Wasserball-Nationalmannschaft sowohl der Frauen als auch der Männer ist exzellent. Die Männer haben 15 Olympiamedaillen und 11 Weltmeisterschaften gewonnen.

- 93 028 Quadratkilometer
- 9,8 Millionen
- Budapest
- Ungarisch (Magyar)

Das Land, dessen Einwohner sich selbst **Magyaren** nennen, verlor nach dem Ersten Weltkrieg zwei Drittel der Fläche. Heute ist es für **Volkskunst**, **Thermalbadeorte** und den **Plattensee** bekannt.

Die Széchenyi-Kettenbrücke ist eine der Brücken, die die Stadtteile Buda (links) und Pest (rechts) verbinden.

Hauptstadt Budapest
Die Donau trennt zwei einst eigenständige Städte. Auf der Westseite liegt das ruhige Buda mit dem Burgpalast und der Altstadt. Auf der Ostseite das geschäftige Pest mit dem Parlament und dem Einkaufsviertel.

Serbien

Das Wappen zeigt einen zweiköpfigen Adler auf einem roten Schild.

Grauwolf
Das Nationaltier Serbiens ist der Grauwolf, der in vielen örtlichen Liedern und Mythen eine Hauptrolle spielt.

Die Hauptstadt Belgrad liegt auf zahlreichen kleineren Hügeln.

Diese Kopfskulptur mit fischartigen Merkmalen ist etwa 9000 Jahre alt.

Lepenski Vir
Die archäologische Fundstätte Lepenski Vir am Ufer der Donau birgt eine der ältesten Siedlungen Europas. Man hat dort mehrere gut erhaltene Skulpturen und Gebäude ausgegraben.

Himbeeren
Serbien ist eines der führenden Exportländer für Himbeeren. Sie werden vor allem im Westen des Landes angebaut.

Djokovic mit der Trophäe des US-Open-Tennisturniers 2011.

Grand Slam
Der serbische Tennismeister Novak Djokovic errang bisher 18 Grand-Slam-Titel. Sein Talent wurde entdeckt, als er erst vier Jahre alt war.

Nationalparks in Serbien
Serbien hat fünf Nationalparks. In den Bergen östlich von Užice liegt der Nationalpark Tara, der für den Drina-Canyon (unten) berühmt ist.

- 77 474 Quadratkilometer
- 7 Millionen
- Belgrad
- Serbisch, Ungarisch

Der **mitteleuropäische Staat** ist eines der Länder, die **früher** die Republik **Jugoslawien** bildeten. Die Hauptstadt **Belgrad** ist seit **über 7000 Jahren bewohnt**. Sie liegt an der **Donau**, die auf einer Strecke von 588 km durch Serbien fließt.

Kroatien

„Arena“ (Amphitheater) von Pula

Das im 1. Jh. v. Chr. erbaute römische Amphitheater diente als Kampfstätte für Gladiatoren und konnte bis zu 23 000 Zuschauer fassen.

Windsurfing

Die starken Winde an der kroatischen Küste sind perfekt für Windsurfer. Viele internationale Windsurfwettbewerbe werden hier abgehalten.

Nationalpark Plitvicer Seen

In diesem ausgedehnten Schutzgebiet gibt es viele Wasserfälle, etwa den 16 m hohen Galovac-Fall (Galovački Buk).

56 594 Quadratkilometer

4,2 Millionen

Zagreb

Kroatisch

Kroatien hat eine 6000 km lange **Adriaküste**, **idyllische Inseln** und **Nationalparks**, sodass es ein beliebtes Ziel für Touristen ist. Bis **1991** war das Land ein Teil von **Jugoslawien**.

Gänsegeier

Mit einer Flügelspannweite bis zu 2,65 m ist der Gänsegeier einer der größten Vögel der Erde. Er nistet auf den Inseln im Norden des Landes wie Cres und Krk.

Stadtmauern

An der Adriaküste in Südkroatien liegt Dubrovnik, das für seine Altstadt mit den roten Ziegeldächern, die Stadtmauer und die historischen Befestigungen, aber auch die Badestrände berühmt ist.

Bosnien und Herzegowina

Freiluftschach
Viele riesige Schachbretter gibt es in den Straßen und Parks von Sarajevo, die von den Bewohnern gern genutzt werden.

Natürliche Quelle
Die Vrelo Bune, die Quelle der Buna, entspringt aus einer Karsthöhle an einem malerischen Ort mit Kloster bei Blagaj.

- 51 197 Quadratkilometer
- 3,8 Millionen
- Sarajevo
- Bosnisch, Serbisch, Kroatisch

Das Land besteht aus **zwei Regionen**: **Bosnien** und **Herzegowina**. Es gibt hier populäre **Skigebiete**, prächtige **Wasserfälle** und die **historische Stadt Mostar**, die ottomanische Architektur mit moderner Straßenkunst verbindet.

Der 175 m hohe Avaz Twist Tower ist das höchste Gebäude in Sarajevo.

Straßenbahn
Das bis 1885 zurückreichende Straßenbahnnetz von Sarajevo ist eines der ältesten Europas. 95 Linien verbinden die Stadtteile.

Spektakuläre Brücke
Die Stari Most („Alte Brücke") verbindet die beiden Hälften der Stadt Mostar. Wagemutige Leute springen von der Brücke in die Neretva – 23 m tief.

Montenegro

Rafting
Mit rasanten Stromschnellen über eine Strecke von 18 km ist die Tara ein beliebter Fluss für das Wildwasserfahren.

Der zweiköpfige Adler auf der Flagge repräsentiert die Einheit zwischen Staat und Kirche.

Die Hauptstadt Podgorica liegt am Zusammenfluss der Morača und der Ribnica.

- 13 812 Quadratkilometer
- 609 900
- Podgorica
- Montenegrinisch, Serbisch, 3 weitere Sprachen

Im **winzigen Staat** Montenegro findet man mittelalterliche Städte im schroffen **Dinarischen Gebirge** und Flüsse, die dramatische **Schluchten** in den **Kalkstein** schneiden. Mit einer Tiefe von 1300 m ist die **Tara-Schlucht** die tiefste Europas.

Bucht von Kotor
Die malerische Bucht an der Adriaküste säumen Kalkfelsen und mehrere mittelalterliche Städte.

Kosovo

Nationalbibliothek
Das von dem kroatischen Architekten Andrija Mutnjaković entworfene Kuppelgebäude in Priština birgt über 2 Mio. Bücher und geschichtlich wertvolle Dokumente.

Leckere Mahlzeit
Populär im Kosovo ist Burek, ein Blätterteiggericht mit einer Füllung aus Käse, Spinat oder Fleisch.

Judokameisterin
Majlinda Kelmendi (in Weiß) ist 2-malige Judo-Weltmeisterin und die erste Kosovarin mit einer olympischen Goldmedaille.

Kosovo war Teil Serbiens, bis es **2008** die **Unabhängigkeit** erklärte. Hohe Gebirge bilden die Grenzen, der höchste Berg ist die **Gjeravica**. Die meisten Einwohner leben in den **fruchtbaren Ebenen** im Zentrum.

- 10 887 Quadratkilometer
- 1,9 Millionen
- Priština
- Albanisch, Serbisch, 4 weitere Sprachen

Zypern

Festung von Kyrenia
Jahrhundertelang schützte eine Festungsanlage den Hafen von Kyrenia. Der heutige Bau stammt großteils aus dem 16. Jh.

Diese reich verzierte Kupferkanne dient zum Ausschenken von Kaffee.

Kupferkanne
Kupfer wird auf Zypern seit 6000 Jahren abgebaut. Traditionell haben Handwerker daraus Kupferwaren wie Kochtöpfe oder Kannen hergestellt.

Soutzoukos
Für dieses zypriotische Konfekt werden Nüsse mit einer Traubensaft-Kuvertüre überzogen, die eine zähklebrige Textur ergibt.

Katzeninsel
Seit der Antike ist die Insel für ihre vielen Katzen bekannt. Es gibt fast 300 000 Katzen auf der Insel.

Apollo, der griechische Sonnengott, ist hier mit seinem Instrument, der Leier, dargestellt.

Mosaike von Paphos
Antike Bodenmosaike mit Szenen aus der griechischen Mythologie wurden 1962 in Paphos entdeckt. Heute sind sie im Archäologischen Park zu bestaunen.

Geteilte Stadt
Die Hauptstadt Nikosia ist in einen griechischen und einen türkischen Teil geteilt. Die Minarette der historischen Selimiya-Moschee überragen den türkischen Teil.

- 9251 Quadratkilometer
- 1,3 Millionen
- Nikosia
- Griechisch, Türkisch

Spuren der **reichen Vergangenheit** dieser **Mittelmeerinsel** sind die **steinzeitlichen Siedlungen**, **römischen Ruinen** und **byzantinischen Kirchen**. Seit 1974 ist Zypern **geteilt**: Die **Türkei** kontrolliert den Nordteil, griechische Zyprioten den südlichen Teil.

Matka-Schlucht
Diese westlich von Skopje gelegene Schlucht ist für ihre vielen Höhlen und mittelalterlichen Klöster sowie den Matka-Stausee bekannt.

Nordmazedonien

Theater von Lychnidos
Das um 200 v. Chr. am Ohridsee erbaute Theater zeigt die griechischen Wurzeln der Stadt Ohrid. Es wurde in den 1980ern wiederentdeckt. Heute nutzt man es für Shows und Konzerte.

- 25 713 Quadratkilometer
- 2,1 Millionen
- Skopje
- Mazedonisch, 4 weitere Sprachen

Nordmazedonien wurde im Jahr **1991 unabhängig**, als der frühere Staat **Jugoslawien** in neue Nationen zerfiel. Die **Bergwanderwege** sind ebenso populär wie die **unberührten Seen**, etwa der Ohridsee.

Nationalpark Theth
Die umwerfende Landschaft, das Tal der Shala, der Wasserfall von Grunas und das Dorf Theth locken Wanderurlauber in die Albanischen Alpen.

Albanien

Tirana ist die größte und geschäftigste Stadt Albaniens.

Spitzensportlerin
Luiza Gega gewann bei den Europaspielen 2015 im 1500-m-Lauf erstmals eine Goldmedaille für Albanien.

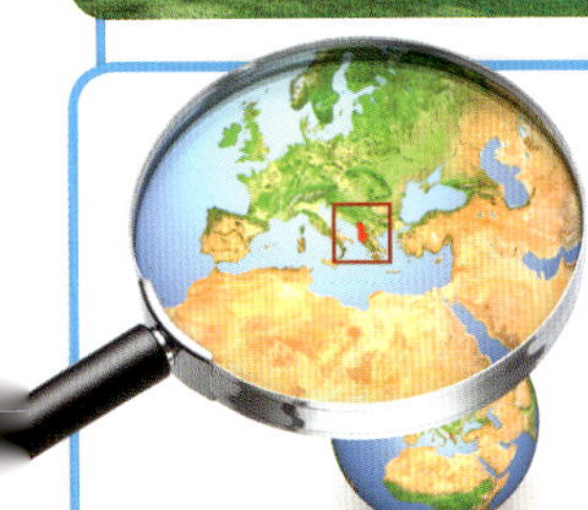

- 28 748 Quadratkilometer
- 3,1 Millionen
- Tirana
- Albanisch, Griechisch

In dem **Gebirgsland** in Südosteuropa gibt es viele **historische Burgen** in den spektakulären **Albanischen Alpen** und an der Küste. Die Hauptstadt **Tirana** ist für die **leuchtend gestrichenen Häuser** bekannt.

Griechenland

Die Fackelläufer tragen einen Olivenzweig als Friedenssymbol.

Olympischer Fackellauf
Die modernen Olympischen Spiele sind von Spielen im antiken Griechenland inspiriert. Heute entzündet man eine Fackel in Olympia bei Pýrgos und Läufer tragen sie durch Griechenland und danach durch das Austragungsland.

Kalamata-Oliven
Die violette Olivensorte wächst nur in Kalamata in Südgriechenland. Die Oliven werden handgepflückt und in Öl eingelegt.

Die Stadt der Athene
Die Hauptstadt Athen wurde nach der antiken griechischen Göttin Athene benannt. Viele Spuren der alten Zivilisation finden sich noch heute in der Stadt.

Der Parthenon ist ein Tempel auf der Akropolis („Oberstadt"), dem historischen Stadtberg in Athen.

Das antike Griechenland war eine der **ersten großen Zivilisationen Europas**. Damals verehrte man die **Götter des Olymp**. Heute strömen Touristen in das **Mittelmeerland**, erkunden die **alten Ruinen** und die Tausenden **malerischen Inseln**. Die Wirtschaft des Landes beruht vor allem auf dem **Tourismus** und der **Schifffahrt**.

- 131 957 Quadratkilometer
- 10,6 Millionen
- Athen
- Griechisch, 2 weitere Sprachen

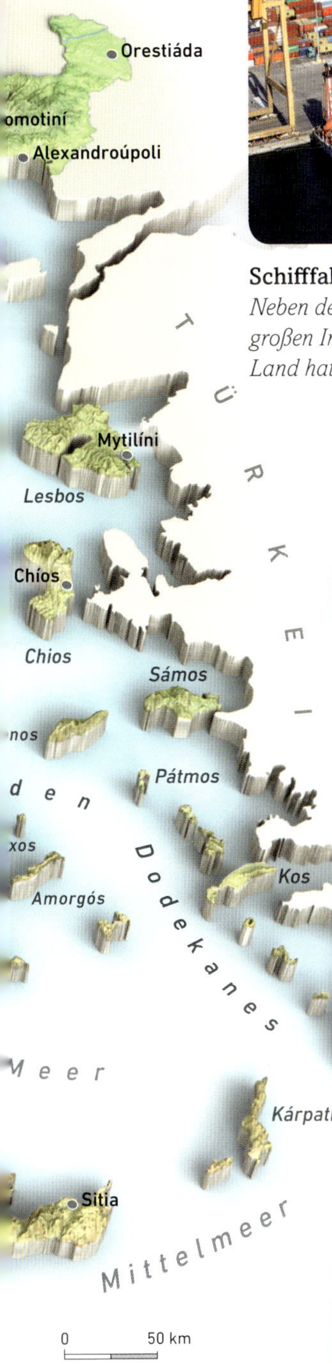

Schifffahrtsindustrie
Neben dem Tourismus ist die Schifffahrt eine der großen Industrien Griechenlands. Das maritime Land hat viele große Häfen wie Piräus (oben).

Russischer Bär
Im „Tal der Schmetterlinge“ im Bezirk Petaloúdes (nach petaloúda, „Schmetterling“) auf Rhodos lebt eine große Population des Russischen Bären, einer Nachtfalterart.

Die bunten Falter haben gestreifte Vorderflügel und Punkte auf den Hinterflügeln.

Antike Keramik
Seit Jahrtausenden fertigen geschickte Töpfer kunstvolle Keramik, oft mit Szenen aus griechischen Mythen. Diese Kanne zeigt, wie der Held Theseus den Minotaurus tötet.

Griechischer Salat
Der einfache Salat mit Tomaten, Gurken, Zwiebeln, Oliven, Feta (Schafskäse) und Olivenöl ist im ganzen Land beliebt.

Insel Santorin (Santoríni)
Zu Griechenland gehören sehr viele Inseln im Mittelmeer. Santorin im Ägäischen Meer ist berühmt für seine weiß gekalkten Häuser.

Volksfeste
Der Kalender in Griechenland ist voller Feiertage und örtlicher Festlichkeiten, wie etwa dieses jährliche Volksfest im Dorf Pefkohori. Volksmusik und Tänze gehören ebenso zu diesen besonderen Feiern wie ein Festmahl im Freien.

Geografie: Griechenlands Landschaft zeigt sich oft sehr karg. Von den rund 6000 Inseln sind nur etwa 227 bewohnt.

Geschichte: Vor über 2500 Jahren waren die Griechen wichtige Wegbereiter in der Politik, Philosophie und Wissenschaft.

Kultur: Die von der Antike inspirierte Architektur, etwa griechische Säulen an Gebäuden, findet man heute weltweit.

Naturwunder: Beispiele für eine spektakuläre Landschaft sind die Felsen von Meteora und die Samaria-Schlucht auf Kreta.

Tierwelt: In Griechenland gibt es Bären, Ziegen, Luchse, Wölfe und Rehe.

Essen und Trinken: Zur mediterranen Küche gehören Fisch und Fleisch vom Grill, frisches Obst und Gemüse, Käse und Olivenöl.

Bulgarien

Europa

Gold von Varna

Der älteste Goldschatz der Welt wurde in einem prähistorischen Gräberfeld im Stadtgebiet von Varna gefunden. Er stammt etwa von 4600 v. Chr.

Tal der Rosen

Bulgarische Damaszener-Rosen werden in einem Tal am Fuß des Balkangebirges angebaut, um aus ihnen Duftöle zu gewinnen.

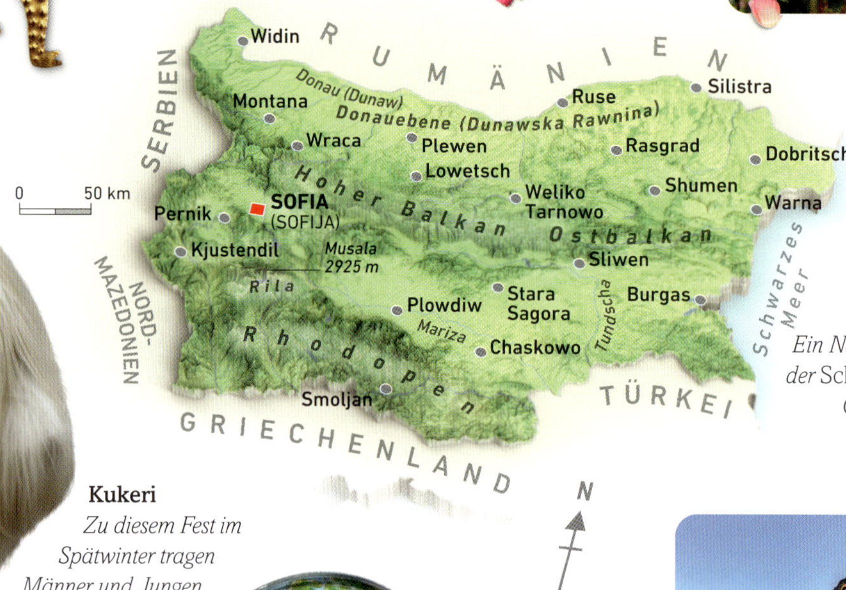

***Schopska*-Salat**

Ein Nationalgericht Bulgariens ist der Schopska-Salat aus Tomaten, Gurken, Zwiebeln und Käse.

Kukeri

Zu diesem Fest im Spätwinter tragen Männer und Jungen Tierfelle, um böse Geister zu vertreiben.

Bulgarien ist ein sehr **gebirgiges Land** mit einer **Schwarzmeerküste** und langen, sandigen Stränden. Im Norden bildet die **Donau** die Grenze zu Rumänien.

- 110 879 Quadratkilometer
- 7 Millionen
- Sofia
- Bulgarisch, 2 weitere Sprachen

Rila-Kloster

Der bulgarische Nationalheilige, Iwan von Rila, gründete das Kloster im Rilagebirge.

Sieben Seen im Rilagebirge

Eine Gruppe von sieben Seen, die nach ihrer jeweiligen Form (etwa „Fisch", „Auge" und „Träne") benannt sind, liegen nahe des Musala, des höchsten Bergs im Rila, südlich von Sofia.

Rumänien

Wandgemälde
Klöster in der Region Bucovina um Suceava sind mit bunten Fresken aus dem 15. Jh. bemalt, die biblische Geschichten darstellen.

Schloss Bran
Dieses Schloss in den Karpaten aus dem 14. Jh. gilt als Vorbild für den Schauplatz des Romans Dracula *von Bram Stoker.*

Mărțișor-Amulette
Jeden Mărțișor (was „1. März“ bedeutet) schenken Rumänen ihren Lieben zum Frühlingsanfang ein Glücksamulett.

Rote und weiße Bänder trägt man im März um den Hals und die Handgelenke.

Rosapelikane
Im Sommer sammeln sich Tausende Rosapelikane zum Brüten im Donaudelta östlich von Tulcea.

Nadia Comăneci erhielt bei den Olympischen Spielen 1976 als erste Turnerin überhaupt die höchste Bewertung von 10,0 am Stufenbarren – mit nur 14 Jahren.

Kunstturnen
Das Kunstturnen hat in Rumänien eine lange Erfolgsgeschichte. Rumänische Kunstturner haben bei den Olympischen Sommerspielen über 70 Medaillen gewonnen.

238 391 Quadratkilometer
21,3 Millionen
Bukarest
Rumänisch, 3 weitere Sprachen

Rumänien in Südosteuropa ist **eines der größten Länder Europas**. Es ist für den Gebirgszug der **Karpaten**, die **transsylvanischen Wälder** und seine **Schlösser** und **Burgen** bekannt.

Ukraine

Kuppeln aus Gold
Das St.-Michaels-Kloster in Kiew mit seinen goldenen Kuppeln ist ein Mönchskloster und der Sitz der orthodoxen Kirche der Ukraine.

Im Antonow-Werk in Kiew werden seit 1920 Flugzeuge in Serienfertigung produziert.

Flugzeugindustrie
Seit Jahrzehnten ist die Ukraine eine industrielle Hochburg, in der viele Flugzeugtypen hergestellt werden, unter anderem große Frachtflugzeuge wie die Antonow An-225 „Mrija".

Männlichen Rehen wächst jedes Jahr ein neues Geweih.

Reh
Der Einzelgänger mit dem weißen Hinterteil und dem kurzen Schwanz lebt in den Wäldern.

Getreideanbau
Dank den weiten fruchtbaren Ebenen und dem milden Klima ist die Ukraine einer der wichtigsten Produzenten von Weizen, Mais, Gerste und Soja. 2019 wurden fast 75 Mio. Tonnen Getreide geerntet.

- 603 550 Quadratkilometer
- 43,9 Millionen
- Kiew
- Ukrainisch, Russisch, Tatarisch

Die **früher** zur **Sowjetunion** gehörende Ukraine wurde 1991 eine **unabhängige Republik**. Das Land wird wegen seiner **fruchtbaren Felder** manchmal „**Brotkorb Europas**" genannt.

Die Bandura ist ein Saiteninstrument ähnlich einer Laute.

Junge Musiker
Traditionelle Volksmusik ist in der ganzen Ukraine beliebt. Die Themen reichen von Liebesliedern bis zu politischen Songs.

Belarus

Nationalpark Belaweschskaja Puschtscha
Der Nationalpark schützt uralte Mischwälder. Die Hälfte dieses 1500 Quadratkilometer großen Urwalds liegt im Nachbarland Polen und gehört zum Białowieża-Nationalpark.

207 600 Quadratkilometer

9,5 Millionen

Minsk

Belarusisch, Russisch

Belarus, dessen Name auch (veraltet) als „Weißrussland" übersetzt wird (eigentlich: „Westliche Rus"), ist großteils von **Wäldern** und **Sümpfen** bedeckt, in denen es **Wildschweine**, **Elche**, **Wölfe** und die seltenen **Wisente** (*Zubr*) gibt.

Modernes Minsk
Zwei Flüsse, die Swislatsch und die Njamiha (unten), fließen durch Minsk – die Hauptstadt und das industrielle Zentrum von Belarus.

Moldau

Festung von Soroca
Sie wurde im 15. Jh. zur Verteidigung des Fürstentums Moldau nach Osten gebaut. Die runden Türme widerstehen Kanonen.

33 851 Quadratkilometer

3,4 Millionen

Kischinau

Moldauisch, Ukrainisch, Russisch

Die Republik Moldau oder Moldawien erklärte **1991** die **Unabhängigkeit** von der Sowjetunion. Der **Binnenstaat** liegt auf hügeligem Terrain. Die **sanften Erhebungen** sind voller **Weingüter** und **Obstplantagen**.

Lavendelernte
Auf den fruchtbaren Böden gedeiht Lavendel im trockenen, warmen Klima gut. Aus den Blumen extrahiert man Duftöle.

Russland

Erster Mensch im Weltall
Als erster Mensch im Weltall umkreiste der sowjetische Kosmonaut Juri Gagarin 1961 in der Raumkapsel Wostok 1 *die Erde – 108 Minuten lang.*

Wolkenkratzer in Moskau
Größte Stadt ist die Hauptstadt Moskau, die an der Moskwa liegt. Moderne Wolkenkratzer im Geschäftsviertel kontrastieren mit der historischen Architektur um den Roten Platz.

Matrjoschkas
Hölzerne Puppen, die Matrjoschkas („Kleine Matronen"), werden seit den 1890ern in Russland handgefertigt. Sie bestehen jeweils aus mehreren Einzelpuppen, die man ineinander schachteln kann.

St. Petersburg
Die goldene Kuppel der Isaakskathedrale dominiert die Silhouette der einstigen Hauptstadt des Zarenreichs. In der historischen Hafenstadt und ihren Palästen gibt es viele Weltklassemuseen.

Russland ist der **größte Staat der Erde**. Er reicht über **11 Zeitzonen** und zwei Kontinente von **Osteuropa** bis zur **Pazifikküste in Asien**. Der **Ural** teilt ihn in einen europäischen und einen asiatischen Teil. In der **sibirischen Wildnis** im Osten liegt der **kälteste bewohnte Ort** der Erde: **Oimjakon** östlich von Jakutsk, wo die Temperatur im Winter auf **unter –50 °C** fällt.

- 17 098 242 Quadratkilometer
- 141,7 Millionen
- Moskau
- Russisch, Tatarisch, Ukrainisch, Tschuwaschisch, weitere Sprachen

Nenet

Hoch in der sibirischen Arktis, auf der Jamal-Halbinsel, leben die Nenet. Die nomadischen Rentierhirten tragen im langen Winter bei Temperaturen weit unter null Grad dicke Felle.

Baikalsee

Der größte Süßwassersee der Erde ist der Baikalsee in Südsibirien. Der 25 Mio. Jahre alte See enthält etwa 20 % des Süßwassers der Erdoberfläche.

Tänzer des berühmten Bolschoi-Theaters führen Don Quixote *auf.*

Russisches Ballett

Russland ist für seine klassische Ballett-tradition bekannt. Hier entstanden einige der berühmtesten Stücke wie z. B. Schwanensee.

Lange Reise

Die Züge auf der Hauptlinie des Netzwerks der Transsibirischen Eisenbahn brauchen 8 Tage für die Fahrt von Moskau im Westen bis nach Wladiwostok im Osten – eine Strecke von 9289 km.

Sibirischer Tiger

Der Sibirische Tiger oder Amurtiger besitzt ein dickes Fell gegen die Kälte in den eisigen Wäldern Ostrusslands. Nur etwa 500 dieser Großkatzen leben noch in der Natur.

Geografie: Das riesige Land hat Gebirge, Wälder, baumlose Tundra, Grassteppen und Wüsten. Der längste Fluss Europas, die Wolga, fließt durch Mittelrussland.

Geschichte: Russland wurde monarchisch von Zaren regiert, bis 1917 die Kommunisten in einer Revolution die Sowjetunion gründeten, die 1991 zerfiel.

Kultur: Zur russischen Kultur gehören die Romane von Tolstoi, die Musik von Tschaikowski und Sportler wie die Tennisspielerin Scharapowa.

Tierwelt: In den vielen verschiedenen Lebensräumen leben Luchse, Amurleoparden, Rothirsche, Braunbären, Belugawale und Störche.

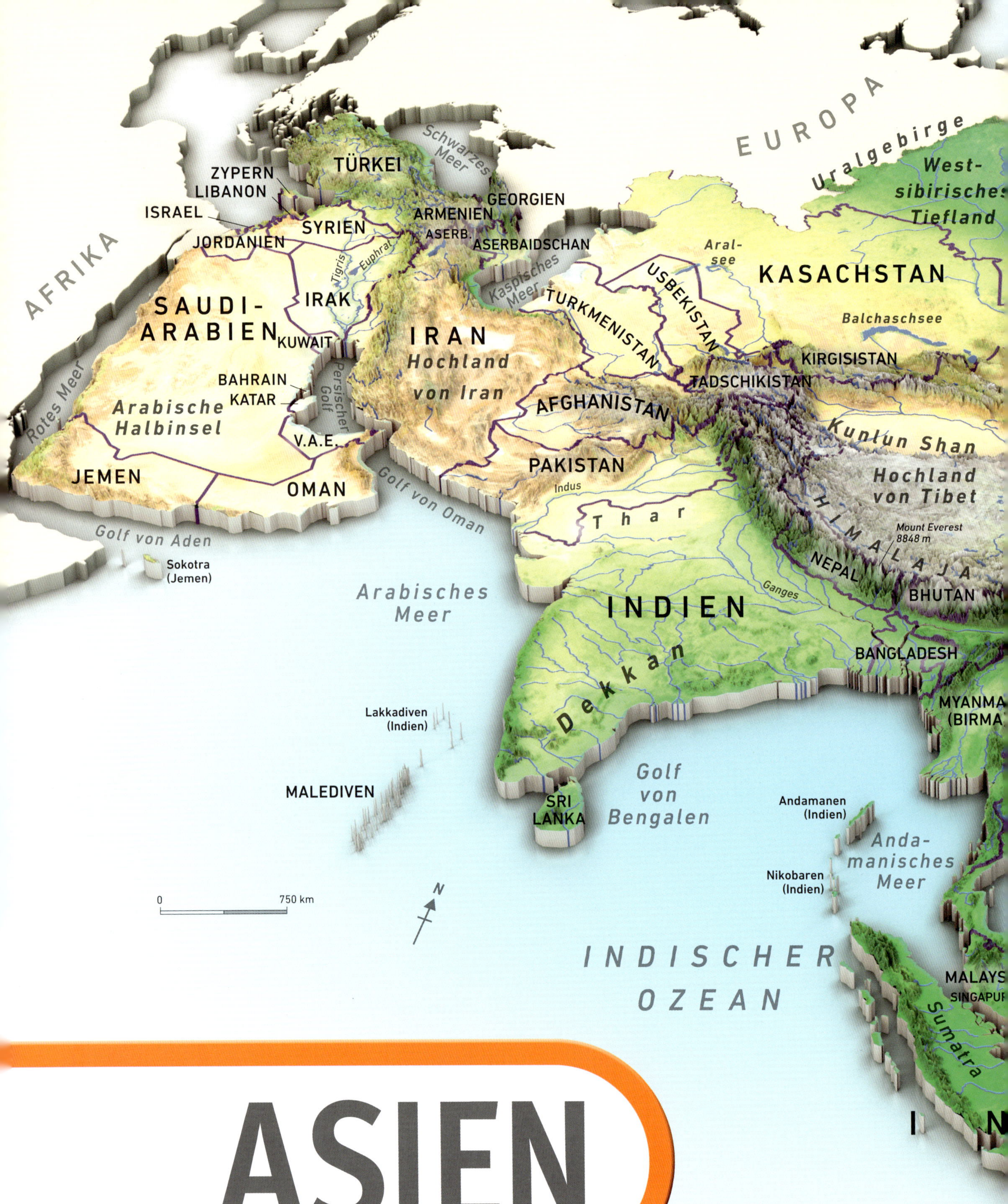
EUROPA
Uralgebirge
Westsibirisches Tiefland
AFRIKA
Schwarzes Meer
TÜRKEI
ZYPERN
LIBANON
ISRAEL
SYRIEN
GEORGIEN
ARMENIEN
ASERB.
ASERBAIDSCHAN
JORDANIEN
Tigris
Euphrat
Kaspisches Meer
Aralsee
KASACHSTAN
USBEKISTAN
TURKMENISTAN
SAUDI-ARABIEN
IRAK
KUWAIT
IRAN
Hochland von Iran
Balchaschsee
KIRGISISTAN
TADSCHIKISTAN
BAHRAIN
KATAR
Persischer Golf
Rotes Meer
Arabische Halbinsel
AFGHANISTAN
V.A.E.
Kunlun Shan
JEMEN
OMAN
PAKISTAN
Indus
Hochland von Tibet
Golf von Oman
Thar
HIMALAJA
Mount Everest 8848 m
Golf von Aden
NEPAL
Sokotra (Jemen)
Ganges
BHUTAN
Arabisches Meer
INDIEN
BANGLADESH
Dekkan
MYANMAR (BIRMA)
Lakkadiven (Indien)
MALEDIVEN
SRI LANKA
Golf von Bengalen
Andamanen (Indien)
Andamanisches Meer
Nikobaren (Indien)
0
750 km
N
INDISCHER OZEAN
MALAYSIA
SINGAPUR
Sumatra

ASIEN

Kara-
see
Laptew-
see
Wrangel-
Insel
Ost-
sibirische
See
NORD-
AMERIKA
Bering-
straße
Mittel-
sibirisches
Bergland
Ob'
Lena
S i b i r i e n
R U S S L A N D
Kamtschatka
Ochotskisches
Meer
Sachalin
Kurilen
A l t a i
MONGOLEI
Gobi
Innere Mongolei
NORD-
KOREA
JAPAN
C H I N A
Huang He
SÜD-
KOREA
Honshu
Gelbes
Meer
Jangtsekiang
Ost-
chinesisches
Meer
LAOS
TAIWAN
Ryukyu-Inseln
HAILAND
Hainan
P A Z I F I S C H E R
O Z E A N
Luzon
KAMBODSCHA
VIETNAM
Philippinen-
see
Süd-
chinesisches
Meer
PHILIPPINEN
Sulu-
see
Mindanao
BRUNEI
MALAYSIA
Celebes-
see
Borneo
D O N E S I E N
Sulawesi
(Celebes)
Java
Javasee
Molukken
Banda-
see
Floressee
Flores
TIMOR-
LESTE
(OSTTIMOR)
Neuguinea
Arafura-
see
Timor-
see

Türkei

Strand von Patara
Der 18 km lange Strand von Patara südlich von Muğla liegt nahe den Ruinen der antiken Stadt Patara.

Süßer Blätterteig
Eine beliebte türkische Spezialität ist Baklava, *eine Süßspeise aus Honig, Nüssen und Blätterteig.*

Süleyman I., der Prächtige
Die Türkei war das Kernland des Osmanischen Reichs. Unter der Herrschaft von Süleyman I. (1520–1566) dehnte sich das Reich bis nach Europa, Nordafrika und Westasien aus.

Majestätische Moschee
Die Sultan-Ahmed-Moschee aus dem 17. Jh. ist ein imposantes Gebäude im ältesten Teil Istanbuls. Wegen der Verzierung der Kuppeln und Innenwände mit blau-weißen Kacheln nennt man sie auch die Blaue Moschee.

Dies ist eines der 6 Minarette, von denen man die Gläubigen zum Gebet ruft.

Die Türkei erstreckt sich von **Südosteuropa** nach **Westasien**. Als Brücke zwischen beiden Kontinenten mischen sich hier **islamische und westliche Traditionen**. Die größte Stadt, Istanbul, war das Zentrum des **Byzantinischen Reichs**, bis das Gebiet von den **Osmanen** erobert wurde, die die Türkei über **600 Jahre lang beherrschten**.

- 783 562 Quadratkilometer
- 82 Millionen
- Ankara
- Türkisch, 7 weitere Sprachen

Von Heißluftballons haben Touristen einen guten Blick auf die kappadokischen Felsformationen.

Feenkamine

Außerirdisch wirkende Felsen erheben sich aus der trockenen Landschaft Kappadokiens. Sie sind über Jahrmillionen durch die Erosion von vulkanischem Tuffgestein entstanden.

Die Muster, Farben und Symbole geben lokale Traditionen und Kulturen wieder.

Handgeknüpfte Teppiche

Schöne Teppiche, die man Kelims nennt, werden seit Jahrhunderten in der Türkei geknüpft.

Celsus-Bibliothek

Nahe der modernen Stadt Selçuk lag die antike Stadt Ephesos, eine wohlhabende römische Stadt, von der Ruinen wie diese Bibliothek aus dem 2. Jh. n. Chr. erhalten sind.

Großer Basar

Der berühmte Basar von Istanbul ist einer der ältesten überdachten Märkte. Es gibt alles – von Gewürzen bis zu Schmuck.

Derwische

Eine muslimische Gemeinschaft in der Türkei, die Derwische, drückt ihren Glauben durch wirbelnde Tänze und Gesänge aus.

Geschichte: Nach der Besetzung des Osmanischen Reichs im Ersten Weltkrieg bildete sich 1923 die Republik Türkei.

Kultur: Kunst und Kultur des Landes zeigen eine einzigartige Mischung östlicher und westlicher Einflüsse.

Naturwunder: Sehenswert sind die klaren Wasser der Türkischen Riviera um Muğla und Antalya und die ungewöhnlichen Felspyramiden Kappadokiens.

Essen und Trinken: Von Meze hin zu Kebab und Köfte vereinen türkische Gerichte Zutaten aus der arabischen, griechischen und westlichen Küche.

Aserbaidschan

Schlammvulkane

Im Qobustan-Nationalpark südwestlich von Baku gibt es über 300 Schlammvulkane. Sie spucken keine Lava aus, sondern ein kaltes Gas-Schlamm-Gemisch.

Mugham

Diese Musiker und Poeten machen traditionelle improvisierte aserbaidschanische Volksmusik, die man Mugham *nennt.*

Sehenswürdigkeit

Das Heydar-Aliyev-Zentrum in Baku ist ein Drehpunkt der Kultur des Landes. Berühmt ist seine wellenförmige Architektur.

- 86 600 Quadratkilometer
- 10,2 Millionen
- Baku
- Azeri (Aserbaidschanisch), Russisch

Aserbaidschan ist reich an **Erdöl** und **Erdgas**. An einigen Stellen strömt **Gas aus dem Boden**: es kann sich entzünden und dann **jahrelang brennen**. Daher nennt man Aserbaidschan auch das „**Land des Feuers**".

Syrien

Wasser für die Felder

Riesige Wasserschöpfräder aus dem 14. Jh., die Norias, *schöpften Wasser aus dem Fluss Orontes in Bewässerungskanäle zu den Feldern um Hama.*

Geschäftiger Basar

Der Suq al-Hamidiya *in Damaskus ist der größte Markt Syriens. Es gibt Handwerksartikel, Kleidung und Lebensmittel.*

Die Räder wurden durch die Strömung des Orontes angetrieben.

- 187 437 Quadratkilometer
- 19,4 Millionen
- Damaskus
- Arabisch, 7 weitere Sprachen

Syrien hat eine **lange und wechselhafte Geschichte** – die Hauptstadt Damaskus ist seit 8000 v. Chr. besiedelt. Das Land hat in den letzten Jahren Unruhen durch einen **Bürgerkrieg** erlebt, der 2011 begann und Millionen Menschen zwang, **aus ihrer Heimat zu flüchten**.

Georgien

Chidaoba
Diese Jungen betreiben Chidaoba, eine historische Einzelkampfsportart. Jeder Kampf dauert 5 Minuten und wird von Volksmusik und Tanz begleitet.

Land der Berge
Der spektakuläre Kaukasus verläuft durch Georgien. Das abgelegene Dorf Uschguli (unten) liegt am Fuße des Schchara, des höchsten Bergs des Landes.

Das am **Übergang zwischen Asien und Europa** liegende Georgien ist ein kleiner Staat an der **Ostküste des Schwarzen Meers**. Die Hauptstadt **Tiflis** besitzt viele **historische Sehenswürdigkeiten**, aber auch **moderne Architektur**.

- 69 700 Quadratkilometer
- 4 Millionen
- Tiflis
- Georgisch, 6 weitere Sprachen

Kathedrale von Etschmiadsin
Die Kathedrale westlich von Jerewan ist das religiöse Zentrum der armenisch-apostolischen Kirche. Blumenmuster und geometrische Formen zieren das Innere.

Armenien

Goldene Frucht
Die Nationalfrucht Armeniens ist die Aprikose, die hier seit mindestens 3000 Jahren angebaut wird.

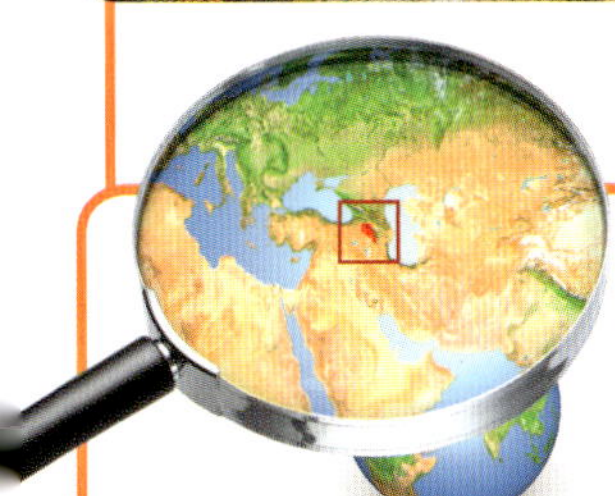

- 29 743 Quadratkilometer
- 3 Millionen
- Jerewan
- Armenisch, Azeri, Russisch

In der **Gebirgslandschaft** Armeniens gibt es zahlreiche **Schluchten**, **schnelle Flüsse** und **erloschene Vulkane**. Viele Menschen in dem Binnenstaat sind **Bauern**, aber der **Bergbau** und der **Tourismus** sind wachsende Wirtschaftszweige.

„Sinfonie in Stein"
Die Basaltschlucht bei Garni südwestlich von Jerewan nennt man auch „Sinfonie in Stein". Die hohen Basaltsäulen ähneln Orgelpfeifen.

Libanon

Die Zeder ist das Staatssymbol des Libanon.

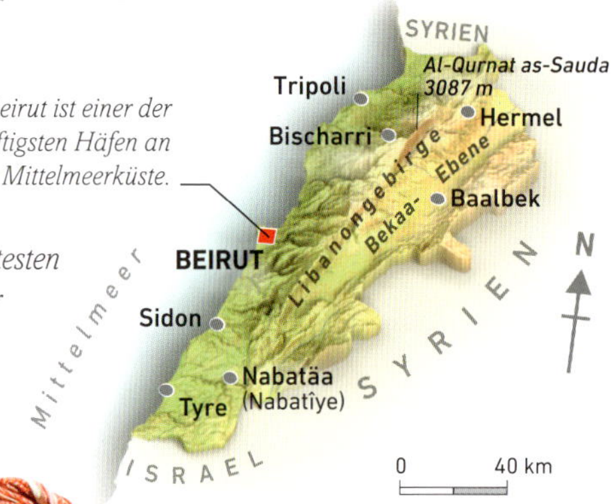

Beirut ist einer der geschäftigsten Häfen an der Mittelmeerküste.

Antike Weinregion
Die Bekaa-Ebene ist eines der ältesten Weinanbaugebiete der Erde. Der Wein ist seit biblischen Zeiten – seit 3000 Jahren – berühmt, und seit Kurzem erlebt er erneut einen Aufschwung.

Taubenfelsen
Diese Kalksteinfelsen stehen vor der Küste Beiruts. Sie sind eine beliebte Sehenswürdigkeit für Einheimische und Touristen.

- 10 400 Quadratkilometer
- 5,5 Millionen
- Beirut
- Arabisch, Französisch, Armenisch, Syrisch

Das **Mittelmeerland** ist seit jeher ein Knotenpunkt des **Handels**. Die Bevölkerung ist, für den Nahen Osten ungewöhnlich, eine Mischung aus etwa ebenso vielen **Muslimen** wie **Nicht-Muslimen**, darunter maronitische Christen und Drusen.

Ein Weinbauer präsentiert einen Korb frisch geernteter Trauben.

Fleischgericht
Das Nationalgericht ist Kibbeh. Die Klöße aus Hackfleisch, Zwiebeln, Gewürzen und Bulgur werden knusprig frittiert.

Israel

Neujahrsfest der Bäume
Zum jüdischen Feiertag Tu biSchevat *pflanzt man Bäume und isst Früchte wie Trauben, Feigen, Datteln und Granatäpfel.*

Über 5 Mio. Palästinenser leben im Westjordanland und in Gaza.

Derzeit erkennen die Vereinten Nationen Jerusalem nicht als Hauptstadt Israels an.

Altes Jerusalem
Die Altstadt, die bis auf 2000 v. Chr. zurückgeht, gilt im Judentum, im Christentum und im Islam als heilig. Für Juden sind die Klagemauer und für Muslime der Felsendom heilige Stätten.

- 21 937 Quadratkilometer
- 8,7 Millionen
- Jerusalem
- Hebräisch, Arabisch, weitere Sprachen

Israel wurde **1948** als **Heimat für das jüdische Volk geschaffen**. Seither gibt es Konflikte mit den **vertriebenen Palästinensern**, die im **Westjordanland** und im **Gazastreifen** leben.

Lebhaftes Tel Aviv
Die lebhafte Stadt am Mittelmeer hat die alte Hafenstadt Jaffa umschlossen. Tel Aviv ist für moderne Gebäude und seine Badestrände bekannt.

Jordanien

Mit über 20 Muskeln kann der Karakal jedes Ohr auf die leisesten Geräusche richten.

Wilder Jäger
Der Karakal, eine wilde Katzenart in den Halbwüsten Jordaniens, ist ein geschickter Jäger, der mit den kräftigen Hinterbeinen und dem guten Sehsinn Vögel und Nagetiere erbeutet.

Rot und Weiß sind zwei der Nationalfarben Jordaniens.

Traditioneller Kopfschmuck
Die Kufija *ist eine gemusterte Kopfbedeckung von Männern in der arabischen Welt.*

Ruinenstadt
Die antike Felsenstadt Petra erlebte vor 2000 Jahren ihre Blütezeit. Gut erhalten sind Tempel und Gräber, die in den Sandsteinfels gemeißelt wurden – wie etwa Ad-Deir, ein Grabtempel mit riesigen Kammern im Inneren.

Beduinengericht
In Jordanien beliebt ist Mansaf *aus der Tradition der Beduinen, ein Gericht aus gekochtem Lamm mit Reis und Joghurt.*

89 342 Quadratkilometer
10,8 Millionen
Amman
Arabisch

Der **heutige Staat Jordanien** wurde **1921** gegründet. Große Flächen des Landes sind **Wüsten**, in denen **Beduinen** ein nomadisches Leben führen. Millionen Jordanier leben auch in **modernen Städten** wie **Amman**.

Historisches Amman
Das auf sieben Hügeln erbaute Amman ist eine der größten Städte der arabischen Welt. Die Ruinen der antiken Zitadelle mit einem römischen Tempel liegen auf einem Hügel über der Altstadt.

Totes Meer
Der berühmte See ist eines der salzigsten Gewässer der Erde: fast 10-mal so salzig wie das Meer. Das Wasser ist so dicht, dass man nicht untergeht, selbst wenn man nicht schwimmt.

Irak

Zweistromland
Die großen Flüsse Euphrat und Tigris und deren Nebenflüsse bilden ein großes Flusssystem. Mit ihrem Wasser bewässert man das Land, um Felder fruchtbarer zu machen.

Leben auf dem Wasser
Die Marsch-Araber, die im Marschland des Südiraks leben, bauen Häuser und Boote aus dem dort reichlich wachsenden Schilf. Diese beduinische Volksgruppe lebt seit 5000 Jahren dort.

Tausendundeine Nacht
Das ist eine klassische Sammlung arabischer und persischer Volksmärchen. Viele spielen in Bagdad.

Antikes Stadttor
Das Ischtar-Tor von 575 v. Chr. war eines der Tore der mesopotamischen Stadt Babylon. Ein kleinerer moderner Nachbau steht außerhalb der antiken Ruinen östlich von Karbala.

Das Spiralminarett erhebt sich 52 m in die Höhe.

Religiöse Objekte
Die antiken Mesopotamier waren geschickte Handwerker und Künstler, die Schmuck und Statuen schufen wie etwa diese Figurine eines Betenden von etwa 2500 v. Chr.

Große Moschee von Samarra
Ein steinernes Minarett ist der einzige Überrest der einst größten Moschee der Welt, die im 9. Jh. n. Chr. in Samarra errichtet wurde.

Der **Staat Irak** in Südwestasien liegt in einer Region, die man **Mesopotamien** oder **Zweistromland** nennt. Hier erblühten die **ersten Zivilisationen** der Erde im **fruchtbaren Tal** der Flüsse **Tigris** und **Euphrat**. Die Landwirtschaft und die Schrift entstanden hier. Heute ist der Irak für seine großen **Vorräte an Erdöl** bekannt, das in viele Länder exportiert wird.

- 438 317 Quadratkilometer
- 38,9 Millionen
- Bagdad
- Arabisch, 4 weitere Sprachen

Iran

Großer Basar von Teheran
Reich verzierte Gewölbe schützen die geschäftigen Wege des historischen Markts in Teheran, wo die Menschen seit Jahrhunderten täglich einkaufen.

Paradiesgärten
Im antiken Persien begann man, formale Landschaftsgärten zu gestalten, die heute in der islamischen Architektur weit verbreitet sind. Der Eram-Garten in Shiraz ist einer der schönsten im Iran.

Nach den Sternen
Mit Astrolabien aus Messing bestimmten die Perser die Position der Sonne und der Sterne, um zu navigieren und die Richtung der heiligen Stadt Mekka zu finden.

Zereschk Polo
Der Dampfreis (Polo) *wird mit aromatischem Safran und pikanten Berberitzen* (Zereschk) *gewürzt und meist mit Hühnerfleisch gegessen.*

Elitekämpfer
Das Mosaik aus der antiken Stadt Susa zeigt die Elitesoldaten des ersten Perserreichs. Diese Truppe wurde die „Unsterblichen" genannt, denn immer, wenn ein Soldat starb, wurde er ersetzt, sodass es immer 10 000 Krieger waren.

Ernte mit der Hand
Der Großteil des Safrans der Welt kommt aus dem Iran. Er wird aus den feinen Blüten des Safrankrokus gewonnen, der von Hand gepflückt wird.

- 1 648 195 Quadratkilometer
- 84,9 Millionen
- Teheran
- Persisch, Azeri, 7 weitere Sprachen

Iran, das frühere **Persien**, hat eine Zivilisation, die bis ins 6. Jh. v. Chr. zurückgeht. **Teppiche**, **Dichtung** und **Metallarbeiten** sind berühmt. Das reiche kulturelle Erbe zeigt sich in der Vielfalt der **ethnischen Gruppen**, **Architekturstile** und den örtlichen **Traditionen**.

Saudi-Arabien

Oryxhörner können bis zu 80 cm lang werden.

Kulturfest
Saudi-Arabien feiert jedes Jahr das 2-wöchige Volks- und Kulturfest Al-Jenadriyah. Tausende kommen bei Riad zusammen und erfreuen sich an Tänzen und Mahlzeiten.

Diese Ölraffinerie steht in der Stadt Ad-Dammām, einem der ölreichsten Orte der Welt.

Ölexporte
Ein Fünftel aller bekannten Ölvorkommen der Erde liegen in den Ölfeldern Saudi-Arabiens. Das Land ist der führende Erdölexporteur.

Arabische Oryx
Die Oryx, eine Wüstenantilopenart, starb in der Wildnis 1972 aus, wurde aber in den 1980ern wieder ausgewildert. Heute streifen über tausend Oryx durch den Sand der Großen Arabischen Wüste.

Saisonale Flüsse
In Saudi-Arabien regnet es so wenig, dass es keine dauerhaften Flüsse gibt. Doch trockene Flussbetten, die Wadis, füllen sich bei kürzeren Regenperioden.

- 2 149 690 Quadratkilometer
- 34,2 Millionen
- Riad
- Arabisch

Das den **Großteil der Arabischen Halbinsel** einnehmende Saudi-Arabien ist das Zentrum des Islams und das Land der **heiligen Städte Mekka** und **Medina**. Dank der großen **Öl- und Gasvorräte** ist das Land eines der **reichsten** weltweit.

Heilige Stadt Mekka
Der Prophet Mohammed, der Gründer des Islams, wurde in Mekka geboren. Millionen Muslime besuchen die heilige Stadt für den Haddsch, die Pilgerfahrt.

Muslime beten in Richtung der Kaaba, dem allerheiligsten Schrein im Zentrum der Großen Moschee von Mekka.

Bahrain

Baum des Lebens
Trotz aller Widrigkeiten gedeiht ein einzelner Baum, passenderweise „Baum des Lebens" genannt, seit vier Jahrhunderten in der Wüste in einer dürren Gegend 40 km südlich von Manama.

Perlen aus Bahrain
Bahrain ist für natürliche Perlen hoher Qualität bekannt, die man aus Austern im Persischen Golf gewinnt. Die Perlen werden vor dem Verkauf genau auf Qualität und Größe geprüft.

- 760 Quadratkilometer
- 1,5 Millionen
- Manama
- Arabisch

Bahrain ist ein winziger **Inselstaat** in einer Bucht des Persischen Golfs. Es besteht aus über **30 natürlichen und künstlichen Inseln** und ist überwiegend flache **Wüste**. Die Wirtschaft beruht auf den enormen **Öl- und Gasvorräten**, dem **Finanzwesen** und dem **Tourismus**.

Kuwait

Wassertürme
Diese sehenswerten Türme, die seit 1979 an der Küste in Kuwait-Stadt stehen, sind zwei der 34 Wassertürme, die in der ganzen Stadt verteilt sind.

Die untere Hälfte dieser Kugel ist ein Wasserspeicher, die obere Hälfte ein Restaurant.

Auf Krabbenjagd
Tausende Reiherläufer leben an den Küsten Kuwaits. Sie waten im flachen Wasser und suchen nach Krebstieren.

- 17 818 Quadratkilometer
- 3 Millionen
- Kuwait-Stadt
- Arabisch, Englisch

Obwohl es klein ist, ist das **ölreiche** Kuwait eines der reichsten Länder der Erde. Der Großteil der Bevölkerung lebt in **Kuwait-Stadt**, einer weitläufigen Hauptstadt mit modernen **Wolkenkratzern**. **Kamelrennen** sind ein beliebter Sport.

Die Farben der VAE-Flagge repräsentieren vier arabische Dynastien.

Vereinigte Arabische Emirate

Nasen berühren

Eine traditionelle Begrüßung unter Männern in den Emiraten ist Khushmak*, eine leichte Berührung mit den Nasen.*

Vertikale Stadt

Mit 828 m ist der Burj Khalifa in Dubai das höchste Gebäude der Welt und das mit dem höchsten Lastenaufzug.

Der Wolkenkratzer hat mehr als 160 Stockwerke.

- 83 600 Quadratkilometer
- 10 Millionen
- Abu Dhabi
- Arabisch, 7 weitere Sprachen

Die Vereinigten Arabischen Emirate (VAE) sind ein **Bund von 7 Emiraten** (Ländern mit einem **Emir**, also einem Herrscher): Abu Dhabi, Dubai, Adjman, Ras al-Chaima, Umm al-Qaiwain, Shardja und Al-Fudjaira.

Katar

Hauptstadt an der Küste

Doha ist die quirligste Stadt. Im Geschäftsviertel am Ufer des Persischen Golfs stehen viele Wolkenkratzer.

Beduinen

Viele Traditionen in Katar, etwa an zeltlagerartigen Orten Musik zu spielen und zu singen, stammen von den Beduinen, den nomadischen Hirten in der Wüste.

Die Rababa ist ein Streichinstrument mit einer Saite.

- 11 586 Quadratkilometer
- 2,4 Millionen
- Doha
- Arabisch

Das Land Katar liegt auf einer **kleinen Halbinsel im Persischen Golf**. Es hat große Vorkommen von **Erdgas** und **Erdöl**, dank derer es zu einem sehr **reichen Land** wurde. Der Großteil der Landschaft sind **Sandwüsten** mit **Dünen**.

Oman

Bergdorf
In dem Dorf Balad Sayat im Hadschargebirge („Steingebirge") gibt es zahlreiche fruchtbare Ackerterrassen. Viele Menschen leben in den Bergen, wo das Klima kühler ist.

Bewässerung
Afladsch *(Einzahl:* Faladsch*) sind antike Bewässerungskanäle, die Wasser von höher gelegenen Quellen zu den Dörfern und Feldern führen.*

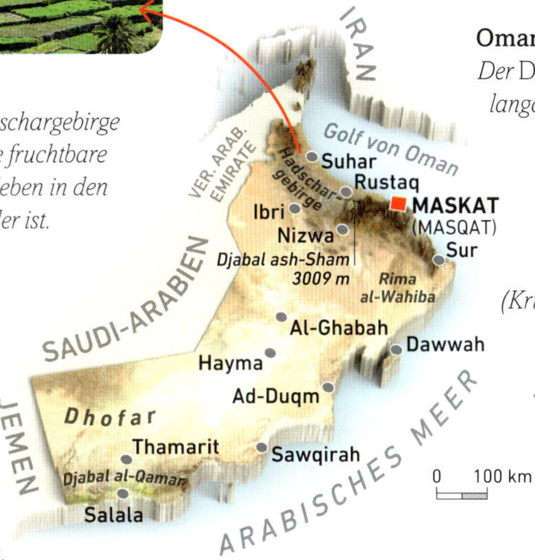

Omanisches Gewand
Der Dischdascha *ist ein langärmeliger, knöchellanger Umhang. Bei festlichen Anlässen trägt man ihn mit einem* Handschar *(Krummdolch).*

- 309 500 Quadratkilometer
- 4,7 Millionen
- Maskat
- Arabisch, 4 weitere Sprachen

Oman hat unter den Ländern der Arabischen Halbinsel die **wohl vielfältigste Landschaft** mit Sanddünen, erhabenen Bergen, grünen Oasen und schroffen Küsten. Die Hauptstadt **Maskat** liegt in dem fruchtbaren Streifen zwischen dem **Hadschargebirge** und dem **Golf von Oman**.

Jemen

Wüstenfestung
Al-Hadjara ist eine Stadt aus dem 12. Jh. mit befestigten Turmhäusern auf einer hohen Klippe, die gut gegen Angreifer geschützt war.

Drachenblutbaum
Dieser nur auf Sokotra wachsende Baum trägt seinen Namen wegen des blutroten Harzes, das aus der Rinde austritt.

- 527 968 Quadratkilometer
- 29,9 Millionen
- Sana
- Arabisch

Der Jemen ist überwiegend bergig. In der **Antike** war das Land dank seiner **Lage am Roten Meer** ein wichtiges **Handelszentrum**, vor allem für **Kaffee**, **Weihrauch** und **Myrrhe**. Seit 2015 verwüstet ein **Bürgerkrieg** das Land.

Usbekistan

Baumwolle
Der Baumwollanbau ist wirtschaftlich wichtig und die Ernte beschäftigt über eine Million Menschen.

Fladenbrot
Das scheibenförmige Fladenbrot, Obi genannt, backt man traditionell in einem Tandyr, *einem Tonofen.*

Kalon-Minarett
Dieses Minarett aus dem 12. Jh. in der alten Stadt Buchara diente dazu, die Gläubigen zum Gebet zu rufen, war aber auch ein Wachtturm gegen Invasoren.

- 447 400 Quadratkilometer
- 30,6 Millionen
- Taschkent
- Usbekisch, Russisch, Tadschikisch, Kasachisch

Wüsten bedecken den Großteil des Landes. Selbst der **Aralsee** ist fast ausgetrocknet. In den geschäftigen Städten der alten **Handelsrouten** wie Samarkand und Buchara gibt es sehr viele **Moscheen** mit Kachelmosaiken.

Turkmenistan

Krater von Derweze
Der seit 1971 brennende Krater ist ein Erdgaslager, über dem ein 20 m tiefer Krater eingestürzt ist.

Traditionelle Jurten
Früher lebten die meisten Menschen in Turkmenistan nomadisch in großen Zelten, die man Jurten nennt.

- 488 100 Quadratkilometer
- 5,5 Millionen
- Aschgabat
- Turkmenisch, 4 weitere Sprachen

Turkmenistan liegt am **Kaspischen Meer**, ist aber überwiegend **sonnenverbrannte Wüste**. Das Land hat reiche **Erdöl- und Erdgasvorräte**. Der Hauptexportartikel ist Gas. Die beiden **Oasenstädte** Mary und Tejen sind Zentren des **Baumwollanbaus**.

Turkmenischer Schmuck
Der handgefertigte prunkvolle Schmuck mit Edelsteinen – wie der Kopfschmuck und die Halskette im Bild – gilt traditionell als Wohlstandssymbol.

Kasachstan

2013 startete dieses Sojus-Raumschiff auf einer Sojus-FG-Rakete vom Kosmodrom.

Weltraumbahnhof

Der weltweit erste und heute größte Raketenstartplatz ist das Kosmodrom Baikonur nahe der kasachischen Stadt Baikonur. Es ist bis 2050 an Russland verpachtet.

Pelziger Fuchs

In Kasachstan und anderen zentralasiatischen Ländern streift der Steppenfuchs durch die Steppen – die flachen, trockenen Grasländer. Der dicke Pelz schützt gegen das harsche Klima.

Die Hauptstadt Nur-Sultan liegt am Fluss Ischim. Bis 2019 hieß sie Astana.

Jagd mit Adlern

Die uralte Kunst, mit Steinadlern zu jagen, ist 4000 Jahre alt. Kasachische Jäger reiten heute noch mit abgerichteten Steinadlern aus, um Füchse oder Hasen zu erbeuten.

Wilde Äpfel

Alle Apfelsorten, die wir weltweit anbauen, gehen auf wilde Vorfahren zurück, die an den Hängen des Altai wachsen.

Der Adler ist abgerichtet, nur der Stimme des Jägers zu gehorchen und nach dem Schlagen der Beute zurückzukommen.

- 2 724 900 Quadratkilometer
- 19,1 Millionen
- Nur-Sultan
- Kasachisch, 6 weitere Sprachen

Kasachstan ist der **größte Binnenstaat** der Erde: er erstreckt sich vom Kaspischen Meer bis nach China. Mit einer boomenden **Öl- und Gasindustrie** ist Kasachstan die **führende Wirtschaftsmacht Zentralasiens**.

Afghanistan

Große Moschee von Herat
Die mit prunkvollen Kacheln verzierte Große Moschee steht seit 800 Jahren in Herat.

Die kelchförmige Trommel besteht aus Knochen, Leder, Metall und Holz.

Traditionelle Trommel
Der Schlag der Zerbaghali, einer Handtrommel, gehört zur Volksmusik Afghanistans.

Kabul ist eine Stadt der Paläste, Parks und Märkte in einem Tal im Hindukusch.

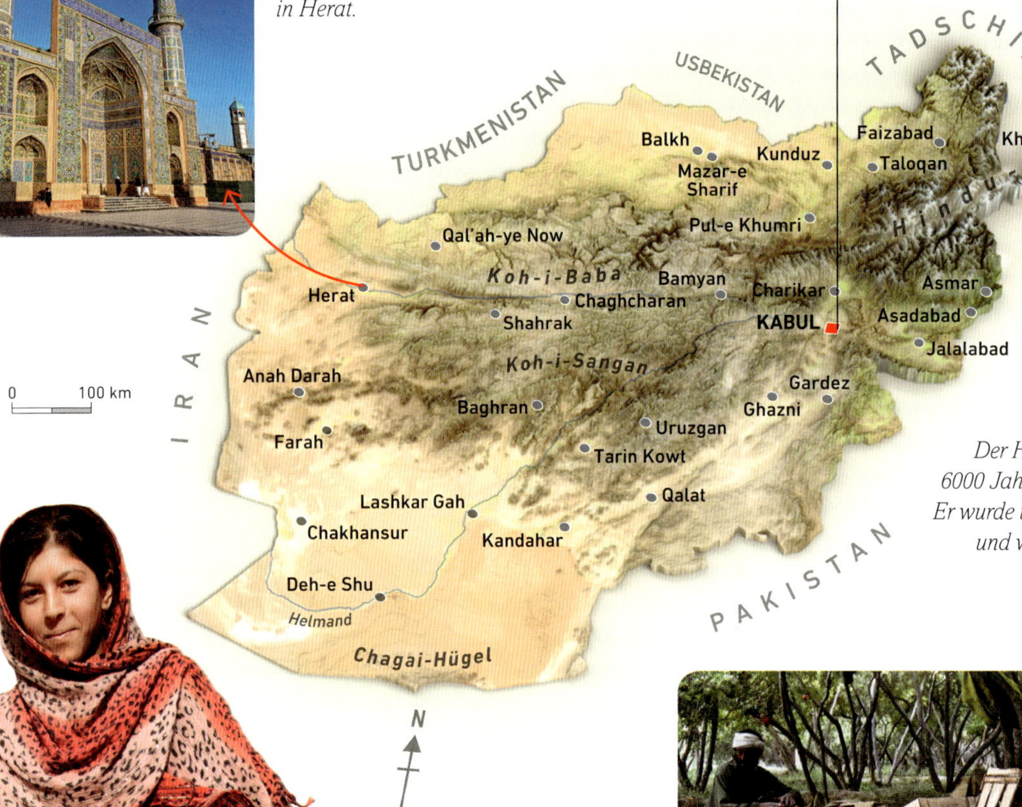

Lapislazuli
Der Halbedelstein wird seit über 6000 Jahren in Afghanistan gewonnen. Er wurde über die Seidenstraße gehandelt und wird heute noch exportiert.

Pflücker prüfen und verpacken die Früchte, die auch als Saft verkauft werden.

Granatäpfel
In Afghanistan baut man mehr Granatapfelsorten an als in jedem anderen Land der Welt. Sie werden vor allem nach Südasien exportiert.

Spielen und Lernen
Die 2007 in Kabul gegründete Organisation Skateistan lehrt Kinder Skateboardfahren und hilft ihnen gleichzeitig, eine Schulbildung zu erhalten.

- 652 230 Quadratkilometer
- 36,6 Millionen
- Kabul
- Paschtu, Tadschikisch, 4 weitere Sprachen

Afghanistan liegt am Kreuzungspunkt der **antiken Handelsrouten**, der **Seidenstraße**, die Asien und Europa verbanden. **Seide**, **Edelsteine** und **Metalle** brachten großen Reichtum. Heute ist das Land für **Obst** und **Teppiche** bekannt.

Kirgisistan

Weltnomadenspiele
Um traditionelle zentralasiatische Sportarten zu fördern, hält Kirgisistan seit 2014 jedes zweite Jahr Weltnomadenspiele ab. Eines der Turniere ist das akrobatische Bogenschießen.

Das Kreuzmuster symbolisiert den Knoten am Mittelpunkt eines Jurtendachs.

Bischkek ist eine der grünsten Städte Zentralasiens mit vielen Bäumen und Parks.

Alaköl (Ala-Kul)
Dieser blaugrüne See liegt in 3530 m Höhe im Terskej-Alatau, einem Hochgebirge im Osten des Landes.

Weniger als 8 % der Fläche des **gebirgigen Lands** sind für die Landwirtschaft geeignet. Viele Kirgisen sind **Pferde- und Rinderhirten**. Sie treiben die Tiere im Sommer auf Bergweiden und leben dort in **runden Zelten**, den **Jurten**.

- 199 951 Quadratkilometer
- 5,9 Millionen
- Bischkek
- Kirgisisch, Russisch, 3 weitere Sprachen

Tadschikistan

Eine Statue Rudakis steht im Zentrum des Parks.

Rudaki-Park
Dieser große Landschaftsgarten in Duschanbe ist nach Rudaki benannt, einem persischen Dichter des 9. Jh., der in Tadschikistan geboren wurde.

Aluminium
In Tadschikistan steht eine der größten Aluminiumfabriken Zentralasiens. Da es kein Erz im Land gibt, wird es importiert. Man nutzt das Metall u. a. für Getränkedosen und Folien.

Pamiri
Die Pamiri sind eine Volksgruppe, die überwiegend hoch in den Bergen des Pamirs leben, des Gebirges, das man auch „Dach der Welt" nennt.

- 144 100 Quadratkilometer
- 8,9 Millionen
- Duschanbe
- Tadschikisch, Usbekisch, Russisch

In diesem Gebirgsland haben sich viele **Traditionen** erhalten, etwa **Feste** für die **ersten Blumen** im Jahr. Der **Pik Ismail Samani** in Tadschikistan ist einer der **höchsten Berge Zentralasiens**.

Pakistan

Shandur-Fest
Bei dem jährlichen Fest findet am Shandur-Pass auf dem höchstgelegenen Polo-Spielfeld der Welt ein Turnier in 3700 m Höhe statt.

Islamabad ersetzte 1967 die Küstenstadt Karachi als Hauptstadt.

Der Indus ist mit 3200 km der längste Fluss Pakistans. Er fließt durch den Ostteil des Landes.

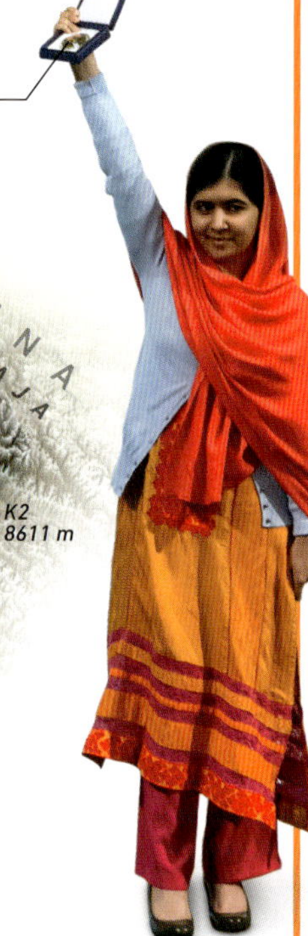

Malala erhielt 2014 als bisher jüngste Preisträgerin den Friedensnobelpreis.

Malala Yousafzai
Die Aktivistin kämpft für die Bildung von Mädchen. Malala wurde von Taliban-Kämpfern im Swat-Tal angeschossen, die Mädchen am Schulbesuch hindern wollten.

K2
Der Berg im Karakorum, den man K2 nennt, ist der zweithöchste Gipfel der Erde.

Künstler der Induszivilisation schufen Tierfiguren aus Ton und Stein.

Induszivilisation
Diese große Zivilisation erblühte vor etwa 5000 Jahren im Tal des Indus.

Lastwagenkunst
Bunte Lastwägen ziehen im Straßenverkehr Pakistans die Blicke auf sich. Beliebte Motive sind religiöse Symbole, berühmte Menschen oder Gedichte.

- 796 095 Quadratkilometer
- 234 Millionen
- Islamabad
- Panjabi, Sindhi, Paschtunisch, 3 weitere Sprachen

Pakistan hat eine vielfältige Landschaft mit **fruchtbaren Ebenen**, **Wüsten** und **Gebirgen** wie dem Karakorum und dem Sulaimangebirge. Das Land wurde **1947 unabhängig**.

Sri Lanka

Der Löwe symbolisiert die Stärke der Nation.

Die *Esala Perahera* in Kandy
Dieses jährliche „Fest des Zahns" in der Stadt Kandy gilt einer Reliquie: dem Eckzahn des Buddha. Zu der Prozession gehören geschmückte Elefanten, Tänzer und Akrobaten.

Stelzenfischer
Diese Fischer in Sri Lanka sitzen auf hölzernen Pfosten über dem flachen Wasser. Auf diese Weise angeln Familien seit Generationen nach Fisch.

- 65 610 Quadratkilometer
- 22,9 Millionen
- Sri Jayewardenepura Kotte, Colombo
- Sinhala, Tamil, Sinhala-Tamil, Englisch

Der **Inselstaat** Sri Lanka liegt an der **Südspitze Indiens**. Die Lage im Indischen Ozean hat ihn seit der Antike für **Händler und Seefahrer** attraktiv gemacht. Heute ist das Land für seine **Teeplantagen** und **Tierwelt** bekannt.

Malediven

Kabinettsitzung unter Wasser
2009 schrieb die Regierung der Malediven Geschichte mit der weltweit ersten Sitzung unter Wasser, um Maßnahmen gegen den Klimawandel und den Meeresspiegelanstieg anzumahnen.

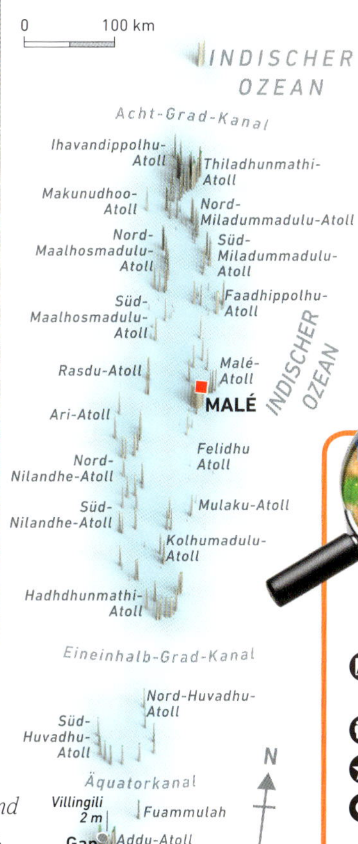

Malé
Ein Drittel der Bevölkerung lebt in der Hauptstadt Malé, die sich über eine ganze Insel des Malé-Atolls ausbreitet.

- 298 Quadratkilometer
- 392 000
- Malé
- Dhivehi, 3 weitere Sprachen

Die für die malerischen **tropischen Strände** und das **klare Wasser** berühmten **flachen Inseln** der Malediven sind vom weltweiten **Meeresspiegelanstieg** bedroht. Die Inselgruppe besteht aus **über 1000 Koralleninseln**, die in **16 Atollen** gruppiert sind.

Das Chakra *(Rad)* ist ein Symbol des Buddhismus.

Indien

Indische Filme

Indien produziert jährlich mehr als 1500 Filme in fast 25 Sprachen. Filme auf Hindi werden in Bollywood gemacht. Es entstehen Komödien (wie 3 Idiots*) ebenso wie Musicals oder Dramen.*

Symbolische Gesten, die Mudras*, ergänzen die Handlung, die der Tanz erzählt.*

Tanz

Es gibt viele traditionelle Tänze in Indien, jeweils mit eigenen Kostümen, eigener Musik und eigenem Stil. Diese Tänzerin tanzt Odissi*, eine alte Tanzform aus Ostindien.*

Der Ganges (Ganga) ist 2601 km lang.

Lakshadweep-Inseln

Vor der Südwestküste Indiens liegt diese Gruppe von 36 Koralleninseln, von denen nur 10 Inseln bewohnt sind.

Königstiger

Das Nationaltier Indiens ist der gefährdete Königstiger, der heute in Reservaten geschützt wird.

Mit mehr als **einer Milliarde Einwohnern** ist Indien flächenmäßig das **siebtgrößte Land** der Erde. Es reicht vom **Himalaja** im Norden hinab zu **fruchtbaren Flusstälern** und **Küstenebenen**, wo die meisten Menschen leben. Mit seinen **Kulturen, Weltanschauungen und Sprachen** ist Indien eines der **vielfältigsten Länder**.

- 3 287 263 Quadratkilometer
- 1,38 Milliarden
- Neu-Delhi
- Hindi, Englisch, 12 weitere Sprachen

Mango-Reichtum
Von April bis Juni ist Mango-Hauptsaison. In der genießen über 1500 Sorten der süßen Frucht.

Die Fassade besteht aus Marmor und rotem Sandstein.

Qila-i-Kuhna-Moschee
In Delhi gibt es viele bedeutende Sehenswürdigkeiten. Diese Moschee wurde um 1541 im Purana Qila erbaut, einer der ältesten Festungen Delhis.

Kricketbälle sind traditionell mit rotem Leder überzogen.

Kricket
Indien wurde 1983 und 2011 Kricket-Weltmeister. Diesen beliebten Sport spielt man im ganzen Land.

Kolkata (Kalkutta) war 1772 bis 1911 die Hauptstadt von Britisch-Indien.

Hindugottheiten
Der Flöte spielende Krishna ist einer der wichtigsten Götter unter den vielen Göttern und Göttinnen des Hinduismus.

Die Andamanen sind eine Gruppe von fast 300 Inseln mit Sandstränden und Tropenwäldern.

Dieses Boot befördert Touristen.

Hausboote
Auf den Wasserwegen Südwestindiens beförderte man Waren auf traditionellen Booten, die man Kettuvallam *nennt. Viele wurden zu Hausbooten umgebaut und werden oft touristisch genutzt.*

Satellitenstarts
Seit 1969 hat die Raumfahrtbehörde ISRO (Indian Space Research Organisation) viele Satelliten mit großen Raketen wie dieser GSLV Mark III ins All geschickt.

***Holi* – das Fest der Farben**
Beim Frühlingsfest Holi *feiert man den Frühlingsbeginn, indem man sich gegenseitig mit Farbpulver bewirft.*

Geografie: In Indien gibt es Wälder, Wüsten, Gebirge und Ebenen. Das Klima ist überwiegend heiß und tropisch.

Geschichte: Viele der alten Königreiche fielen unter die britische Herrschaft, bis Indien 1947 ein unabhängiger Staat wurde.

Kultur: Die verschiedenen Musikarten, Tänze und Feste in den Regionen spiegeln die große kulturelle Vielfalt des Landes wider.

Naturwunder: Der Himalaja ist das höchste Gebirge der Erde. Er erstreckt sich über 10 indische Bundesstaaten.

Tierwelt: Viele bekannte Tiere leben in Indien: unter anderem Tiger, Elefanten, Krokodile und Kobras.

Essen und Trinken: Reis, Mehl und Linsen bilden die Grundlage, meist mit einer Vielzahl von Gewürzen verfeinert.

Bangladesch

Die Sundarbans
Am Flussdelta des Ganges wachsen Mangrovenwälder, die man die Sundarbans nennt. Hier leben viele Tiere, darunter der seltene Königstiger und der Chital oder Axishirsch (links).

Teepflücken
Diese Arbeiterin pflückt mit der Hand Teeblätter auf einer Plantage in Sylhet. Bangladesch gehört zu den 10 größten Teeproduzenten.

- 148 460 Quadratkilometer
- 162,6 Millionen
- Dhaka
- Bengalisch, 8 weitere Sprachen

Das **südasiatische Land** liegt am **Golf von Bengalen**. Es besitzt eine vielfältige Landschaft aus sanften **Hügelländern**, **Mangrovenwäldern** und vielen **Flüssen** mit Siedlungen an den Ufern.

Rickschas
Die Rickschas, zwei- und dreirädrige Tretfahrzeuge, sind ein beliebtes Verkehrsmittel in Bangladesch. Etwa eine Million Fahrer verdienen damit ihren Unterhalt.

Süßigkeit
Reiskuchen aus Reismehl, Milch und Kokosnuss, die man Pitha *nennt, sind eine besondere Leckerei.*

Neujahrsmasken
Pohela Boishakh *ist ein wichtiges Fest zum bengalischen Neujahr. Man trägt dazu Masken und nimmt an festlichen Prozessionen teil.*

Die Festmasken zeigen leuchtend bunte Darstellungen von Figuren der bengalischen Folklore.

Blumenernte
Die Wasserlilie wächst wild auf vielen Seen und Flüssen. Man erntet sie nicht nur wegen der Blüten, sondern auch der essbaren Stängel.

Bhutan

Gebetsfahnen
Ob Klostertore oder Dorfstraßen: Überall in Bhutan flattern buddhistische Gebetsfahnen.

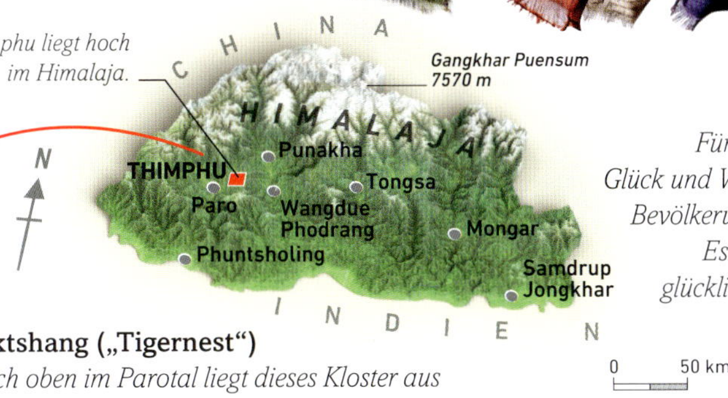

Thimphu liegt hoch im Himalaja.

Taktshang („Tigernest")
Hoch oben im Parotal liegt dieses Kloster aus dem 17. Jh. an der Stelle, an der in Bhutan erstmals der Buddhismus praktiziert wurde.

Lächelnde Nation
Für die Politik in Bhutan hat das Glück und Wohlergehen der Bevölkerung Vorrang. Es gilt als das glücklichste Land Asiens.

- 38 394 Quadratkilometer
- 782 000
- Thimphu
- Dzongkha, Nepali, Assamesisch

Bhutan ist ein kleines **buddhistisches Königreich** im östlichen **Himalaja**. Der **Hauptexport** ist **Elektrizität**, die von Wasserkraftwerken in den **steilen Tälern** erzeugt wird.

Nepal

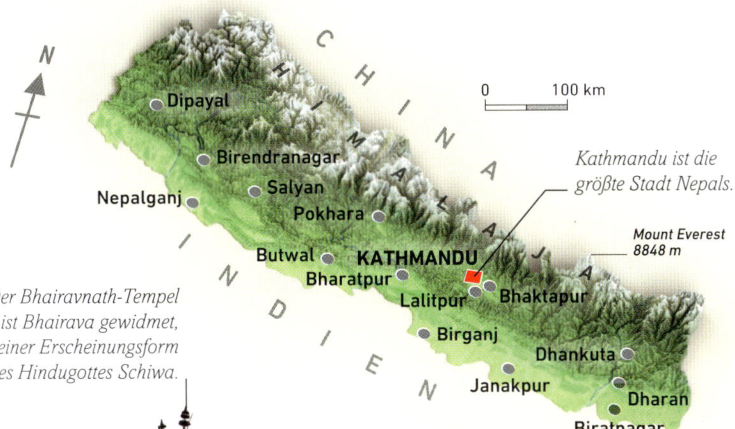

Kathmandu ist die größte Stadt Nepals.

Höchster Berg
Der Mount Everest ist der höchste Berg der Erde. Er liegt im Südosten Nepals. Viele Bergsteiger erklimmen seine steilen Hänge, aber noch keine 10 000 haben den Gipfel bisher erreicht.

Der Bhairavnath-Tempel ist Bhairava gewidmet, einer Erscheinungsform des Hindugottes Schiwa.

Tempelstadt
Großartige Tempel und ein Königspalast umgeben die weiten Plätze in der alten Stadt Bhaktapur.

- 147 181 Quadratkilometer
- 30,3 Millionen
- Kathmandu
- Nepali, Maithili, Bhojpuri

Drei Viertel der Fläche Nepals ist von **Bergen** bedeckt, darunter viele der majestätischsten Gipfel der Erde. Zur Tierwelt gehören der **Asiatische Elefant**, das **Panzernashorn** und der sehr seltene **Schneeleopard**.

Myanmar

Bagan ist bei Heißluftballonfahrern sehr beliebt.

Silhouette von Bagan
Die Stadt Bagan hat eine umwerfende Silhouette buddhistischer Tempel, die von antiken Herrschern ab dem 11. Jh. erbaut wurden.

Fest in Kyaukse
Ein riesiger Bambuselefant ist das Zentrum des jährlichen Fests, bei dem sich Straßentänzer als Elefanten verkleiden.

Tee essen
In vielen Ländern trinkt man Tee, in Myanmar isst man ihn aber auch. Ein beliebtes Gericht ist Laphet Thoke, *ein Salat aus eingelegten Teeblättern.*

Yangon
Die größte und geschäftigste Stadt ist Yangon (früher Rangun genannt), das von 1948 bis 2006 die Hauptstadt war.

Sonnenschirme bestehen aus Bambus und gewachster Baumwolle oder Seide.

Buddhisten in Myanmar tragen rotbraune Roben.

Junge Mönche
Die Bevölkerung ist überwiegend buddhistisch und es gibt etwa 500 000 Mönche. Jungen gehen schon mit sieben Jahren ins Kloster.

- 676 578 Quadratkilometer
- 56,6 Millionen
- Naypyidaw
- Birmanisch (Myanmar), 7 weitere Sprachen

Das früher **Birma** oder **Burma** genannte Land ist das **zweitgrößte in Südostasien**. Man nennt es das **„Land der goldenen Pagoden“**, weil es Tausende **beeindruckende Tempel** gibt.

Laos

Natur-materialien
Bambus ist eine riesige Grasart, die in Laos gedeiht. Die langen Stängel werden zu festen Stangen für viele Zwecke, und aus den Blättern kann man Körbe flechten.

Morgenmärkte
An den geschäftigen Marktständen in Laos erhält man viele regionale Produkte wie Reisnudeln (unten), Stoffe, Handwerksgegenstände und andere Lebensmittel.

Der Mekong
Die Lebensader des Landes ist der Mekong, der als Verkehrsweg und zur Feldbewässerung genutzt wird.

- 236 800 Quadratkilometer
- 7,4 Millionen
- Vientiane
- Laotisch, 5 weitere Sprachen

Laos ist ein **Binnenstaat** in Südostasien mit einer Landschaft aus **Gebirgen**, **Wäldern** und **Wasserfällen**. Der **Mekong** fließt entlang der ganzen westlichen Grenze des Landes.

Kambodscha

***Apsara*-Tanz**
Apsaras sind göttliche Tänzerinnen am himmlischen Hof der hinduistischen Mythologie. Ein traditioneller Tanz in Kambodscha wurde nach ihnen benannt.

Angkor Wat
Diese buddhistische Tempelanlage ist der größte religiöse Bau der Welt. Er ist in der Flagge Kambodschas dargestellt.

Die **Gebirge** sind mit **dichten Tropenwäldern** bewachsen. Die meisten Menschen leben in den **Tiefebenen**, wo man Pflanzen wie **Reis** anbauen und **Vieh** halten kann.

- 181 035 Quadratkilometer
- 16,9 Millionen
- Phnom Penh
- Khmer, 4 weitere Sprachen

Thailand

Doi Inthanon
Wasserfälle, Wälder Schreine und der höchste Berg Thailands liegen im Nationalpark Doi Inthanon.

Tropische Strände
Im Süden Thailands gibt es Tausende abgelegene Inseln und unberührte Strände, die nur mit dem Boot zugänglich sind. Der Strand von Rai Leh nahe Phuket ist bei Felskletterern und Schwimmern beliebt.

Königin der Früchte
Die Mangostan, eine violette Frucht mit weichem, saftigem Fleisch, wird in Thailand angebaut.

Khon
Seit Jahrhunderten führen maskierte Tänzer Khon *auf, einen spektakulären Dramatanz.*

Dieser Tänzer kämpft gegen einen Dämon aus dem antiken Epos Ramakien.

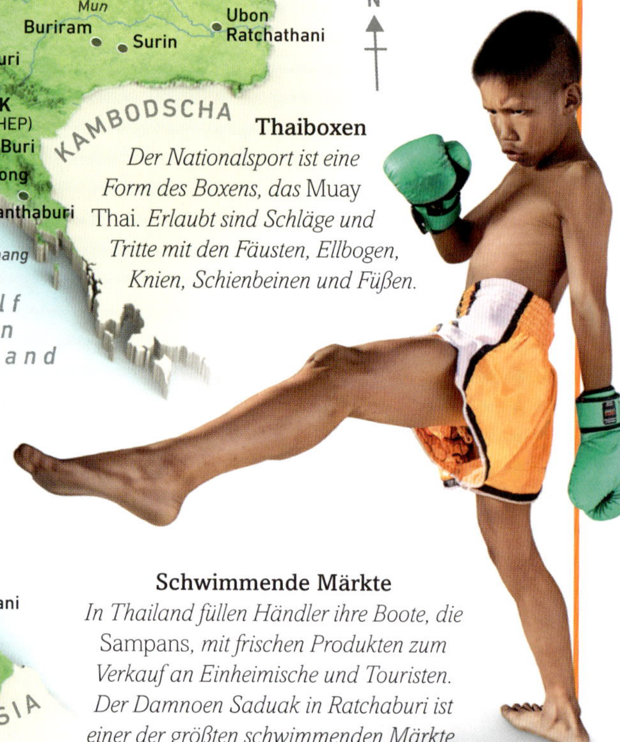

Thaiboxen
Der Nationalsport ist eine Form des Boxens, das Muay Thai. *Erlaubt sind Schläge und Tritte mit den Fäusten, Ellbogen, Knien, Schienbeinen und Füßen.*

Schwimmende Märkte
In Thailand füllen Händler ihre Boote, die Sampans, *mit frischen Produkten zum Verkauf an Einheimische und Touristen. Der Damnoen Saduak in Ratchaburi ist einer der größten schwimmenden Märkte.*

- 513 120 Quadratkilometer
- 69 Millionen
- Bangkok
- Thai, 6 weitere Sprachen

Die **geschäftige Hauptstadt** Bangkok und **tropische Inseln** im Süden ziehen jedes Jahr Millionen Besucher an. Der **Buddhismus** ist die Hauptreligion mit Tausenden **Tempeln** und **Buddhastatuen**.

Vietnam

Rotschenkliger Kleideraffe
Die leuchtend roten Beine geben dem auffallenden Affen hoch in den Bäumen des Regenwalds seinen Namen.

Reisterrassen
Reis ist ein wichtiges Getreide in Südostasien. Man baut ihn in nassen Reisfeldern oder auf stufenartigen „Terrassen" an Hängen an. Vietnam gehört zu den fünf größten Produzenten.

Goldene Brücke
Zwei riesige Steinhände stützen diese malerische Fußgängerbrücke in den Bergen bei Da Nang in einer Höhe von 1400 m.

Eisenbahnstraße in Hanoi
Zweimal am Tag braust ein Zug durch diese enge Wohnstraße in der Altstadt von Hanoi. Die Bewohner räumen dann schnell alles von der Strecke.

Nudelsuppe
Jede Region Vietnams hat ein eigenes Rezept für Pho, *die traditionelle Nudelsuppe mit Brühe, Fleisch und Gewürzen.*

Halong-Bucht
Steile Kalksteininseln mit Regenwaldbewuchs liegen dicht verteilt in der Bucht bei Hai Phong in Nordostvietnam. Tägliche Bootstouren bringen Touristen zu den Inseln.

- 331 210 Quadratkilometer
- 98,7 Millionen
- Hanoi
- Vietnamesisch, 8 weitere Sprachen

Vietnam liegt am **östlichen Rand der Südostasiatischen Halbinsel**. Der **Norden** und das **zentrale Hochland** sind bergig. Südlich von **Ho-Chi-Minh-Stadt** mündet der **Mekong** nach seiner 4500 km langen Reise durch Asien in ein **weites**, **fruchtbares Delta**.

Philippinen

Großäugiger Baumbewohner
Der nachtaktive Philippinen-Koboldmaki ist eine der kleinsten Primatenarten der Erde. Er lebt auf den südöstlichen Inseln der Philippinen.

Manila ist die am dichtesten besiedelte Stadt der Erde.

Die wachsigen, türkisen Blüten werden bis zu 90 cm lang.

Jadewein
Die leuchtende Kletterpflanze wächst an Bäumen im Tropenwald empor, um das Licht zu erreichen.

Die stachelige Schale schützt die weiche Frucht.

Marang
Die saftige Marang ist im Land beliebt. Ihr Fleisch riecht zwar nicht sehr gut, ist aber süß.

Schokoladenbraune Hügel
Auf den ungewöhnlich kegelförmigen Hügeln der Insel Bohol wächst grünes Gras, das in der Trockenzeit schokoladenbraun wird.

Tinikling
Beim Folkloretanz Tinikling *tanzt man rhythmisch zwischen einem Paar Bambusstangen, die dabei abwechselnd auf den Boden geprallt und gegeneinandergeschlagen werden.*

- 300 000 Quadratkilometer
- 109 Millionen
- Manila
- Filipino, Englisch, 4 weitere Sprachen

Die Philippinen sind ein Staat aus **über 7000 Inseln** in Südostasien. Im Land verstreut liegen **mehr als 20 aktive Vulkane**. Der Ausbruch des **Pinatubo** 1991 auf Luzon war einer der **stärksten Vulkanausbrüche** des 20. Jh.

Mongolei

Sand und Schnee
Vor den enormen Sanddünen der Wüste Gobi sehen die 2-höckrigen Trampeltiere winzig aus. Nomadische Mongolen halten sie als Lasttiere und als Produzenten für Wolle, Milch und Fleisch.

Naadam („Spiele")
Jeden Juli nehmen Menschen aus dem ganzen Land an dem Sportfest mit den drei mongolischen Sportarten teil: Pferderennen, Ringkampf und Bogenschießen.

Beim Bkyukl Bökh, *einer mongolischen Form des Ringkampfs, muss man den Gegner zu Boden zwingen.*

Bergenien
Trotz ihres zarten Aussehens gedeiht diese ausdauernde Blume bei den niedrigen Temperaturen in der Mongolei.

Pferdekopfgeige
Ein geschnitzter Pferdekopf verziert die Morin Chuur – *ein seit Jahrhunderten gespieltes Streichinstrument.*

Nomadenleben
Etwa 1 Mio. Mongolen leben traditionell nomadisch in jahreszeitlichen Zeltlagern, Gers *genannt. Um ihre Tierherden kümmern sie sich reitend auf Pferden.*

- 1 564 116 Quadratkilometer
- 3,2 Millionen
- Ulan Bator
- Chalcha-Mongolisch, 3 weitere Sprachen

Die Mongolei ist ein riesiges Land in **Zentralasien** mit weiten Landschaften: vom **schneebedeckten Altai** im Westen bis zu den kalten Weiten der **Wüste Gobi** im Süden.

China

Mondkuchen
Dieses gehaltvolle, süße Gebäck wird gern zum Mondfest im Herbst gegessen.

Chinesische Mauer
Die gigantische Steinmauer wurde im Lauf mehrerer Jahrhunderte an der damaligen Nordgrenze als Schutz gegen Invasoren gebaut. Sie ist mehr als 21 000 km lang.

Großer Panda
Die stark gefährdeten Bären leben in den bewaldeten Bergen Chinas. Sie fressen fast nur Bambus. In freier Natur gibt es nur noch weniger als tausend Exemplare.

Drachen, ein Glückssymbol, werden für Straßentänze und Umzüge gebaut.

Chinesisches Neujahr
Das wichtigste Fest in China ist Neujahr, auch Frühlingsfest genannt, im Januar oder Februar. Es wird auch in einigen anderen asiatischen Ländern gefeiert.

Industrie und Handel
Chinas Wirtschaft ist eine der größten und am schnellsten wachsenden Ökonomien. Viele Produkte werden exportiert, aber China importiert auch viel.

Mehr als **ein Fünftel** aller Menschen der Erde lebt in China, dem **bevölkerungsreichsten Land**. Die **Volksrepublik China** (so der offizielle Name) ist flächenmäßig das drittgrößte Land der Erde. Die **Landschaft** ist vielfältig: Es gibt **Wüsten**, **Gebirge** und **Ebenen**, doch die Mehrzahl der Einwohner lebt in **Städten** und **Metropolen**.

- [Fläche] 9 596 960 Quadratkilometer
- [Einwohner] 1,44 Milliarden
- [Hauptstadt] Peking
- [Sprache] Mandarin-Chinesisch, 6 weitere Sprachen

Chinesische Laternen
Laternen sind ein beliebter Schmuck zum chinesischen Neujahrsfest. Das Rot steht für Zufriedenheit und Gold repräsentiert Wohlstand.

Modernes Schanghai
An der Küste Mittelchinas liegt Schanghai, eine ausgedehnte Stadt, die für Handel und Industrie bekannt ist. Es ist die größte Stadt Chinas.

Chinesische Oper
Seit vielen Jahrhunderten werden Opern mit Musik, Schauspiel und Tanz aufgeführt.

Die Art der Kopfbedeckung gibt Informationen über die Figuren: Dies ist die Krone einer adligen Frau.

Fan Zhendong
Tischtennis ist seit den 1950ern der beliebteste Sport in China, und Fan Zhendong ist einer der besten Spieler.

Geografie: Der Jangtsekiang und der Huang He („Gelber Fluss“) sind die längsten Flüsse. Im Norden liegt die Wüste Gobi.

Geschichte: Bis zur kommunistischen Revolution 1949 wurde China 4000 Jahre lang von Kaisern regiert.

Kultur: Bekannt sind die Philosophen, die Architektur, bildenden Künste und der Kampfsport.

Essen und Trinken: Reis, Nudeln, Fleisch, Gemüse und Tee bilden die Grundlage der chinesischen Küche.

Taiwan

Bubble Tea
Dieses beliebte Getränk wurde in Taiwan in den 1980ern erfunden. Den Shake aus Milch, Zucker, Teeblättern und Kugeln aus Tapioka gibt es in vielen Geschmackssorten.

Verkehrschaos
Zu den Stoßzeiten morgens und abends sind meist viel mehr Motorräder als Autos unterwegs.

- 35 980 Quadratkilometer
- 23,6 Millionen
- Taipeh
- Amoy-Chinesisch, 2 weitere Sprachen

Die **bergige Insel** Taiwan liegt im **Pazifischen Ozean** etwa 160 km vor der Südostküste Chinas. Das Land ist für die **Schönheit der Natur** und die **Verschmelzung** vieler **verschiedener Kulturen** bekannt.

Asse in der Schule
Mathe und Naturwissenschaften werden in Taiwan hoch geschätzt, und die Schüler liegen in diesen Fächern oft weltweit an der Spitze.

Nordkorea

Niemandsland
Nach einem 3-jährigen Krieg zwischen Nord- und Südkorea, der 1953 endete, schuf man zwischen ihnen eine entmilitarisierte Zone. Die Natur erblüht in dem 4 km breiten ungenutzten Streifen.

Champions im Turnen
Nordkorea hat drei olympische Goldmedaillen im Kunstturnen gewonnen.

Hong Un-Jong hat bei den Olympischen Spielen und Weltmeisterschaften Goldmedaillen im Sprung (Geräteturnen) gewonnen.

- 120 538 Quadratkilometer
- 25,6 Millionen
- Pjöngjang
- Koreanisch

Nordkorea wurde nach dem **Zweiten Weltkrieg** von Südkorea getrennt. Die Grenze legte man quer durch die **Koreanische Halbinsel** nahe des **38. Breitengrads** fest.

Südkorea

K-Pop
Koreanische Popmusik (K-Pop) ist weltweit populär, und Bands wie BTS (oben) verkaufen Millionen von Singles und Alben.

Sejong der Große
Eine der bedeutendsten historischen Personen ist Sejong Daewang („Großer Herrscher Sejong"), ein brillanter Gelehrter, der Korea im 15. Jh. regierte.

Das Hangul (koreanische Alphabet) wurde von Sejong Daewang eingeführt.

Leckeres Gericht
Das populäre süd-koreanische Bibimbap *enthält Reis, Gemüse, Fleisch und Eier. Es entstand im 15. Jh.*

Lotusvase
Südkorea hat eine lange Handwerkstradition von feiner Keramik und Porzellan. Vieles entstand in der Goryeo-Dynastie (918–1392 n. Chr.), etwa diese Vase mit einer Lotusblüte.

Ein Kämpfer erhält Punkte, wenn er die farbigen Bereiche am Körper oder Kopf des Gegners trifft.

Taekwondo
Der Nationalsport Südkoreas ist Taekwondo, bei dem die Kämpfer mit beiden Händen und Füßen schlagen bzw. treten können. Diese alte Kampfsportart diente einst dazu, Soldaten für die Schlacht zu trainieren.

Die Hüte der Militärmusiker sind oft mit Vogelfedern geschmückt.

Marschmusik
Daechwita *ist eine traditionelle militärische Marschmusik mit verschiedenen Instrumenten wie Trommeln, Blechblasinstrumenten und Gongs. Sie begleitet den zeremoniellen Wachwechsel am königlichen Palast.*

Eine Yonggo *ist eine mit Drachenmotiven bemalte Fasstrommel.*

- 99 720 Quadratkilometer
- 51,8 Millionen
- Seoul
- Koreanisch

Das auf der südlichen Hälfte einer **Halbinsel** zwischen dem **Gelben Meer** und dem **Japanischen Meer** gelegene Südkorea ist eine der größten **Wirtschaftsmächte** Asiens mit einer boomenden **Elektronik- und Autoindustrie**.

Japan

Der rote Kreis symbolisiert die Sonne, denn der Landesname Nihon *bedeutet „(Land der) aufgehenden Sonne".*

Fuji
Mit 3776 m ist der Fuji der höchste Gipfel Japans. Der aktive Vulkan, der zuletzt 1707 ausbrach, gilt als heiliger Berg.

Origami
Die Kunst, Papier zu Figuren zu falten, nennt man Origami. Millionen Menschen lieben diese Art der Fingerfertigkeit.

Erdbebenübung
In Japan gibt es 75 aktive Vulkane. Ein Fünftel aller großen Erdbeben finden hier statt. Bei regelmäßigen Evakuierungsübungen lernen Schulkinder, wie man sich im Notfall verhalten muss.

Süßigkeiten
In Japan sind Wagashi *sehr beliebt: handgemachte Süßigkeiten aus Früchten, Mehl und Zucker.*

Pazifische Inseln
Hunderte bewohnter und unbewohnter Inseln, die alle zu Japan gehören, verteilen sich im Ostchinesischen Meer und im Pazifik.

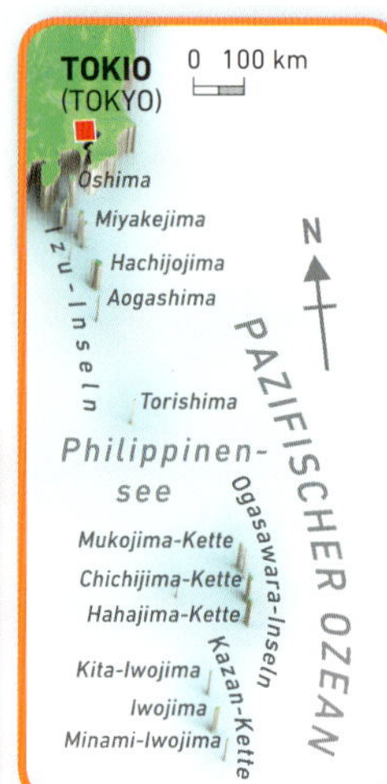

Torii sind oft zinnoberrot gestrichen, um böse Geister abzuhalten.

Torii
Die charakteristischen Eingangstore zu heiligen Schreinen gibt es überall in Japan. Manche Schreine haben mehrere Eingänge mit Torii.

Der **Inselstaat Japan**, auch **Nippon** oder **Nihon** genannt, verbindet Altes und Neues. **Uralte Traditionen** werden als Teil des Alltags gepflegt, während das Land gleichzeitig seit Langem ein **Weltführer modernster Technik** ist. Japan ist eines der **reichsten Länder der Welt** mit einem sehr **hohen Lebensstandard**.

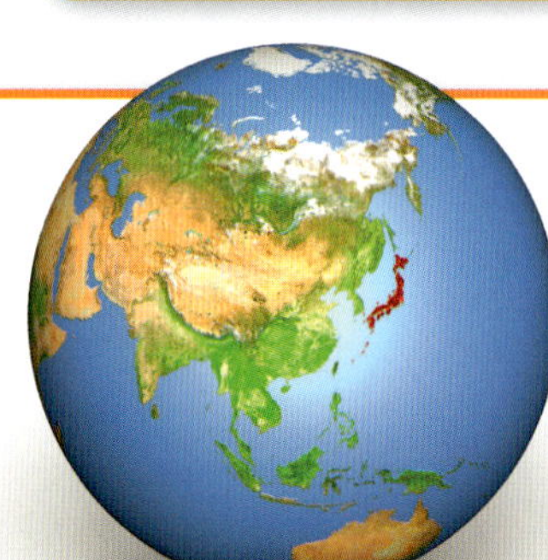

- 377 915 Quadratkilometer
- 125,5 Millionen
- Tokio
- Japanisch

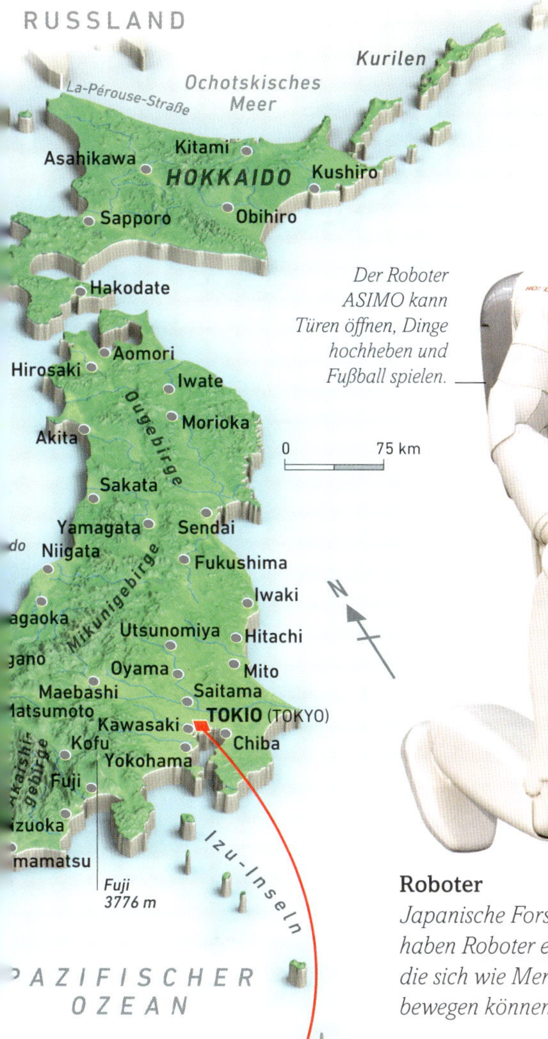

Der Roboter ASIMO kann Türen öffnen, Dinge hochheben und Fußball spielen.

Roboter
Japanische Forscher haben Roboter entwickelt, die sich wie Menschen bewegen können.

Kirschblütenfest
In Japan liebt man die Natur. Im Frühjahr strömen Menschenmengen in die Parks und bewundern die rosafarbenen Blüten der Kirschen.

Kimono
Für besondere Anlässe wie Hochzeiten und Tempelbesuche zieht man einen Kimono an. Es gibt Kimonos für Männer und für Frauen.

Kalligrafie
Shodo *ist eine jahrhundertealte Form der Kalligrafie: das Zeichnen dekorativer Formen und Buchstaben mit einem Pinsel oder Stift, hier den Landesnamen* Nihon.

Hauptstadt
Tokio ist die größte Metropolregion der Erde mit über 35 Mio. Menschen.

Japanmakaken oder Schneeaffen
Die Affenart mit dem dicken Fell lebt im schneereichen Norden Japans. Die Affen baden gern in heißen Quellen, um der Kälte zu entkommen.

Geografie: Japan besteht aus einigen größeren und vielen kleineren Inseln. Drei Viertel der Fläche sind vulkanische Bergländer.

Geschichte: Japan wurde vor etwa 30 000 Jahren besiedelt. Im Lauf der Geschichte wurde es von Kaisern und Militärherrschern regiert.

Kultur: Von der Kalligrafie über Dichtung und Theater bis hin zu Bonsais (Zwergbäumen), Origami und Kampfsport gehören viele Traditionen zum Kern der japanischen Kultur.

Naturwunder: Mehr als 100 Vulkane liegen übers Land verstreut. Der berühmteste ist der Fuji.

Tierwelt: Japan ist großteils bewaldet – ein Paradies für Tiere wie Makaken, Bären, Marderhunde, Eichhörnchen und Wildschweine.

Essen und Trinken: Die Einwohner ernähren sich gesund mit viel Fisch. Beliebt ist grüner Tee, den man ohne Milch trinkt.

Malaysia

Drachen steigen lassen
Drachen sind in Malaysia sehr populär. Der Wau Bulan („Monddrachen") ist ein großer Drachen mit einem Bambusrahmen und Blumenverzierungen.

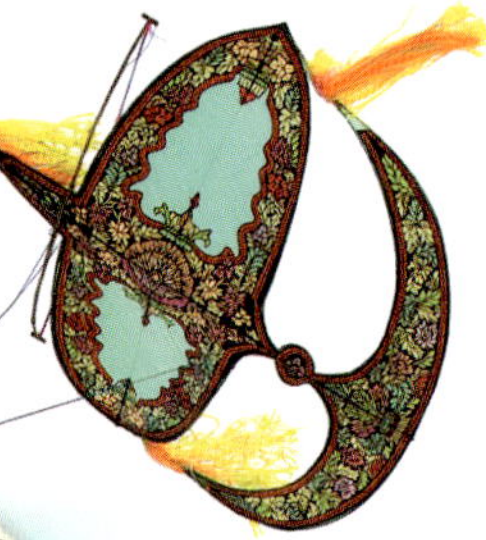

Verteidigungskunst
Einen traditionellen malaysischen Kampfsport zur Selbstverteidigung, Silat Melayu, *lernen viele Kinder in der Schule.*

Man darf sowohl Waffen als auch die bloßen Hände einsetzen.

Riesige Blüte
Die größten Blüten weltweit haben Rafflesien, die in Teilen Malaysias vorkommen. Die Blüte wird bis 1 m groß und stinkt gewaltig, um Schmeißfliegen anzuziehen.

Lautstarke Rufe
Der Nationalvogel Malaysias, der Rhinozerosvogel, hat einen leuchtenden Schnabel und eine hornartige hohle Struktur auf dem Kopf, die seine Rufe verstärkt.

Indonesien

Meeresleben
In dem Korallenriff Raja Ampat nördlich von Sorong auf Neuguinea leben Wale und Delfine, über 500 Korallenarten und Tausende verschiedener Fischarten.

- 1 904 569 Quadratkilometer
- 269 Millionen
- Jakarta
- Indonesisch (Bahasa Indonesia) Javanisch, Sundanesisch, Chinesisch, 3 weitere Sprachen

Das bei Weitem **größte Land Südostasiens** besteht aus **13 466 Inseln**, die sich über 5000 km durchs Meer erstrecken. Die meisten Einwohner leben auf der Insel **Java**.

Schattentheater
Diese Figuren, die man vor einer Leinwand von hinten beleuchtet, werfen beeindruckende Schatten, die Geschichten erzählen. Mit Stäben lassen sich die Figuren bewegen.

Taman Negara
Auf einer Seilbrücke können Besucher das Dach eines der ältesten Laubregenwälder in diesem großen Nationalpark auf der Malakka-Halbinsel erkunden.

Stinkende Frucht
Den Geruch der Durianfrucht empfinden viele Menschen als so ekelhaft, dass sie in Bussen und Bahnen verboten ist.

Eine stachlige Hülle schützt das weiche, gelbliche Fleisch.

Petronas Towers
Die höchsten Zwillingstürme der Welt sind die Türme des Ölkonzerns Petronas in Kuala Lumpur. Sie sind 452 m hoch und haben jeweils 88 Stockwerke.

- 329 847 Quadratkilometer
- 32,6 Millionen
- Kuala Lumpur
- Malaysisch (Bahasa Malaysia), Englisch, 3 weitere Sprachen

Das **tropische südostasiatische Land** besteht aus der **Malakka-Halbinsel** und Teilen der Insel **Borneo**. Malaysia besitzt beliebte **Strände**, üppige **Regenwälder** und große, multikulturelle **Metropolen**.

Sensationelles Satay
Eines der beliebtesten indonesischen Gerichte ist Satay: gegrilltes Fleisch am Spieß mit einer leckeren Erdnusssoße.

Einzelgänger im Regenwald
Auf der Insel Sumatra lebt der vom Aussterben bedrohte Sumatra-Orang-Utan. Er verbringt die meiste Zeit auf Bäumen und schläft in einem Nest aus Zweigen, das er jeden Tag neu baut.

Mit den langen Armen kann der Orang-Utan von Ast zu Ast klettern.

Bambusmusik
Das Angklung ist ein Musikinstrument aus Bambusrohren, die mit Rattan (Palmblattstreifen) zusammengebunden sind. Man schlägt oder schüttelt sie, um Töne zu erzeugen.

Singapur

Marina Bay Sands ist ein Luxushotel.

Bumboote
Bunt bemalte Bumboote fahren als Wassertaxis oder Touristenboote auf dem Singapore River hin und her.

Streetfood
Typisch für die geschäftigen Straßen in Singapur sind Schnellimbisse, die eine Vielfalt örtlicher und internationaler Gerichte anbieten.

Kantschil
Mit nur 45 cm Höhe ist der Kantschil (ein südostasiatisches Hirschferkel) das kleinste Huftier der Erde.

- 719 Quadratkilometer
- 6,2 Millionen
- Singapur
- Mandarin-Chinesisch, Malaiisch, Tamil, Englisch

Eine Brücke verbindet den **tropischen Inselstaat** in Südostasien mit dem Festland. Singapur ist ein **Stadtstaat** und ein **Finanz- und Industriezentrum**.

Buddha ist der Gründer des Buddhismus.

Tempel der Zahnreliquie des Buddha
Diese Statue steht in einem Tempel, in dem ein Zahn aufbewahrt wird, der von Buddha selbst stammen soll.

Gardens by the Bay
Dieser 2012 eröffnete preisgekrönte Landschaftspark mit Gärten und Treibhäusern ist eine beliebte Sehenswürdigkeit.

Im Park stehen bis zu 50 m hohe, beleuchtete Strukturen.

Brunei

5 765 Quadratkilometer

464 480

Bandar Seri Begawan

Malaiisch, Englisch, Chinesisch

Obwohl es eine der kleinsten Nationen der Erde ist, ist es auch eines der **reichsten Länder** – dank seiner **Öl-** und **Gasvorkommen**. Der **Sultan** (Herrscher) von Brunei ist einer der **reichsten Menschen der Welt**.

Nasenaffe
In den Wäldern von Brunei leben die gefährdeten Nasenaffen, deren Männchen durch die große Nase auffallen.

Goldene Kuppeln und Türme zieren den Palast.

Palast des Sultans
Der von einer Lagune umgebene Istana Nurul Iman *(„Palast des Lichts des Glaubens") ist der größte Wohnsitz eines Herrschers weltweit.*

Timor-Leste

Traditionelle Kleidung
Tais *ist ein traditioneller Stoff in Timor-Leste. Diese Kinder tragen goldene Kopfbedeckungen und* Tais Mane *(farbige Wickelröcke).*

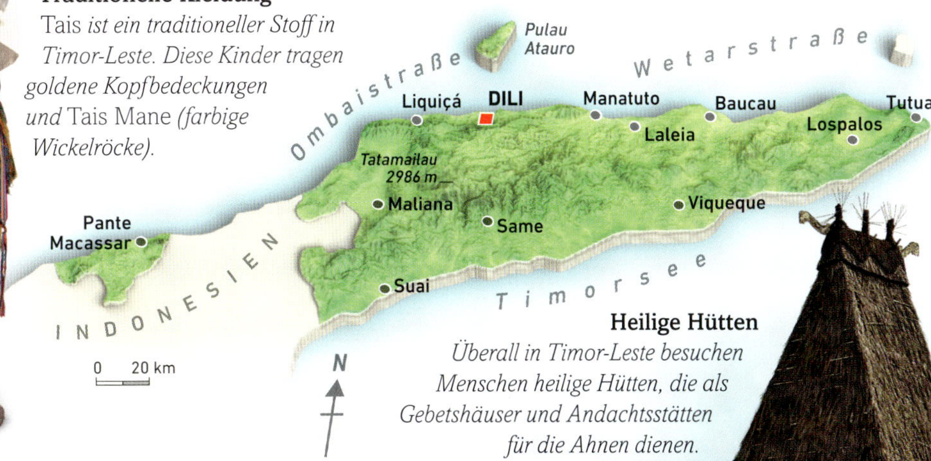

Heilige Hütten
Überall in Timor-Leste besuchen Menschen heilige Hütten, die als Gebetshäuser und Andachtsstätten für die Ahnen dienen.

14 874 Quadratkilometer

1,4 Millionen

Dili

Tetum, Indonesisch, Portugiesisch

Timor-Leste, auch **Osttimor** genannt, liegt im östlichen Teil der **Insel Timor**. Dili ist die Hauptstadt und größte Stadt. Das Klima ist tropisch und es gibt **Gebirge**, **Grasländer** und **Korallenriffe**.

Mikronesien
MARSHALL-INSELN
Nördliche Marianen (USA)
Guam (USA)
Philippinensee
Karolinen
Pohnpei
Kosrae
Tungaru
K
MIKRONESIEN
NAURU
Melanesien
PALAU
Bismarcksee
Neuirland
Neubritannien
Salomonsee
SALOMONEN
Santa-Cruz-Inseln
VANUATU
ASIEN
PAPUA-NEUGUINEA
Korallensee
Great Barrier Reef
Neukaledonien (Frankreich)
Carpentariagolf
Arnhemland
Joseph-Bonaparte-Golf
QUEENSLAND
Timorsee
Tanamiwüste
AUSTRALIEN
NORTHERN TERRITORY
Simpsonwüste
INDISCHER OZEAN
Große Sandwüste
Great Dividing Range
Darling
NEW SOUTH WALES
Eyresee
Gibsonwüste
SOUTH AUSTRALIA
Torrenssee
AUSTRALIA CAPITAL TERRITORY
Murray
WESTERN AUSTRALIA
Große Victoriawüste
VICTORIA
Hamersleykette
Nullarborebene
Bass-Straße
Tasmansee
Tasmanien
TASMANIA
Große Australische Bucht

AUSTRALIEN und OZEANIEN

Australien

Fliegende Ärzte
Ärzte benutzen Kleinflugzeuge, um die Notfallversorgung für Menschen in entfernten Outbackgegenden sicherzustellen.

Strandparadies
Millionen Menschen strömen zur „Goldküste" und „Sonnenscheinküste" im Osten und reiten die Wellen.

Road Train („Zug auf der Straße")
Lange Lastwagenkombinationen, die Road Trains, *überbrücken die weiten Entfernungen. Manche sind bis zu 50 m lang.*

Indigene Kunst
Seit Jahrhunderten malen Aborigine-Künstler Motive der Traumzeit (der spirituellen Ordnung der Welt). June Smith steht hier vor ihrem Werk Blumen nach dem Regen.

Heiliger Fels
Im Herzen Australiens, nahe der abgelegenen Stadt Alice Springs, liegt Uluru, ein Sandsteinfels, der seit Urzeiten den Aborigines heilig ist. Bei Sonnenauf- und -untergang leuchtet er rötlich.

Australien ist die **größte Insel der Erde**. Das Land der Südhalbkugel ist der **größte Staat in Ozeanien** und das **sechstgrößte Land weltweit**. Ein Großteil Australiens ist **Wüste**, sodass die meisten Menschen in **Städten an der Küste** leben. Die **heißen, trockenen Gebiete** im Landesinneren nennt man das **Outback**.

- 7 741 220 Quadratkilometer
- 25,5 Millionen
- Canberra
- Englisch, 6 weitere Sprachen

Great Barrier Reef
Das größte Barriereriff der Erde liegt in der Korallensee vor der Nordostküste Australiens. In dem Korallenriff leben über 1500 Fischarten.

Beuteltiere
In Australien leben Millionen Kängurus. Mit den kräftigen Beinen können sie bis zu 9 m weite Sprünge machen und eine Geschwindigkeit von über 70 km/h erreichen.

Eukalyptuswälder
Etwa drei Viertel der Wälder Australiens bestehen aus Eukalyptusbäumen. Sie sind widerstandsfähig genug, um die heißen, trockenen Sommer zu überstehen.

Opernhaus von Sydney
Eines der berühmtesten Gebäude Australiens ist das Opernhaus im Hafen von Sydney, in dem seit der Eröffnung 1973 Konzerte und Aufführungen stattfinden.

Giftschlangen
Drei Arten von Taipanen, darunter dieser Inlandtaipan, sind in Australien heimisch. Sie sind äußerst giftig.

Geografie: Die Wüstenregion im Zentrum ist von Grassteppen, Regenwäldern, Gebirgen und Stränden umgeben.

Geschichte: Die indigenen Aborigines waren die Ersten, die Australien vor über 50 000 Jahren erreichten und es besiedelten.

Kultur: Australier genießen Abenteuer- und Outdooraktivitäten ebenso wie das Wasser. Australien ist eine Sportlernation.

Naturwunder: Zu der spektakulären Natur gehören das Great Barrier Reef und das Bergland des Great Dividing Range.

Tierwelt: Beuteltiere (deren Junge in einem Bauchbeutel der Mutter aufwachsen) wie Kängurus und Koalas sind typisch für Australien.

Essen und Trinken: Die Küche ist so multikulturell wie die Bevölkerung mit regionalen, asiatischen und mediterranen Elementen.

Papua-Neuguinea

Grundnahrungsmittel
Der Taro ist eine stärkehaltige Wurzelknolle, die in vielen Gerichten Papua-Neuguineas verwendet wird. Er wird dort seit Jahrtausenden angebaut.

Extravagante Federn
Der auffällige Raggi-Paradiesvogel ist in den Regenwäldern des Landes weit verbreitet. Er ist auch auf der Landesflagge dargestellt.

Tonmasken
Bei den Asaro in den östlichen Bergländern ist es eine Tradition, Dämonenmasken aus Ton zu tragen. Früher sollten sie Feinde abschrecken.

Baumkängurus
Tief in den Regenwäldern leben Baumkängurus. Diese geschickten Kletterer halten sich meist auf Bäumen auf und fressen Blätter und Früchte.

Heilige Architektur
Das Parlament in Port Moresby wurde im Stil eines Haus Tambaran *(„Haus der Geister") gebaut, einem traditionellen spirituellen Versammlungsort.*

Farbige Mosaiken verzieren die hohe, geschwungene Fassade.

- 462 840 Quadratkilometer
- 7,2 Millionen
- Port Moresby
- Tok Pisin (engl. Kreol), 800 weitere Sprachen

Papua-Neuguinea ist ein Verband von **600 Tropeninseln**. Die meisten Menschen wohnen in **ländlichen Dörfern**, die oft ihre eigene Lebensart pflegen.

Neuseeland

Diese prunkvolle handbemalte Holzstatue von Tangaroa, dem Māori-Meeresgott, steht in Auckland.

Māori-Schnitzereien
Die Vorfahren der Māori waren polynesische Seefahrer, die im 14. Jh. als Erste Neuseeland besiedelten. Ihre Schnitzereien sind wertvolle Kunstwerke.

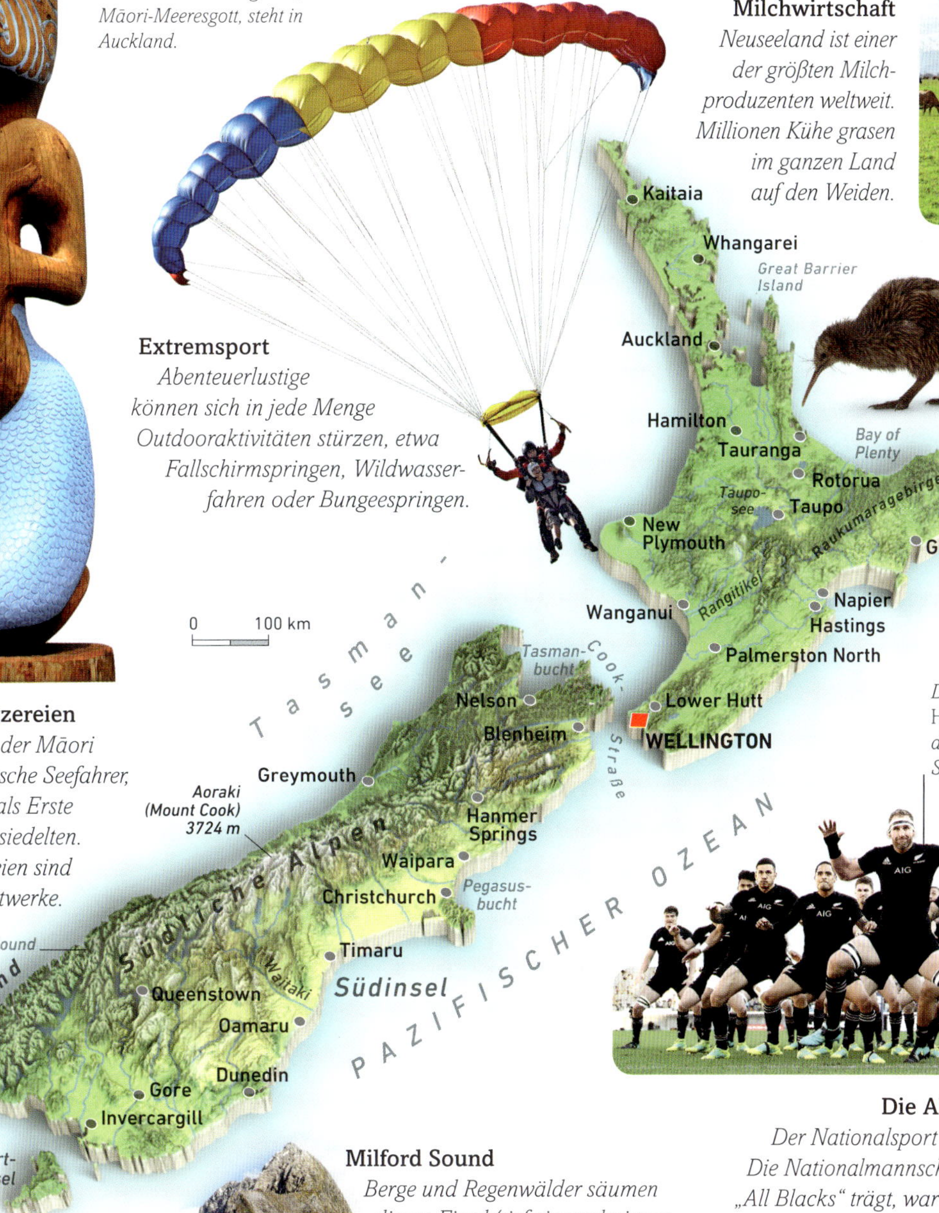

Extremsport
Abenteuerlustige können sich in jede Menge Outdooraktivitäten stürzen, etwa Fallschirmspringen, Wildwasserfahren oder Bungeespringen.

Milchwirtschaft
Neuseeland ist einer der größten Milchproduzenten weltweit. Millionen Kühe grasen im ganzen Land auf den Weiden.

Geliebter Vogel
Der nur auf Neuseeland heimische flugunfähige Kiwi ist das inoffizielle Nationalsymbol.

Die Mannschaft führt den Haka, den Zeremonialtanz der Māori, vor Beginn jedes Spiels auf.

Die All Blacks
Der Nationalsport des Landes ist Rugby. Die Nationalmannschaft, die den Spitznamen „All Blacks" trägt, war 3-mal Rugby-Weltmeister.

Milford Sound
Berge und Regenwälder säumen diesen Fjord (tief eingeschnittene Bucht) der Südinsel. Im Wasser leben Delfine und Robben.

- 268 838 Quadratkilometer
- 4,9 Millionen
- Wellington
- Englisch, Māori

Zwei große Inseln im Pazifik bilden Neuseeland – eine vielfältige Mischung von umwerfenden **Küsten**, aktiven **Vulkanen** und fruchtbarem **Ackerland**. Es gibt **30 Mio. Schafe** – viel mehr als Menschen.

Palau

Palau besteht aus **über 300 Inseln** im westlichen Pazifik. Viele Palauer leben vom **Tourismus**, der **Landwirtschaft** oder dem **Fischfang**.

- 459 Quadratkilometer
- 21 700
- Ngerulmud
- Palauisch, Englisch, 4 weitere Sprachen

Das Airai Bai ist ein Versammlungshaus für Männer von 1890.

Marshallinseln

Diese Kette von **Korallenatollen** und über 1000 kleinen Inseln im Pazifik knapp **nördlich des Äquators** besitzt eine reiche **Meerestierwelt**.

- 181 Quadratkilometer
- 77 900
- Majuro
- Marshallesisch, Englisch, 2 weitere Sprachen

Copra (getrocknete Kokosnusskerne) und Kokosnussöl werden exportiert.

Nauru

Die **Gesteinsinsel** muss Lebensmittel, Wasser und andere Güter zum größten Teil **importieren**.

- 21 Quadratkilometer
- 11 000
- Yaren
- Nauruisch, Kiribatisch, 3 weitere Sprachen

Itte Detenamo ist ein international erfolgreicher Gewichtheber.

Föderierte Staaten von Mikronesien

Die **600 Inseln** dieses tropischen Landes sind entweder bewaldete **Vulkaninseln** oder **Korallenatolle**. Viele Mikronesier leben vom Fischfang und der Landwirtschaft.

- 702 Quadratkilometer
- 102 450
- Palikir
- Chuukesisch, 4 weitere Sprachen

Scharfer Pfeffer wird auf der Insel Pohnpei angebaut.

Salomonen

Die meisten Menschen auf den **üppigen tropischen** Salomon-Inseln leben in **Dörfern**. Wie in vielen anderen Südpazifikländern gibt es **Vulkane** und häufige **Erdbeben**. Tropische **Wirbelstürme** ziehen über die Inseln.

- 28 896 Quadratkilometer
- 685 100
- Honiara
- Englisch, Pijin, 120 weitere Sprachen

Musikgruppen spielen traditionelle Musik auf Bambusinstrumenten.

Tuvalu

Auf den Inseln leben Feenseeschwalben.

Tuvalu besteht aus **neun winzigen Pazifikinseln**. Etwa die **Hälfte der Bevölkerung** wohnt in **Funafati**, das auch Regierungssitz ist.

- 26 Quadratkilometer
- 11 350
- Funafuti
- Tuvaluisch, Kiribatisch, Englisch

Kiribati

Die **33 Inseln** sind alle sehr flach und vom aufgrund des **Klimawandels steigenden Meeresspiegel** bedroht.

- 811 Quadratkilometer
- 111 800
- Tarawa
- Englisch, Kiribatisch

Lava-Lava – Stoffstücke, die wie ein Wickelrock um die Hüfte gebunden werden – trägt man auf Kiribati und anderen südpazifischen Inseln.

Samoa

Bislang sind die meisten Samoaner **Bauern**, doch der **Tourismus** zu den **weißen Sandstränden** ist ein wachsender Wirtschaftszweig.

- 2 831 Quadratkilometer
- 203 800
- Apia
- Samoanisch, Englisch

Ein Fautasi ist ein Langboot auf Samoa.

Vanuatu

Die **80 kleinen Inseln** von Vanuatu sind überwiegend **bergig** und von **Regenwäldern** bedeckt. Es gibt **9 aktive Vulkane**.

- 12 189 Quadratkilometer
- 298 350
- Port-Vila
- Bislama, Englisch, Französisch, weitere lokale Sprachen

Der Vulkan Yasur auf der Insel Tanna ist 361 m hoch.

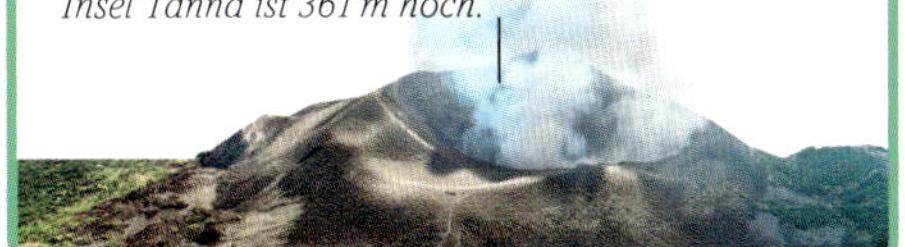

Rugby ist in Fidschi sehr populär.

Fidschi

Fidschi besteht aus über **300 Inseln**. Wirtschaftlich wichtig sind der **Tourismus** und der **Zuckerrohranbau**. Auf **Viti Levu** und **Vanua Levu** leben die meisten Einwohner.

- 18 274 Quadratkilometer
- 936 000
- Suva
- Fidschianisch, Englisch, 4 weitere Sprachen

Tonga

Dieser Staat aus **170 überwiegend unbewohnten Inseln** ist eine Monarchie. Angebaut werden vor allem **Bananen**, **Kürbisse** und **Vanille**.

- 747 Quadratkilometer
- 106 100
- Nuku'alofa
- Englisch, Tongaisch

An den Haken hängt man Lebensmittel, um sie vor Ratten zu schützen.

Antarktis

Offizielle Flagge
Gemäß dem Antarktisvertrag von 1961 wird die Antarktis von mehreren Ländern verwaltet. Die Mitgliedsstaaten einigten sich 2002 auf eine Flagge, die den Kontinent zeigt.

Der blaue Hintergrund symbolisiert Neutralität.

Amundsen-Scott-Station
Diese US-Station am Südpol ist eine der vielen permanenten Forschungsstationen auf dem Kontinent. Im Sommer leben bis zu 4000 Forscher aus vielen Ländern auf Antarktika.

Erster am Südpol
Bei dem strapaziösen Wettlauf, als Erste den Pol zu erreichen, kam der Norweger Roald Amundsen (oben) mit vier Begleitern 1911 der Gruppe des Briten Robert F. Scott zuvor, die den Rückmarsch nicht überlebte.

- 14 200 000 Quadratkilometer
- Keine feste Besiedlung
- Keine Hauptstadt
- Keine einheimischen Sprachen

Die **Antarktis (Südpolargebiet)** umfasst **Antarktika**, den **kältesten** und **windigsten Kontinent** der Erde, sowie das umgebende **Südpolarmeer**. Der **Eisschild**, der fast den ganzen Kontinent bedeckt, enthält etwa 90 % allen Eises der Erde.

Mount Erebus
Dies ist der am weitesten südlich gelegene aktive Vulkan. Er erhebt sich 3794 m über den Meeresspiegel. Am Gipfel liegt ein kochender Lavasee.

Pinguinkolonie
Es gibt etwa eine halbe Million Kaiserpinguine – die größte und schwerste Pinguinart – in der Antarktis. Sie bilden zur Brutzeit riesige Kolonien und wandern weite Strecken zum Meer, um Fische zu fangen.

Arktis

Küstenseeschwalbe
Diese Zugvögel haben die längste Zugroute aller Tiere. Jedes Jahr fliegen sie etwa 80 000 km von der Arktis in die Antarktis und wieder zurück.

Polarlicht-Kathedrale
Die spiralförmige Kirche in Alta (Norwegen) wurde nach den Lichtern am Himmel benannt, die man im hohen Norden manchmal nachts sehen kann.

Das Nordpolarmeer, auch Arktischer Ozean genannt, ist der kleinste Ozean.

Yu'pik
In der Arktis leben viele indigene Völker, etwa die Yu'pik in Sibirien und Alaska. Sie gehen mit Schneeschuhen und tragen Tierfellkleidung.

Das wasserabweisende Fell hält den Bären warm.

Lebensraum Meer
Eisbären, die größten Tiere der Arktis, verbringen die meiste Zeit auf dem Meereis. Durch die globale Erwärmung geht ihr Lebensraum immer mehr verloren.

Zähe Pflanzen
Flechten, Moose und andere Pflanzen wie dieser Arktische Mohn gedeihen im hellen, kurzen Sommer, in dem die Sonne nicht untergeht.

Arktische Wale
Narwale erkennt man an ihrem bis zu 3 m langen einzelnen Stoßzahn. Sie bleiben ganzjährig in den arktischen Meeren und können bis zu 1,5 km tief tauchen.

- 14 500 000 Quadratkilometer
- 4 Millionen
- Keine Hauptstadt
- Mehr als 40 indigene und 7 nicht indigene Sprachen

Die **Arktis (Nordpolargebiet)** bilden die Gebiete von **Nordamerika**, **Asien** und **Europa** nördlich des **Polarkreises**, die von kalter, baumloser **Tundra** bedeckt sind, und das eisige **Nordpolarmeer** um den Nordpol.

Globale Saatgutbank
Um zu verhindern, dass Nutzpflanzen aussterben, gibt es auf der norwegischen Insel Spitzbergen einen Tresor für Millionen Samen vieler Lebensmittelsorten. Sie sind durch das Gestein geschützt und tiefgefroren.

ANHANG

Überseegebiete

Einige Gebiete auf der Erde gehören zu Staaten, die geografisch weit von ihnen entfernt liegen. Viele dieser Überseegebiete waren früher Teil von Kolonialreichen. Ehemalige Kolonien wurden meist unabhängige Staaten. Manche aber haben zwar eine lokale Regierung, wollten aber nicht unabhängig werden, um mit dem Mutterland leichter Handel zu betreiben oder wirtschaftliche oder militärische Unterstützung zu erhalten. Einige Überseegebiete sind unbewohnt. Das Vereinigte Königreich hat die meisten Überseegebiete, gefolgt von Frankreich, den USA und den Niederlanden.

Australien

Ashmore- und Cartier-Inseln

Bevölkerung: 0

Fläche: 5 Quadratkilometer

Dieses etwa 320 km nordwestlich von Australien liegende Überseegebiet besteht aus vier unbewohnten Korallenriffen. Die ersten Europäer, die sie entdeckten, waren Briten: im Jahr 1800 Kapitän Nash mit dem Schiff Cartier und 1811 Kapitän Samuel Ashmore.

Christmas-Insel

Bevölkerung: 2200

Fläche: 135 Quadratkilometer

Diese Insel im Indischen Ozean erhielt ihren Namen am Weihnachtstag 1643 von einem britischen Kapitän. Flying Fish Cove ist eine Hafenstadt, in der die meisten Bewohner leben.

Tausende rote Krebse wandern jedes Jahr von der Christmas-Insel zum Meer.

Kokos-Inseln

Bevölkerung: 600

Fläche: 14 Quadratkilometer

Zwei der 27 winzigen Inseln im Indischen Ozean sind bewohnt. Sie sind Zentren des Fischfangs, des Tauchens und der Vogelbeobachtung.

Korallensee-Inseln

Bevölkerung: 0

Fläche: 3 Quadratkilometer

Die winzigen Inseln am Rand des Great Barrier Reefs werden von Seevögeln besucht.

Heard und McDonald-Inseln

Bevölkerung: 0

Fläche: 412 Quadratkilometer

Das Gebiet im südlichen Indischen Ozean ist etwa 1700 km von Antarktika entfernt. Die Vulkaninseln sind ein Paradies für Tiere.

Norfolk-Insel

Bevölkerung: 1800

Fläche: 36 Quadratkilometer

Die Insel etwa 1600 km nordöstlich von Sydney war früher eine Strafkolonie für Gefangene, die aus Großbritannien verbannt wurden.

Dänemark

Färöer

Bevölkerung: 51 600

Fläche: 1393 Quadratkilometer

Die Färöer sind 18 schroffe Vulkaninseln im Nordatlantik. Vor etwa 1200 Jahren siedelten dort Wikinger.

Grönland

Bevölkerung: 57 600

Fläche: 2 166 000 Quadratkilometer

Grönland ist die größte Insel der Erde, die kein eigener Staat ist. Zwei Drittel des Landes liegen nördlich des Polarkreises, und fast das ganze Land ist bis auf einen Küstenstreifen von einem dicken Eisschild bedeckt.

Frankreich

Clipperton-Insel

Bevölkerung: 0

Fläche: 6 Quadratkilometer

Die abgelegene Insel im östlichen Pazifischen Ozean wurde nach dem englischen Piraten John Clipper aus dem 18. Jh. benannt, der sich dort versteckt haben soll. Im Zentrum liegt eine üppige Lagune mit einer reichen Pflanzenwelt.

Französisch-Guayana

Bevölkerung: 290 000

Fläche: 91 000 Quadratkilometer

An der Nordküste Südamerikas liegt Französisch-Guayana, das zu 90 % mit dichtem Regenwald bedeckt ist. Die meisten Menschen leben in Cayenne, der größten Stadt, oder in anderen Städten an der Küste.

Französisch-Polynesien

Bevölkerung: 295 100

Fläche: 4167 Quadratkilometer

Auf 5 Archipelen (den Marquesas, Austral-, Gambier-, Tuamotu- und Gesellschaftsinseln) mit 118 Inseln besitzt Französisch-Polynesien viele Strände, Lagunen und Wasserfälle. Die größte Insel ist das bergige Tahiti.

Französische Süd- und Antarktisgebiete

Bevölkerung: 0

Fläche: 439 781 Quadratkilometer

Diese abgelegenen schroffen Inseln liegen im südlichen Indischen Ozean und vor der Küste Antarktikas. Sie beherbergen große Kolonien von Pinguinen und anderen Vögeln. Einige Inseln sind Naturschutzgebiete mit wissenschaftlichen Forschungsstationen.

Guadeloupe

Bevölkerung: 406 000

Fläche: 1628 Quadratkilometer

Dieses Archipel ist Teil der Kleinen Antillen im Karibischen Meer. Die beiden Hauptinseln Basse-Terre und Grande-Terre verbindet eine Brücke über den Meeresarm Rivière Salée.

Der Vulkan La Soufrière auf Basse-Terre ist der höchste Berg der Kleinen Antillen.

Martinique

Bevölkerung: 376 000

Fläche: 1128 Quadratkilometer

Die vulkanische Karibikinsel der Kleinen Antillen liegt etwa 7000 km von Frankreich entfernt. Die französischen Einflüsse sieht man am Architekturstil der Hauptstadt Fort-de-France.

Mayotte

Bevölkerung: 270 300

Fläche: 374 Quadratkilometer

Im Indischen Ozean nordwestlich von Madagaskar liegt Mayotte. Die malerische Inselgruppe hat üppige Regenwälder und Berge. Die Korallenriffe sind bei Tauchern beliebt.

Neukaledonien

Bevölkerung: 290 000

Fläche: 18 575 Quadratkilometer

Etwa ein Viertel der Weltvorräte des Metalls Nickel lagert in Neukaledonien, einer Inselkette im Südpazifik.

Réunion

Bevölkerung: 859 000

Fläche: 2512 Quadratkilometer

Einer der aktivste Vulkane der Erde, der Piton de la Fournaise, französisch für „Spitze des Ofens", liegt auf dieser Insel.

Saint-Barthélemy

Bevölkerung: 7100

Fläche: 25 Quadratkilometer

Diese Karibikinsel, kurz St. Barths genannt, ist ein Ziel für Luxusurlauber mit weißen Sandstränden und noblen Hotels.

Saint-Martin

Bevölkerung: 32 600

Fläche: 54 Quadratkilometer

Der Nordteil der Insel St. Martin in der Nordostkaribik ist ein französisches Überseegebiet, der Südteil (Sint Maarten) ist niederländisch.

Saint-Pierre und Miquelon

Bevölkerung: 5300

Fläche: 242 Quadratkilometer

Im Atlantik vor der Küste Kanadas liegt eine Gruppe von 8 französischen Inseln. Im geschäftigen Saint-Pierre lebt der Großteil der Bevölkerung. Dagegen ist Miquelon ein ruhiger Platz für Wale und Robben.

Wallis und Futuna

Bevölkerung: 15 900

Fläche: 142 Quadratkilometer

Diese kleinen, abgelegenen Vulkaninseln liegen im Südpazifik. Zwar werden sie von Frankreich regiert, aber die polynesische Kultur und Gemeinschaft ist sehr stark und divers.

Niederlande

Aruba

Bevölkerung: 119 400

Fläche: 180 Quadratkilometer

Die malerische Insel Aruba liegt vor der Küste Venezuelas im Karibischen Meer.

Bonaire

Bevölkerung: 20 000

Fläche: 294 Quadratkilometer

Mit ihren Korallenriffen, den Sandstränden und der vielfältigen Meerestierwelt ist diese karibische Insel bei Tauchern und Schnorchlern sehr beliebt.

Curaçao

Bevölkerung: 151 400

Fläche: 444 Quadratkilometer

Die flache Karibikinsel hat eine geschäftige Hauptstadt, Willemstad, deren Altstadt viele Gebäude im niederländischen Stil besitzt.

Willemstad, die bunte Hauptstadt von Curaçao

Saba

Bevölkerung: 1900

Fläche: 13 Quadratkilometer

Der ruhende Vulkan Mount Scenery liegt im Herzen dieser winzigen Regenwaldinsel im Karibischen Meer. Das Meeresschutzgebiet „Saba National Marine Park" schützt die Korallenriffe und Seegraswiesen der Insel vor Schäden durch die Fischerei, den Tauchtourismus und die Umweltverschmutzung.

Sint Eustatius

Bevölkerung: 3000

Fläche: 21 Quadratkilometer

Sint Eustatius ist eine kleine Insel 26 km von Saba entfernt, die aus zwei erloschenen Vulkanen besteht. Wie alle karibischen Inseln wird sie oft von Wirbelstürmen getroffen.

Sint Maarten

Bevölkerung: 43 800

Fläche: 34 Quadratkilometer

Sint Maarten liegt im Süden auf der gleichen Insel wie das französische Überseegebiet Saint-Martin. Die geschäftige Hauptstadt Philipsburg wird gern von Kreuzfahrtschiffen angefahren.

Neuseeland

Cook-Inseln

Bevölkerung: 8 600

Fläche: 236 Quadratkilometer

Die 15 Cook-Inseln verteilen sich über eine enorme Fläche von 2 Mio. Quadratkilometern im Südpazifik.

Niue

Bevölkerung: 2000

Fläche: 260 Quadratkilometer

Das auch als „Felsen von Polynesien“ bekannte Niue liegt 2400 km vor der Küste Neuseelands. Das schroffe Innere weist viele Klippen, Klüfte und Wälder auf.

Tokelau

Bevölkerung: 1600

Fläche: 12 Quadratkilometer

Die 3 winzigen Atolle Atafu, Fakaofo und Nukunonu bilden dieses Überseegebiet im Südpazifik. Die meisten Einwohner leben von der Landwirtschaft oder vom Fischfang.

Rotfußtölpel nisten auf den pazifischen Inseln.

Norwegen

Bouvet-Insel

Bevölkerung: 0

Fläche: 49 Quadratkilometer

Die kleine Insel im Südatlantik ist zum Großteil von Eis bedeckt. Sie ist ein Schutzgebiet mit einer großen Zahl an Pinguinen und Robben.

Jan Mayen

Bevölkerung: 0

Fläche: 377 Quadratkilometer

Im Nordatlantik zwischen Grönland und Norwegen liegt die Vulkaninsel Jan Mayen. Wissenschaftler erforschen dort Gletscherlandschaften und das stürmische Wetter.

Peter-I.-Insel

Bevölkerung: 0

Fläche: 180 Quadratkilometer

Ein russischer Entdecker benannte im 19. Jh. die Insel nach dem russischen Zaren Peter I. Die unbewohnte Insel in der Bellingshausensee wird von Sturmvögeln, Seeschwalben, Pinguinen und Robben besucht.

Spitzbergen (Svalbard)

Bevölkerung: 2900

Fläche: 62 045 Quadratkilometer

Die Inselgruppe im Nordpolarmeer nördlich von Norwegen besteht aus 9 Inseln. Zwischen den Gletschern und schneebedeckten Bergen leben Eisbären, Rentiere und Polarfüchse.

Vereinigtes Königreich

Anguilla

Bevölkerung: 18 100

Fläche: 91 Quadratkilometer

Diese hübsche Insel im Karibischen Meer wurde nach dem französischen Wort für Aal, anguille, *benannt, weil sie eine lange, dünne Form hat. Weiße Sandstrände und hübsche Inselchen ziehen viele Touristen an.*

Segelbootrennen gehören zum jährlichen Sommerfestival von Anguilla.

Segeln ist ein Nationalsport in Anguilla.

Ascension

Bevölkerung: 800

Fläche: 91 Quadratkilometer

Diese im Atlantik – etwa in der Mitte zwischen Brasilien und Afrika – gelegene kleine Vulkaninsel wurde von dem britischen Naturforscher Charles Darwin besucht. Green Mountain ist mit 859 m der höchste Berg.

Bermuda

Bevölkerung: 71 700

Fläche: 54 Quadratkilometer

Bermuda mit seinen rosaroten Sandstränden besteht aus sieben Atlantikinseln, die durch Brücken verbunden sind. Vor den Küsten liegen viele historische Wracks von Schiffen, die an den flachen Korallenriffen verunglückten.

Taucher erkunden gern die Schiffswracks an der Küste Bermudas.

Britisches Territorium im Indischen Ozean

Bevölkerung: 0

Fläche: 60 Quadratkilometer

Das auch als Chagos-Inseln bezeichnete Archipel aus 58 Tropeninseln im Indischen Ozean ist eine Militärbasis und nur für Militärs zugänglich.

Britische Jungferninseln

Bevölkerung: 37 400

Fläche: 151 Quadratkilometer

Dank des klaren blauen Wassers und des warmen subtropischen Klimas sind diese Karibikinseln bei Touristen sehr beliebt.

Cayman-Inseln

Bevölkerung: 62 000

Fläche: 264 Quadratkilometer

Die 3 Inseln Grand Cayman, Cayman Brac und Little Cayman bilden dieses Überseegebiet in der Karibik. Es ist als Finanzplatz und Steueroase für Steuerflüchtige bekannt.

Falklandinseln

Bevölkerung: 3200

Fläche: 12 173 Quadratkilometer

Das Archipel vor der Küste Argentiniens (wo die Inseln „die Malvinen" heißen) besteht aus zwei Hauptinseln und 776 kleineren Inselchen.

Gibraltar

Bevölkerung: 30 000

Fläche: 6,5 Quadratkilometer

Gibraltar ist ein winziges Gebiet an der Südküste Spaniens. Das selbstverwaltete britische Territorium ist berühmt für den Felsen von Gibraltar, einen 426 m hohen Kalkfelsen.

Guernsey

Bevölkerung: 67 000

Fläche: 65 Quadratkilometer

Der Kronbesitz Guernsey ist die zweitgrößte der Kanalinseln im Ärmelkanal. Es gibt Tausende Kühe, die besonders cremige Milch geben. Die Insel ist ein Finanzplatz und eine Steueroase.

Man

Bevölkerung: 90 500

Fläche: 572 Quadratkilometer

In der Irischen See vor der Nordwestküste Englands liegt die zerklüftete Insel Man (Isle of Man). Dort findet jedes Jahr das berühmte Motorrennen Tourist Trophy (TT) statt.

Die Isle of Man TT gilt als herausfordernd und gefährlich.

Jersey

Bevölkerung: 101 000

Fläche: 116 Quadratkilometer

Jersey, das vor der Nordküste Frankreichs liegt, ist die größte der britischen Kanalinseln. Sie ist für historische Burgen, ihre Kühe und Festungsbauten aus dem Zweiten Weltkrieg bekannt.

Auf Jersey steht die Burg Mont Orgueil aus dem 13. Jh.

Montserrat

Bevölkerung: 5400

Fläche: 102 Quadratkilometer

Die von dem Entdecker Christoph Kolumbus 1493 Montserrat genannte Karibikinsel ist seit dem 17. Jh. ein britisches Territorium. Seit 1995 sind wegen der Ausbrüche des Vulkans Soufrière Hills viele Bewohner weggezogen.

Pitcairn-Inseln

Bevölkerung: 50

Fläche: 47 Quadratkilometer

1789 meuterten britische Seeleute der HMS Bounty *und siedelten auf der abgelegenen Insel Pitcairn mitten im Pazifik. 1838 wurden Pitcairn und 3 umliegende Inseln ein britisches Überseegebiet.*

St. Helena

Bevölkerung: 6000

Fläche: 122 Quadratkilometer

Diese Vulkaninsel im Südatlantik hat eine reiche Tierwelt. Der französische Feldherr Napoleon Bonaparte wurde 6 Jahre lang bis zu seinem Tod 1821 nach St. Helena ins Exil geschickt.

Südgeorgien und die Südsandwich-Inseln

Bevölkerung: 0

Fläche: 3903 Quadratkilometer

Die Inselgruppe im Südatlantik wurde von dem britischen Seefahrer James Cook im 18. Jh. in Besitz genommen. Südgeorgien ist ein Paradies für Pinguine, Albatrosse und See-Elefanten.

Tristan da Cunha

Bevölkerung: 260

Fläche: 98 Quadratkilometer

Weil Tristan da Cunha im Atlantik so abgelegen liegt, haben sich auf den 6 winzigen Inseln sehr seltene Tierarten erhalten.

Turks- und Caicos-Inseln

Bevölkerung: 55 900

Fläche: 948 Quadratkilometer

Vierzig Tropeninseln bilden dieses Archipel im Atlantik. Der Tourismus, der Fischfang und das Finanzwesen sind für ihre Wirtschaft wichtig.

Vereinigte Staaten von Amerika

Amerikanisch-Samoa

Bevölkerung: 49 400

Fläche: 224 Quadratkilometer

Diese Inseln entstanden erst vor geologisch relativ kurzer Zeit (innerhalb der letzten 7 Mio. Jahre) durch Vulkanismus. Heute sind die Vulkane allesamt erloschen.

Rosa Korallen in Amerikanisch-Samoa

Baker-Insel, Howland-Insel

Bevölkerung: 0

Fläche: 1,4 Quadratkilometer

Die beiden winzigen Inseln sind von Korallenriffen umgeben. Sie sind unbewohnt und ein sicherer Lebensraum für Meerestiere, wie etwa gefährdete Meeresschildkröten.

Guam

Bevölkerung: 168 500

Fläche: 544 Quadratkilometer

Auf der tropischen Insel im Westpazifik liegt eine wichtige Militärbasis der USA. Das indigene Volk nennt sich Chamorro.

Chamorro-Tanz

Jarvis-Insel

Bevölkerung: 0

Fläche: 4,5 Quadratkilometer

Die winzige flache Insel im Pazifik brachte den USA im 19. Jh. viel Geld ein dank des Guanos (Vogelexkremente), der damals ein wichtiger Dünger war. Heute ist Jarvis ein Naturschutzgebiet.

Johnston-Atoll

Bevölkerung: 0

Fläche: 2,6 Quadratkilometer

Vier Inseln bilden dieses Atoll im zentralen Pazifischen Ozean. Im Norden und im Osten wurden künstliche Inseln geschaffen. Das heute unbewohnte Atoll ist eine Oase für Meerestiere und für viele Vögel.

Kingman-Riff

Bevölkerung: 0

Fläche: 1 Quadratkilometer

Das spektakuläre Korallenriff unter der Meeresoberfläche ist ein Schutzgebiet. Über 200 Fischarten kommen vor, darunter Aale, Rochen und Haie. Auch Riesenmuscheln leben hier.

Midway-Inseln

Bevölkerung: 0

Fläche: 5,2 Quadratkilometer

Die Midway-Inseln, die von der US-Marine so benannt wurden, weil sie in der Mitte zwischen Kalifornien und Japan liegen, sind ein kleines Korallenatoll im Pazifik. Auf den 3 Inseln nisten viele Vögel, unter anderem Albatrosse.

Navassa

Bevölkerung: 0

Fläche: 5,2 Quadratkilometer

Das seit 1999 unter Naturschutz stehende Navassa ist ein winziges US-Gebiet in der Karibik. Die Landschaft mit einer Küste aus Kalkfelsen bietet einen idealen Lebensraum für Eidechsen und nistende Seevögel.

Nördliche Marianen

Bevölkerung: 57 000

Fläche: 477 Quadratkilometer

Auf den 22 Inseln der selbstverwalteten Nördlichen Marianen im Pazifik findet man aktive Vulkane und Korallen-Saumriffe.

Palmyra

Bevölkerung: 0

Fläche: 12 Quadratkilometer

Das Palmyra-Atoll im Pazifik ist ein Naturschutzgebiet. Wissenschaftler besuchen es, um die Natur und das Klima zu erforschen.

Puerto Rico

Bevölkerung: 3,2 Millionen

Fläche: 9104 Quadratkilometer

Auf der lebhaften Insel in der Karibik gibt es Berge und Tropenwälder. Die Bevölkerung folgt spanischen, US-amerikanischen und afrokaribischen Traditionen.

In Puerto Rico wird jedes Jahr Karneval gefeiert, etwa in Ponce.

Jungferninseln

Bevölkerung: 104 000

Fläche: 355 Quadratkilometer

Die Jungferninseln gehören zu einem malerischen Archipel östlich von Puerto Rico. Das subtropische Klima, der weiße Sand und das blaue Wasser ziehen viele Besucher an. Die Inseln werden oft von Hurrikanen heimgesucht, so 2017 vom zerstörerischen Hurrikan Irma.

Wake

Bevölkerung: 0

Fläche: 6,5 Quadratkilometer

Das winzige US-Gebiet im Pazifik, ein wichtiger Schauplatz im Zweiten Weltkrieg, besteht aus 3 Koralleninseln über einem Unterseevulkan. Man kann sie nicht besuchen, es gibt aber einen militärischen Notlandestreifen.

Luftbild des Palmyra-Atolls

Glossar

Ahnen
Menschen in der Vergangenheit, von denen heute lebende Personen abstammen.

Archipel
Eine Inselgruppe und die umgebende Meeresregion.

Atoll
Ein ringförmiges Korallenriff, das eine Lagune mit flachem Wasser umgibt.

Besetzung
Die (oft militärische) Kontrolle des Gebiets eines Landes durch einen anderen Staat.

Bewässerung
Die Versorgung von Äckern mit Wasser durch Kanäle oder Rohre.

Binnenstaat
Ein Staat, der nicht am Meer liegt.

Delta
Ein flaches, oft dreieckiges Gebiet an der Küste, das durch die Ablagerung von Sand und Schlick an einer Flussmündung entstanden ist.

Demokratie
Eine Staatsform, in der die Bürger ihre Regierung durch regelmäßige Wahlen bestimmen.

divers, Diversität
Beschreibt eine Bevölkerung mit vielen verschiedenen Abstammungen, Kulturen, Gesellschaften und Weltanschauungen.

Dynastie
Eine Herrscherfamilie, deren Macht von einer Generation zur nächsten vererbt wird.

endemisch
Eine Pflanzen- oder Tierart, die nur in einem bestimmten Gebiet und nirgendwo sonst vorkommt.

Erosion
Die Abtragung von Gestein durch Wind, fließendes Wasser oder Gletscher.

ethnische Gruppe, Ethnie
Eine Gruppe von Menschen, die durch ihre Ethnizität (gemeinsame Sprache und Kultur) eine gemeinsame Identität haben.

Ethnizität
Die Sprache, Kultur und Weltanschauung, durch die sich eine Gruppe von Menschen („Ethnie“) zusammengehörig fühlt.

Export
Der Verkauf von Waren oder Dienstleistungen an andere Länder.

Fjord
Eine Bucht, die sich weit ins Land erstreckt und meist zwischen steilen, hohen Bergen liegt.

Folklore
Die Gebräuche, Traditionen, Geschichten und die Musik einer Gemeinschaft oder Ethnie, die über Generationen (meist mündlich) weitergegeben werden.

gefährdet
Eine Tier- oder Pflanzenart mit so wenigen Individuen, dass sie aussterben könnte.

gemäßigt
Bezieht sich auf Gegenden in mittleren Breiten mit ausgeprägten Jahreszeiten, aber einem Klima, das nicht so extrem ist wie das tropische oder polare Klima.

Gletscher
Eine lange bestehende Eismasse auf dem Land in kalten Gebieten, etwa in den Polargebieten oder auf Bergen. Oft fließt sie langsam bergab und gräbt dabei weite Täler aus.

Graben, Grabenbruch
Geologischer Begriff für eine lange Bruchlinie, an der die Erdoberfläche auseinandergezogen wird.

Halbinsel
Ein Stück Land, das fast ganz von Wasser umgeben, aber an einer Seite mit dem Festland verbunden ist.

Import
Waren, die man von einem anderen Land kauft.

indigenes Volk
Ein Volk, das schon sehr lange in einem Gebiet siedelt („Ureinwohner“), meist in Ländern, in denen die Bevölkerungsmehrheit erst in jüngster Zeit eingewandert ist, z. B. in Kolonialländern.

Klima
Die typischen Wettermuster eines bestimmten Gebiets über einen längeren Zeitraum hinweg.

Kloster
Ein Gebäude, in dem Menschen (Mönche oder Nonnen) leben, die sich ganz auf ihren religiösen Glauben konzentrieren.

Kolonialismus
Ein System, bei dem ein Land die politische Kontrolle über ein anderes Land (die „Kolonie“) ausübt und dessen Ressourcen ohne gleichwertige Gegenleistung ausnutzt.

Kolonie
Ein Gebiet, das von einem anderen Land beherrscht wird.

Kommunismus
Ein politisches System, bei dem die Industrie und der Besitz dem Staat gehören und der Wohlstand und die Ressourcen unter den Bürgern gleich verteilt werden.

Kreol, Kreolsprache
Sprache, die aus dem Kontakt mehrerer Sprachen entstanden ist, oft in Kolonien, wo die Kolonialsprache mit indigenen Sprachen kombiniert wurde.

Küste
Ein Gebiet, an dem Land und Meer aufeinandertreffen.

Lagune
Ein Gebiet flachen Wassers, das durch Inseln oder Landzungen fast ganz vom Meer getrennt ist.

Mangrovenwald
Sumpfwald an einer tropischen Küste, der dem salzigen Meerwasser ausgesetzt ist.

Meeresspiegel
Die Höhe der Meeresoberfläche in Beziehung zu anderen geologischen Merkmalen, etwa der Küste oder Bergen.

Minarett
Ein hoher Turm, der zu einer Moschee gehört.

mittelalterlich
Etwas, das sich auf das Mittelalter (die Zeit etwa von 600 bis 1500 n. Chr.) bezieht.

Monarchie
Eine Regierungsform mit einem einzelnen Herrscher (z. B. König/Königin oder Sultan).

Moschee
Ein Gebäude, in dem Gläubige des Islams zum Gebet und für Predigten zusammenkommen.

multikulturell
Bezieht sich auf einen Ort oder eine Gesellschaft mit vielen verschiedenen Kulturen.

Nomaden
Menschen, die nicht an einem festen Ort leben, sondern in einem größeren Gebiet umherziehen.

Oase
Ein Ort in einer Wüste, wo es Wasser gibt und Pflanzen wachsen.

Osmanisches Reich
Ein Reich, das im 13. Jh. in Anatolien (in der heutigen Türkei) entstand. Die Osmanen beherrschten große Teile Westasiens, Südosteuropas und Nordafrika vom 14. bis zum 20. Jh.

Polargebiet
Gebiete um den Nord- und Südpol mit eisigem Klima.

Polynesien
Ein großes Gebiet im Zentralpazifik mit mehreren kulturell ähnlichen Inseln, neben vielen kleineren auch Samoa, Hawaii und Neuseeland.

Provinz
Ein großer Teil eines Landes, oft mit einer eigenen Verwaltung oder Regierung.

Regenwald
Ein Wald in einem besonders regenreichen Gebiet.

Reich
Eine Gruppe von Ländern oder Gebieten mit dem gleichen Herrscher bzw. der gleichen Regierung.

Renaissance
Eine Periode der europäischen Geschichte vom 14. bis zum 16. Jh., in der das Interesse an der Kunst und dem Lernen stark zunahm.

Republik
Eine Regierungsform, bei der die oberste Staatsmacht vom Volk und den von ihm gewählten Repräsentanten (Abgeordneten) ausgeht.

Sahel
Eine halb trockene Zone in Nordafrika direkt südlich der Wüste Sahara, die vom Atlantik im Westen bis zum Roten Meer im Osten reicht.

Savanne
Ein tropisches Grasland mit wenigen vereinzelten Bäumen.

Sowjetunion
Die Sowjetunion, offiziell Union der Sozialistischen Sowjetrepubliken (UdSSR), war ein Bund aus 15 sozialistischen Republiken, darunter Russland und viele Staaten Osteuropas und Zentralasiens. Sie löste sich 1991 auf.

Stadtstaat
Eine Stadt, die sich selbst verwaltet und nicht Teil eines anderen Staats ist.

Steppe
Ein trockenes, baumloses Grasland in der gemäßigten Klimazone.

Tempel
In vielen Religionen ein heiliges Gebäude, das für die Gläubigen wichtig ist und in dem sie z. B. beten oder Opfer bringen.

Terrassen
Eine Reihe von flachen Feldern für die Landwirtschaft, die man wie Stufen an einem Berghang anlegt.

Territorium
Ein Gebiet, das zu einem Staat oder einem Herrscher gehört.

tropisch, Tropen
Bezieht sich auf Gegenden nahe des Äquators mit einem heißen, feuchten Klima.

Tundra
Kalte, baumlose Gebiete in den Polargebieten.

Unabhängigkeit
Wird erlangt, wenn eine Kolonie oder ein besetztes Land eine Regierung bildet und zu einem eigenständigen Staat wird.

Verfassung
Ein System von Gesetzen, das die Grundrechte und Pflichten aller Bürger eines Staates beschreibt und festlegt, wie die Regierung funktioniert.

Währung
Etwas, das in einem Land als Zahlungsmittel akzeptiert wird.

Wüste
Ein Gebiet mit sehr wenig Regen, das so trocken ist, dass keine Pflanzen wachsen können. Viele Wüsten sind sehr heiß, es gibt aber auch Kältewüsten.

Zivilisation
Eine Gruppe Menschen der gleichen Gesellschaft, Kultur und Lebensweise.

Register

Dank und Bildnachweis

Dorling Kindersley dankt den folgenden Personen für ihre Unterstützung bei der Arbeit an diesem Buch: Kathakali Banerjee, Shatarupa Chaudhuri, Virien Chopra, Sukriti Kapoor, Sai Prasanna, Rupa Rao, Bipasha Roy, Neha Ruth Samuel und Arani Sinha für Redaktionsassistenz; Rachel Lindfield und Pauline Ankunda für Redaktionsassistenz beim Afrika-Kapitel; Mansi Agrawal und Aparajita Sen für Designassistenz; Vagisha Pushp für die Unterstützung bei der Bildrecherche; Nand Kishor Acharya, Dheeraj Singh, Vikram Singh und Anita Yadav für DTP-Assistenz; Rakesh Kumar, Priyanka Sharma und Saloni Singh für den Umschlag sowie Elizabeth Wise für die Erstellung des Registers.

Der Verlag dankt folgenden Personen und Organisationen für die freundliche Genehmigung zum Abdruck von Fotos:

(Abkürzungen: o = oben, u = unten, m = Mitte, l = links, r = rechts, g = ganz)

123RF.com: 123mn 50mo, grigory_bruev 89mro, Olga Buiacova 144mru, Simon Dannhauer 17mlu, Valery Egorov / valeryegorov 82mlo, Ivan Fedorov 92mlu (Blüten), Ramzi Hachicho 136mo, Eric Isselee / isselee 175mro (Kiwi), mehdi33300 15mro, 31gol, Margret Meyer 67u, mirco1 29gol, luca nichetti 92gor, photopips 42mlo (Datteln), possohh 18ur, Korawee Ratchapakdee 173mru, RudyBalasko 94mlu, server 99gor, Genadijs Stirans 45mlu, Anek Suwannaphoom 72mlu, Thawat Tanhai 15mo, Maria Tkach 15gom (Rahmen), Allan Wallberg 88mlo, Abi Warner 105mro, wklzzz 4um, 76mlu, Svetlana Yefimkina 11go, yelo34 19mr, 19mlu, 19ur; **4Corners:** Antonino Bartuccio 32ml, Paul Panayiotou 155mlu, Aldo Pavan 31mru; **African Horseback Safari:** 72tr; **akg-images:** Africa Media Online / ILAM Photographer 69mlu; **Alamy Stock Photo:** AB Forces News Collection 185ml, Action Plus Sports Images 111gol, Aflo Co. Ltd. / Nippon News 102mo, Aflo Co. Ltd. / Nippon News / Naoki Morita 161mu, Africa Media Online 74mo, AGAMI Photo Agency / Daniele Occhiato 177gol, AGAMI Photo Agency / Dubi Shapiro 29mlu, agefotostock / Gonzalo Azumendi 94mlo, agefotostock / Jason Bazzano 17mo, agefotostock / Kevin O´Hara 46gor, Jerónimo Alba 15gom, Allstar Picture Library Ltd 73ul, Sally Anderson 179mlo, arabianEye FZ LLC / Ali Al Mubarak 140mlu, Arco Images GmbH / de Cuveland, J. 179gol, Arco Images GmbH / TUNS 173gor, Artokoloro 68ml, George Atsametakis 123gor, Backyard Productions 60gor, Javier Ballester 169ur, Simon Balson 75ur, John de la Bastide 25mlu, Philip Berryman 172mlo, Frank Bienewald 111ml, Biosphoto / Antoine Boureau 60mru, blickwinkel / AGAMI / A. Ouwerkerk 141mru, blickwinkel / artifant 64gor, blickwinkel / Hecker 179m, blickwinkel / Layer 157gol, Blue Jean Images 160mlu, Blue Planet Archive MNO 34gom (Schmetterling), Joerg Boethling 37mlu, 67mr, Julia Bogdanova 30gom, Ger Bosma 68mro, Myroslava Bozhko 78u, David Brennan 22mro, Thomas Brock 118mlo, Michael Brooks 103gor, Roi Brooks 15ur, Bob Burgess 51ml, Michele Burgess 57mro, Classic Image 178mro, Thornton Cohen 152mo, Dennis Cox 43mr, Zoltán Csipke 112gor, Cultura Creative (RF) / Alberto Bogo 106gom, Cultura RM / Tim E White 179u, Danita Delimont / Michele Westmorland 22mu, dbimages / Amanda Ahn 15gol, Viren Desai 74gol, Design Pics / Radius Images 10ur, Design Pics Inc / Spencer Robertson / RM Level 2 82mo, Michael Diggin 84mru, Reinhard Dirscherl 43mo, V. Dorosz 116gor, dpa picture alliance 50mlu, 149gol, dpa picture alliance / Daniel Bockwoldt 90mro, dpa picture alliance / Daniel Reinhardt 88mru, Mara Duchetti 154mlo, Karin Duthie 72mr, Richard Ellis 19mlo, Everett Collection Inc 116ml, Everett Collection Inc / © Netflix / Ron Harvey 58mu, Everett Collection, Inc. 150gom, eye35.pix 117u, Findlay 97ml, 157ml, S. Forster 154mro, FotoFlirt 151m, Nick Fraser 66mr, funkyfood London - Paul Williams 123m, Eric Gevaert 65mo, Vlad Ghiea 11mro, Granger Historical Picture Archive / NYC 99mr, Arthur Greenberg 155mro, Greenshoots Communications / GS International 61mru, Johnny Greig 58mo, 134ul, Natalia Harper 23gol, Helen Sessions 11gor, Gavin Hellier 83mro, Hemis.fr / Aurélien Brusini 22mlu, 182mlo, Hemis.fr / Bertrand Rieger 18gor, 61ur, Hemis.fr / Bruno Morandi 44gor, Hemis.fr / Franck Charton 46mlo, hemis.fr / Jean-Paul Azam 105mlo, hemis.fr / Sylvain Cordier 28mru, Marc F. Henning 158ul, Heritage Image Partnership Ltd / © Fine Art Images 128gor, 132mo, Cindy Hopkins 178mlo, Peter Horree 148mu, Jack Hoyle 151gor, Image Professionals GmbH / Don Fuchs 173mr, Image Professionals GmbH / Roetting / Pollex 93gor, imageBROKER / Günter Lenz 98-99u, imageBROKER / Juergen Hasenkopf 101gom, imageBROKER / Jürgen & Christine Sohns 169mro, 174mru, imageBROKER / Michael Peuckert 127u, imageBROKER / Michael Runkel 140gor, 144ur, imageBROKER / Stephan Goerlich 95m, imageBROKER / Werner Lang 78mro, Images by Itani 136mlo, Indiapicture / Hemant Mehta 151mlu, Arif Iqball 153mro, Anton Ivanov 51gor, Ivoha 86mu, Jack Malipan Travel Photography 46ur, jbdodane 61gol, David Jensen 19m, John Warburton-Lee Photography / Nigel Pavitt 49gol, Jon Arnold Images Ltd 79gor, Jon Arnold Images Ltd / Doug Pearson 21gom, Jon Arnold Images Ltd / Jane Sweeney 21mru, Jon Arnold Images Ltd / John Coletti 16gor, Wolfgang Kaehler 86mru, katacarix 115mru, Keystone Press / Keystone Pictures USA 52gor, Micha Klootwijk 83mlo, Ton Koene 33gol, Konstantin Kopachinskiy 167mu, Vladimir Kovalchuk 129gol, Petr Kovalenkov 98mlo, LatitudeStock / David Forman 22mlo, Dan Leeth 178mru, Lifestyle pictures 94gor, LightField Studios Inc.

132gor, Ronnachai Limpakdeesavasd 155mlo, Alexander Ludwig 48ml, David Lyon 93mr, Johnny Madsen 79gol, Mandoga Media 105mlu, Nino Marcutti 117mlo, Borislav Marinic 89mo, MARKA / raffaele meucci 46mr, Stefano Politi Markovina 97ul, 111mro, Frederico Santa Martha 68gor, Iain Masterton 96u, Matthew Oldfield Editorial Photography 52mu, Jenny Matthews 146ul, mauritius images GmbH 70gor, mauritius images GmbH / Christopher Schmid 129mlu, mauritius images GmbH / Dave Derbis 86ml, mauritius images GmbH / Hans Bleh 123mro, mauritius images GmbH / Jose Fuste Raga 164gor, mauritius images GmbH / Michael Obert 41mro, MB_Photo 173gom, Neil McAllister 78mru, mediacolor's 138ul, MehmetO 119ml, Michel & Gabrielle Therin-Weise 135ur, Hercules Milas 103mo, Andrey Moisseyev 172gor, Jason Moore 136mlu (Israelifamilie), Tuul and Bruno Morandi 143gol, 159mlu, Marina Movschowitz 185mro, Guido Nardacci 116mlo, Eric Nathan 126ur, Nature Picture Library / Doug Perrine 16gol, Nature Picture Library / Eric Baccega 72ur, Nature Picture Library / Jurgen Freund 181mlu, Nature Picture Library / Wild Wonders of Europe / Giesbers 109mru, Nature Picture Library / Will Burrard-Lucas 69gol, Andrey Nekrasov 41mro, Alice Nerr 28gor, Quang Ngoc Nguyen 157m, PA Images / Brian Lawless 84mu, PA Images / Ian West 59mu, Paul Mayall Birds 91gol, Sean Pavone 168u, Jeremy Pembrey 30mu, Wolfi Poelzer 24ul, Vova Pomortzeff 5mro, 19um, Bart Pro 117mro, PvE 88mogl, Quagga Media 95mro, André Quillien 20mlu, 62mro, 63gol, Niels Quist 87mro, Muhammad Mostafigur Rahman 152u, Hiren Ranpara 49mru, Janos Rautonen 79mo, Realy Easy Star / Giuseppe Masci 140mro, Mervyn Rees 13gor, Reimar 56mro, Edwin Remsberg 54mu, 54ul, 76gor, 76mro, robertharding / Christian Kober 163ur, Robertharding / Michael DeFreitas 24mlo, Robertharding / Michael Runkel 49mlu, 60ul, 174u, 176mlo, Erlantz Pérez Rodriguez 37mru, RZAF_Images 67mro, Octavio Campos Salles 33gom, Borges Samuel 50u, Marco Saracco 172ml, Juergen Schonnop 36m, Science History Images / Photo Researchers 112mlo, Seaphotoart 184ur, SebastianP 124u, Iuliia Shevchenko 99mlu, Sibons photography 53mru, Paulette Sinclair 37mlo, Sport In Pictures 96gor, sean sprague 169mlu, Kumar Sriskandan 31um, stockeurope 108m, Stockfolio® / Stockfolio 704 78mlo, Tansh 5um, 152mru, Marc Tielemans 107m, Ann and Steve Toon 43gor, Peter Treanor 56u, Tommy Trenchard 52mro, UDAZKENA 47mlu, Universal Images Group North America LLC / DeAgostini / M. Leigheb 45ml, USFWS Photo 185ur, Lucas Vallecillos 144mro, Genevieve Vallee 177ul, Greg Vaughn 34ul, Tom Wagner 104mugr, David Wall 175mo, wanderluster 88ml, WaterFrame_fba 22mru, WaterFrame_jdo 183mr, Tony Watson 71ul, WENN Rights Ltd 74mlo, 113mlo, Westend61 GmbH / Andreas Pacek 86mro, Ray Wilson 15ml, Jan Wlodarczyk 107mlo, 121mlu, World History Archive 139mru, Robert Wyatt 147ml, Xinhua 151mu, Xinhua / Luka Dakskobler 111mlu, Xinhua / Sergei Stepanov 90ul, Babelon Pierre-Yves 77mlu, Ariadne Van Zandbergen 76mlo, Zoonar GmbH / Sergey Mayorov 138mlo; **Avalon:** Philip Enticknap 104gor, © Everett 163gol, © World Illustrated 147br; **AWL Images:** Matteo Colombo 1, 154ul, Alan Copson 184mo, Tom Mackie 10mlu, Nigel Pavitt 48gor, 59ur; **John Bradley:** 177gor; **Bridgeman Images:** Gift of the Egyptian Exploration Society 42ul, Granger 83m; **© The Trustees of the British Museum. All rights reserved.:** 52mru; **© CERN:** 110cl; **Circus Zambia:** Greg Bruce Hubbard 69r; **Depositphotos Inc:** ajafoto 97mo, anpet2000 37ul, GekaSkr 134gor, jianghongyan 174gol, lifeonwhite 58gor, mihtiander 77u, vlade-mir 51mru; **Dorling Kindersley:** Idris Ahmed 159ur, Andrew Beckett 77ml, 165mu, Ruth Jenkinson / Holts Gems 53mlu, 66mro (Edelstein), Natural History Museum, London 52mo, University of Aberdeen 123mlo, 177ur, Urospoteko 126ml, Whipsnade Zoo 5gor, 5gogr, 33gor, 33mo (x2); **Dreamstime.com:** Subodh Agnihotri 136mru, Aiisha 85gol, Lev Akhsanov 112gom, Ziya Akturer 137mo, Albund 11m, Alex7370 143ur, Kierran Allen 74mu, Nuno Almeida 95gol, Leonid Andronov 40um, Andzhey 12mo, Nir Antman 136ur, Anusorn62 164mro, Arsty 103ml, Kairi Aun 140mlo, Anthony Baggett 120mr, Bankerok 21ul, Anny Ben 59m, Harald Biebel 84mlo, Larisa Blinova 5ul, 35mo, Boggy 168mru, Brackishnewzealand 19gol, Tatiana Bralnina 40mlo, Maurice Brand 121gol, Dave Bredeson / Cammeraydave 16-177 (Lupe), Jeremy Brown 166mlu, Ryhor Bruyeu 127mro, Zbynek Burival 114mu, Evgeny Buzov 168mlo, Byheaven87 147mro, Volodymyr Byrdyak 66u, Mohammed Anwarul Kabir Choudhury 152mlu, Su Chun 75mr, Jerome Cid 118mr, Lucian Coman 72mu, Cowboy54 168mo, Kobby Dagan 30ul, Daitoiumihai 125mlu (Fluss), Svetlana Day 113u, Ddkg 136gor, Deyan Denchev 124gor, Derejeb 48mu, Dianearbis 56mlo, Dziewul 125gol, Cecil Dzwowa 71gol, Sergey Dzyuba 101gor, Eastmanphoto 40mlu, Elenatur 133go, Erix2005 89u, Ermess 106mo, Faunuslsd 77mlo, Evgeniy Fesenko 135mlu, Freesurf69 123mr, Eugeniu Frimu 120ml, Anne Fritzenwanker 20mro, Filip Fuxa 78gor, Geckophotos 87mu, 87mu (Fleisch), Giuseppemasci 84ml, Rostislav Glinsky 108ur, Diego Grandi 14mr, 16ul, Green_cat 128ml, Andrey Gudkov 67gol, Pascal Halder 110mlo, 110ul, Paul Hampton 66u (Elefanten), Cor Heijnen 167ul, Jiri Hera 97mo (Pralinen), Hpbfotos 10l, Hrlumanog 158ml, Ildipapp 31mro, Imladris 97r, J33p3l2 160mro, Anujak Jaimook 169mlo, Wieslaw Jarek 102ml, Jatmika Jati 166ur, Jojjik 110gor, Lukas Jonaitis 91mro, Kaiskynet 156mro, Kira Kaplinski 166mo, Matej Kausitz 114mo, Mikhail Dudarev 34mlo, Pavel Kavalenkau 100mlo, Bryan Kessinger 12mlu, Michal Knitl 114ul, Sergii Kolesnyk 42mu, Liliia Kondratenko 115gol, Kristina Kostova 96mo, Sergii Koval 50mro, 119mlu, Tetiana Kovalenko 159ml, Jesse Kraft 34mru, Aliaksei Kruhlenia 119mro, Kuhar 111mo, Matthijs Kuijpers 24mro, Serhii Liakhevych 126mru, Lidian Neeleman 23mlu, Lightfieldstudiosprod 132mlo, Limpopoboy 73mr, Miroslav Liska 87gol, Lornet 113m, Oleksandr Lytvynenko 111mr, Maceofoto 77mo, Makidotvn 162mlo, Dmitry Malov 90gor, Marko5 111mru, Markuk97 104mru, Zdeněk Matyáš 121mro, Aliaksandr Mazurkevich 139gol, Jeff Mccollough 35m, Daria Medvedeva / Dash1502 85mlu, Nik Merkulov 124gom, Mikelane45 55um, Mikeltrako 14mlu, Serhii Milekhin 176mo, Milosk50 105gol, Minnystock 95gom, Borna Mirahmadian 139mro, Klemen Misic 120u, Mistervlad 100mu, 108gor, Pranodh Mongkolthavorn 175mro, Moniquesds 34gom (Schmetterlinge), Louno Morose 11mr, Luciano Mortula 99m, Mrtobin 84gor, Robert Mullan 102mlo, Mzedig 142gor, Roland Nagy 162gor, Krzysztof Nahlik 93u, Natalyka 99mro, Nevinates 135mu, Nicolaforenza 106mlu, Duncan Noakes 21mo, Stephen Noakes / Stevenoakes 151gom (Kricketball), Nonmim 106mr, Noppakun 154gol, Noppharat 21gor, Elena Odareeva 156gor, Olgacov 90mru, Palinchak 97gol, Iordanis Pallikaras 5ugl, 120mo, Sean Pavone 165mlu, Phanuwatn 19mru, Photostella 133mu, Pikkystock 71mro, Pipa100 40mro, Sergey Plyusnin 82m (Tee), Marek Poplawski 18mlo, Ppy2010ha 20mo, 36ml, 93mro, 137mlo, 139mro (Mahl), Tawatchai Prakobkit 156mlo, Presse750 28mlo, 28mro, 79mru, Ondřej Prosický 129ur, Pawel Przybyszewski 92mlu, Subin Pumsom 160-161go, Rafael Angel Irusta Machin / Broker 101mlu, David Ribeiro 103mr, Goce Risteski 116ur, Rudi1976 105u, Rukanoga 92mlu (Blüten), Rungrote 25gol, Rusel1981 114mlo, Samystclair 36ul, Luca Santilli 109mro, Constantin Sava / Savcoco 108mlo, Alfio Scisetti 46mlu, Jozef Sedmak 114gor, Serturvetan 133mru, Sichkarenko 125mlu, Siempreverde22 31ul, Dirk Sigmund / Disiflections 48mlo, Silvionka 165gor, Przemyslaw Skibinski 71mr, Svetoslav Sokolov 124ml, Nuthawut Somsuk 98gom, Sova004 118gor, Michaela Stejskalova 106-107go, Stockthor 145mru, Nikolay Stoimenov 124mro, Zlatimir Stojanovic 25ml, 25ml (Hälfte), Jens Stolt / Jpsdk 14mo (mro), Bogusz Strulak 106gor, 107gor, Swisshippo 73mro, Stephen Tapply 35u, Huy Thoai 158gor (x2), Pranee Tiangkate 53gol, Sasin Tipchai 156ml, Tomas1111 85mro, 113gor, 128mlo, Vladimir Tomovic 116mr, Georgios Tsichlis 122mu, Typhoonski 141gol, 141u, Sergey Uryadnikov 63ml, Uskarp 134mro, Valentyn75 5mru, 101mu, Oscar Espinosa Villegas 64mlu, Vilor 91mlu, Vitalssss 15gor, Natalia Volkova 126mlo, Vvoevale 66mro, Pattadis Walarput 151ml, Dennis Van De Water 124mr, Marcin Wojciechowski 88ul, Björn Wylezich 146mro, Thomas Wyness 149mro, Xantana 109mlo, Yakthai 133gor, Yuri Yavnik / Yoriy 160mo, Vadim Zakirov 163mlo, Hongqi Zhang (aka Michael Zhang) 75gor, Znm 70ml, 70u, Петлин Дмитрий 77ol; **EcoTec Lab:** Ousia A. Foli-Bebe 57mlo; **ESO:** J. C. Muñoz / creativecommons.org /licenses/by/4.0 35mro; **Ryszard Filipowicz:** 113mr; **Fotolia:** Eric Isselee 160mr; **Getty Images:** 500Px Plus / Juhani Vilpo 66gor, 500Px Plus / Rasto Rejko 114mru, 500Px Plus / Sergey Grishin 127gol, AFP / Ahmed Ouoba 55gol, AFP / Bertrand Guay 176mro, AFP / Emmanuel Arewa 59mo, AFP / Fethi Belaid 41mr, AFP / Hannah Peters 175mru, AFP / Hussein Faleh 138mru, AFP / Jack Guez 60mlo, AFP / Joe Klamar 37mro, AFP / Khaled Desouki 138mlo (Buch), AFP / Laure Fillon 77mr, AFP / Louisa Gouliamaki 67gom, AFP / Martin Bernetti 35gol, AFP / Miguel Medina 107mu, AFP / Mohamed Abdiwahab 49um, AFP / MOHD RASFAN 166gor, AFP / Monirul Bhuiyan 62ul, AFP / Nelson Almeida 36mlo, AFP / Patricia De Melo Moreira 102ul, AFP / Pius Utomi Ekpei 56ml, AFP / Reinnier Kaze 61mlo, AFP / Sergei Gapon 119ur, AFP / Seyllou Diallo 50mo, AFP / Stefanie Glinski 47u, AFP / STR 47mro, AFP / Vano Shlamov 135gol, AFP / Xaume Olleros 53mro, AFP / Yoshikazu Tsuno 165mo, AFP / Zoom Dosso 55ur, AFP PHOTO / Juan Barreto 28ul, Alloy / Michele Falzone 23ul, Anadolu Agency / Fatemeh Bahrami 139u, Archive Photos / Jack Vartoogian 45mro, The Asahi Shimbun 164mlo, Scott Barbour 23ur, 56gor, Edward Berthelot 99gom, Yann Arthus-Bertrand 55mro, Torsten Blackwood / AFP / © June Smith / Copyright Agency. Licensed by DACS 2020 / © DACS 2020 172mru, Bloomberg 168gor, Bloomberg / Simon Dawson 123gol, Bloomberg / Susana Gonzalez 17mru, 17ur, Bloomberg / Vincent Mundy 126gor, Kitti Boonnitrod 43u, Paula Bronstein 148mlo, 156mr, Corbis Documentary / Galen Rowell 178gor, Corbis Documentary / Layne Kennedy 183um, Corbis Historical / Ashley Cooper 177gogl, Corbis Historical / Photo Josse / Leemage 107mro, Corbis News / Art in All of Us / Anthony Asael 21mro, Corbis News / Art in All of Us / Eric Lafforgue 73mro, Corbis Sport / Visionhaus / Ben Radford 163mlu, Corbis Unreleased / Frans Lemmens 29mro, DeAgostini / DEA / V. Giannella 176ul, DeAgostini / De Agostini Picture Library 109gol, DeAgostini / DEA / G. Kiner 37gol, DeAgostini / DEA / M. Seemuller 34gor, DeAgostini / DEA / S. Vannini 76mru, David Degner 60mro, DigitalVision / Chris Nash 100ml, DigitalVision / Juergen Ritterbach 31mlo, DigitalVision / Klaus Vedfelt 87mru, Don Morley 125ml, EyeEm / Hafizal Talib 167gor, EyeEm / Nguyen Duc Thành 2-3, 157u, FilmMagic / D Dipasupil 57ul, FilmMagic / Toni Anne Barson 14ul, Focus on Sport 17ul, Gallo Images / Mike D Kock 47mru, Gamma-Rapho / Dominique Berbain 142ul, Gamma-Rapho / Jean-Luc Manaud 5ur, 46mro, Gamma-Rapho / Michel RENAUDEAU 79ul, Gamma-Rapho / Yves Gellie 141mro, Erika Goldring 13mlu, Tim Graham 66mlo, Hulton Archive / Allsport / Tony Duffy 109mlu, Hulton Archive / Heritage Images / Fine Art Images 124mlo, The Image Bank / © Ingetje Tadros 174mlu, The Image Bank Unreleased / Atlantide Phototravel 91ur, The Image Bank Unreleased / nik wheeler 138gor, The Image Bank Unreleased / Onne van der Wal 23mro, The Image Bank Unreleased / Timothy Allen 159gol, In Pictures / Qilai Shen 160mru, Dan Kitwood 17mro, Mark Kolbe 177mu, LatinContent Editorial / Jan Sochor 14mlo, LatinContent Editorial / Sean Drakes 25ur, Christian Liewig - Corbis 54gol, LightRocket / SOPA Images / Lito Lizana 65ml, LightRocket / Wolfgang Kaehler 36gor, 179ml, LightRocket / Yousuf Tushar 152mlo, Linden Adams Photography 184ul, Lintao Zhang 162ur, Lonely Planet Images / Jenny & Tony Enderby 175gol, LOOK / Alexander Kupka 95mu, Dominik Magdziak 52l, Maskot 88mu, Moment / © Santiago Urquijo 44ur, Moment / Anton Petrus 129gor, Moment / asifsaeed313 148ml, Moment / Cedric Favero 72mlo, Moment / Jackal Pan 161mro, Moment / Jasmin Merdan 140u, Moment / Kelly Cheng 30mlo, Moment / Lassi Kurkijarvi 118u, Moment / Manuel ROMARIS 137mlu, Moment / Michele D'Amico supersky77 65mro, Moment / Natthawat 145ul, Moment / Pakawat Thongcharoen 155ur, Moment / Paul Biris 137u, Moment / Robert Lowdon 11mru, Moment / Stanley Chen Xi, Landschafts- und Architekturfotograf 86mlo, Moment / Tiancheng Wang 144mlu, Moment / vladimir zakharov 83u, Moment / wiratgasem 157mro, Moment Open / Afriandi 158mr, Moment Open / Ankur Dauneria 151gom, Moment Open / irawansubingarphotography 174mro, Moment Unreleased / Bashar Shglila 41ul, Moment Unreleased / Geraint Rowland Photography 151mr, National Geographic Image Collection / Scott Sroka 22gor, NurPhoto / Nicolas Economou 135mro, Minas Panagiotakis 11mo, Photodisc / PICHA Stock 68mlo, Photodisc / ULTRA.F 151gol, Photothek / Michael Gottschalk 44mo, Popperfoto / Leo Mason 129mr, Premium Archive / Anne Frank Fonds Basel 96mr, Joe Raedle 12mlo, Alberto E. Rodriguez 16mlo, Shamim Shorif Susom / EyeEm 54mro, SM Rafiq Photography. 148ur, Sportsfile / Piaras Ó Mídheach 84ul, Sportsfile / Stephen McCarthy 20mlo, Michael Steele 122mlo, Stockbyte / ICHIRO 165mro, Stone / Arctic-Images 85u, Stone / Gonzalo Azumendi 117gol, Stone / Harry Hook 65ur, Stone / Hugh Sitton 44ml, Stone / John P Kelly 86ul, Devon Strong 32mru, Sygma / John van Hasselt - Corbis 152ml, TASS / Sergei Bobylev 125ur, TASS / Viktor Drachev 147mlo, ullstein bild / JOKER / Walter G. Allgöwer 94mo, ullstein bild / Olaf Wagner 62mru, ullstein bild / Reinhard Dirscherl 49mro, Universal Images Group / AGF / Francesco Tomasinelli 73gol, Universal Images Group / Eye Ubiquitous 167gol, Universal Images Group / Farm Images 64ur, Universal Images Group / Hoberman Collection 75m, Universal Images Group / Jeff Greenberg 74ml, Universal Images Group / Marka 154gor, Universal Images Group / MyLoupe 57mru, Universal Images Group / VW Pics / Mel Longhurst 144mlo, Universal Images Group / Werner Forman 54ur, 61mlu, Velo / David Ramos 98ml, Visionhaus 42mo, Visual China Group 161mu (Tischtennis), Nigel Waldron 148gor, Westend61 182mro, WireImage / Dan MacMedan 24gor, WireImage / John Lamparski 161ur, World Rugby / Clive Rose 75mlu; **Eli Greenbaum, Ph.D.:** 64mlo; **Iittala:** Birds by Toikka 89mlo; **iStockphoto.com:** AbleStock.com / Hemera Technologies 10mo, BirdImages 137gol, boerescul 106mlo, brunoat 68ul, Corbis Documentary / Arne Hodalic 143ul, diverroy 123mu, E+ / 1111IESPDJ 83gor, E+ / ALEAIMAGE 28mr, E+ / DieterMeyrl 112u, E+ / Eloi_Omella 13mu, E+ / ewg3D 104mlo, E+ / FilippoBacci 142mlo, E+ / Flavio Vallenari 24mru, E+ / fotoVoyager 153u, E+ / golero 33mlu, E+ / hadynyah 67ml, 157mr, E+ / Marcus Lindstrom 92mo, E+ / MediaProduction 164ul, E+ / Morsa Images 162mro, E+ / Nikada 69mu, E+ / Phooey 107ur, E+ / sansubba 153mru, E+ / ugurhan 42mlo, emretopdemir 65gol, evemilla 87mr, fotoVoyager 88gor, Freder 16mr, guenterguni 63ur, 64mro, Bartosz Hadyniak 48ur, Ahmed_Abdel_Hamid 142mru, holgs 36mr, HomoCosmicos 45gol, JGolosiy 4ur, 19mro, Jorgefontestad 101mr, Burak Kara 133mr, Kardd 153mlo, Katiekk2 143mro, lleerogers 110mru, marchello74 33mro, marcophotos 158mlo, MindStorm-inc 183mlu, Murchundra 128mu, Musat 62mlo, Kylie Nicholson 143gom, R.M. Nunes 32mlo, Photosensia 132mu, pittapitta 79mlu, Mauro_Repossini 18mu, rosn123 70mr, Stockbyte / Visage 150ml, structuresxx 153go, SzymonBartosz 92mlo, TatyanaGl 108mu, tehcheesiong 167gom, unser 100ul, urf 134mru, Urvashi9 155gol, utamaria 41gol, VUSLimited 49mlo, Kirk Wester 12mru; **Alexander Keda:** 125mro; **David Kirkland:** 177mr; **Library of Congress, Washington, D.C.:** LC-DIG-ppmsca-18521 55mu; **The Metropolitan Museum of Art, New York:** The Crosby Brown Collection of Musical Instruments, 1889 63mu, Fletcher Fund, 1927 163ml, Gift of Carolyn C. and Dan C. Williams, 1984 14mru, Harris Brisbane Dick Fund, 1963 139mlo, The Michael C. Rockefeller Memorial Collection, Gift of Nelson A. Rockefeller, 1965 58mlo, Rogers Fund, 1950 138m; **Música Para Ver Collection:** 146gor; **NASA:** Carla Cioffi 145gol; **naturepl.com:** Bryan and Cherry Alexander 11gol, Ingo Arndt 18m, Sylvain Cordier 32gor, Bruno D'Amicis 106mru, Suzi Eszterhas 30gor, 70mlo, Daniel Heuclin 57gol, 61mro, Sebastian Kennerknecht 166mro, Pedro Narra 53mlo, Naskrecki & Guyton 68mru, Piotr Naskrecki 29mo, Nature Production 90gol, Flip Nicklin 179mr, Cyril Ruoso 167ur, David Tipling 17gol, Robert Valentic 173mlu; **Rob Nerja:** 51ul; **Nokia Corporation:** Seit 2016 ist HMD Global der exklusive Lizenzinhaber der Marke Nokia für Telefone und Tablets 89gol; **Picfair.com:** Ines 63mro; **Pixabay:** happylism / 15 images 163mro, janeb13 / 454 images 20mru; **Reuters:** AAL / RCS 58ml, Salim Henry 69mo, Afolabi Sotunde 59gor, Paulo Whitaker 33mru; **Rex by Shutterstock:** AP / Andrew Medichini 108ml, AP / Charlie Riedel 13m, AP / Geert Vanden Wijngaert 121ur, AP / Mohammed Seeneen 149mlu, Colorsport 29ur, EPA / Martin Philbey 89mlu, EPA / Mauritz Antin 87u, EPA / Muhammad Sadiq 146mru, EPA / Roland Schlager 112mlu, EPA-EFE / Vickie Flores 82mlu, Jane Hobson 134mlo, imageBROKER 16mro, Martti Kainulainen 86mru (Rentier), UIG / Auscape 178u; **Robert Harding Picture Library:** Biosphoto / Robert Haasmann 175u, Michael Nolan 85mo, Michael Runkel 53ul, 146mlo; **Photo Scala, Florence:** The Metropolitan Museum of Art / Art Resource 57mlu; **Science Photo Library:** Massimo Brega, The Lighthouse 51gol; **Shutterstock.com:** Chris Allan 25mro, Yevgen Belich 91mlo, Bondart Photography 103u, Radek Borovka 71mlu, CKP1001 120gor, Digoarpi 115mlo, Dijise 120mlo, Ba dins 166mlo, Grzegorz Drezek 104mro, Gil.K 76ul, Jesus Giraldo Gutierrez 117mr, Visual Intermezzo 154mr, Kota Irie 15mlu, Katiekk 159mro, Heracles Kritikos 133gol, Chintung Lee 162mlu, macka 43mro, Martchan 47gol, Anamaria Mejia 30mru, novak.elcic 119gol, RHJPhtotoandillustration 147mlu, s4svisuals 115u, Sergey-73 66mo, Mohamed Shareef 149mru, Sopotnicki 73ur, Alexey Suloev 12mro, Keith Michael Taylor 176ur, topten22photo 156ur, Vershinin89 127mlu, Darek Warczakoski 92mru, yvon52 98mru; **South American Pictures:** 35mlu; **SuperStock:** Alaska Stock - Design Pics 179mro, Biosphoto 45u, Hemis.fr / Paule Seux 56mru, juniors@wildlife Bildagentur G 145mo, Minden Pictures / Vincent Grafhorst 63mr, Photononstop 133ul, Prisma / Alex Bartel 59gol; **Unsplash:** Spencer Davis / @spencerdavis 137mro, Fidel Fernando / @fifernando 172mu.

Cover: *Vorn:* **Dorling Kindersley:** Andy Crawford um, Ruth Jenkinson / Holts Gems mru (Tansanit); **Dreamstime.com:** Alinamd gor, Arsty mo, Artushfoto um, Elen33 gogr, Aurora Esperanza Ángeles Flores gogl, Antonio Gravante mlu, Isselee mlo, Nomadsoul1 ugl, Oleg Pidodnya mlo (Origami), Pipa100 gol, Szefei ur, Vhcreative m, Vvoevale mru; **iStockphoto.com:** Sjo ul. *Hinten:* **Alamy Stock Photo:** Blue Planet Archive MNO gor, Hiren Ranpara um; **Dorling Kindersley:** Alan Keohane mlo (Teller), Ray Moller / Powell-Cotton Museum, Kent mlu; **Dreamstime.com:** Arsty (mo), Moniquesds gogr, Norman Pogson mro, Vhcreative gom; **Getty Images:** DeAgostini / DEA / G. Kiner mlo, Frank Krahmer / Photographer's Choice RF mugr, SM Rafiq Photography gol, Devon Strong mugl; **The Metropolitan Museum of Art, New York:** Fletcher Fund, 1927 mogr; naturepl.com: Naskrecki & Guyton mo (Schuppentier); **Shutterstock.com:** JOAT mru.

Alle anderen Abbildungen © Dorling Kindersley

NORDAMERIKA

KANADA
VEREINIGTE STAATEN VON AMERIKA (USA)
MEXIKO
BELIZE
COSTA RICA
EL SALVADOR
GUATEMALA
HONDURAS
GRENADA
HAITI
JAMAIKA
SAINT KITTS UND NEVIS
SAINT LUCIA
SAINT VINCENT UND DIE GRENADINEN
TRINIDAD UND TOBAGO

SÜDAMERIKA

KOLUMBIEN
URUGUAY
CHILE
PARAGUAY

AFRIKA

ALGERIEN
ÄGYPTEN
LIBYEN
MAROKKO
TUNESIEN
LIBERIA
MALI
MAURETANIEN
NIGER
NIGERIA
SENEGAL
SIERRA LEONE
TOGO
BURUNDI
DSCHIBUTI
ERITREA
ÄTHIOPIEN
KENIA
RUANDA
SOMALIA
SUDAN
NAMIBIA
SÜDAFRIKA
ESWATINI (früher SWASILAND)
SAMBIA
SIMBABWE
KOMOREN
MADAGASKAR
MAURITIUS
LUXEMBURG
NIEDERLANDE
DEUTSCHLAND
FRANKREICH
MONACO
ANDORRA
PORTUGAL
SPANIEN
POLEN
SLOWAKEI
ALBANIEN
BOSNIEN UND HERZEGOWINA
KROATIEN
KOSOVO (umstritten)
NORDMAZEDONIEN
MONTENEGRO
LETTLAND
LITAUEN
ZYPERN
MALTA
RUSSLAND

ASIEN

ARMENIEN
ASERBAIDSCHAN
GEORGIEN
TÜRKEI
KATAR
SAUDI-ARABIEN
VEREINIGTE ARABISCHE EMIRATE (VAE)
JEMEN
IRAN
KASACHSTAN
KIRGISISTAN
TADSCHIKISTAN
CHINA
MONGOLEI
NORDKOREA
SÜDKOREA
TAIWAN
JAPAN
MYANMAR (BIRMA)
KAMBODSCHA
SINGAPUR
MALEDIVEN

Australasien und Ozeanien

AUSTRALIEN
NEUSEELAND
PAPUA-NEUGUINEA
FIDSCHI
SALOMONEN
VANUATU